預防家庭暴力

Kevin　Browne
Martin　Herbert　著

周　詩　寧　譯

五南圖書出版公司 印行

Preventing Family Violence

KEVIN BROWNE
University of Birmingham

and

MARTIN HERBERT
University of Exeter

作者簡介

凱文‧布朗（Kevin Browne）

法庭（犯罪）與家庭心理學教授
英國心理學會認證犯罪心理專家
英國生物學會認證生物專家

現職：
英國伯明罕大學（University of Birmingham）教授，兼任法庭（犯罪）與家庭心理學中心主任
世界衛生組織歐洲分部兒童保護顧問
歐洲議會派駐羅馬尼亞全國兒童保護系統最高行政主管

經歷：
從事家庭暴力及兒童虐待與忽視方面的研究與臨床工作長達二十五年，曾任教於英國雷斯特大學（University of Leceister）、薩瑞大學（Surrey University）。也曾擔任 International Society for the Prevention of Child Abuse and Neglect（ISPCAN）行政顧問長達十一年。

馬丁‧賀伯（Martin Herbert）

臨床與社區心理學教授
英國心理學會會員

現職：
英國愛克斯特大學（University of Exeter）臨床與社區心理學教授
英國皇家德文與愛克斯特衛生保健信託局心理顧問

譯者簡介

周詩寧

學歷：

英國伯明罕大學（University of Birmingham）心理系學士

英國伯明罕大學法庭（犯罪）心理碩士

英國伯明罕大學法庭（犯罪）心理博士生

現職：

英國伯明罕大學研究員

經歷：

英國伯明罕大學法庭與家庭心理中心研究助理

英國國家衛生局南伯明罕精神部瑞賽療養中心（收容約一百名有精神疾病
　或嚴重心理問題的加害者）臨床助理心理師

註：英國心理學會在資格認證方面一律以「法庭心理學」（forensic psycho-
　　logy）涵蓋一般所知的「犯罪心理學」（criminal psychology）。「法
　　庭」一詞包括了加害者方面的犯罪心理（criminological psychology），
　　也包括了受害者方面的受害者學（victimology）。這反映了當今英國法
　　庭心理學者與心理師不僅處理加害者的問題，在受害者的處遇方面也
　　扮演重要的角色。此外，法庭心理師的工作範圍並不局限於刑事案件
　　（criminal），在民事與家庭問題方面的案件在必要時也都仰賴認證的
　　心理師進行評估報告。

前　言

此書的創作是緣起於作者在雷斯特大學（Leicester University）心理系（Department of Psychology）從事教學及研究時周遭對這個話題踴躍的討論。這些討論以理論與研究如何能幫助專業臨床工作者實際地去做預測、預防和治療家庭暴力的工作。特別是：

- 如何應用社會學和心理學對一般暴力行為的解釋來解釋家庭暴力？
- 學術研究顯示了家庭中暴力互動哪些層面：其嚴重程度、成因和後果？
- 如何將研究所得成果最有效地應用在預防虐待配偶、虐待兒童、虐待兄弟姊妹、虐待父母、虐待老人和忽視家庭成員等等問題上？
- 有什麼證據能支持家庭暴力可以被有效地以專業的實務工作停止或至少減低？

無疑地，作者所採取包含各學科的全方位觀點是受到雷斯特家庭暴力研究小組（Leicester's Family Violence Research Group）的影響。這個研究團隊網羅了在醫學、護理、心理學、社會學、社工、法律、社會政策等許多個領域中非常受肯定的工作成員來推動所有關於預防家庭暴力的學術研究和理論研究與實際工作的結合。因此本書或許最有可能對上述專業領域中的學生、專業人士和實務工作者有實質的助益。

目前與配偶虐待和兒童虐待有關的文獻為數不少，但其他層面的家庭暴力——虐待兄弟姊妹、虐待父母和虐待老人——較少被研究，也較少跟前述兩種問題放在同一本書裡探討。

作者談論這些主題時試著深入各種形式家庭暴力的相互關聯，並提出處理一種問題以上的理論和實務。因此序論中包含了本書內容的概要，結

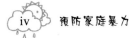

論中則提供了對未來社會政策和實務的建議，以期能預防家庭暴力這個普遍的社會問題。

凱文・布朗
馬丁・賀伯

譯者序

　　在譯者研究、實習與工作經驗中，接觸過許多有暴力傾向或涉及性侵害的個案，其中為數不少的案件牽涉到對家人的影響與傷害。除了試著發現，攻擊行為的發展過程、成因、該行為對他人造成的影響，以及幫助受害者與加害者的方式，也注意到了英國專家對家庭暴力的研究與看法，以及處理家庭暴力與兒童保護的系統。因此希望能介紹一本完整且有系統的書籍，幫助我們更深入地了解問題的起因及過程，並且提供我們在處理相關問題時作為參考。最後很榮幸得以翻譯指導教授布朗教授與賀伯教授合著的《家庭暴力》一書，本書目前已被翻譯成波蘭文與日文。

　　家庭是每個人最初的學習場所，孩子走出家庭面對他人、面對問題時慣有的感受、想法及採取的方式往往是早年在家裡所得來的。這可能包涵了溫馨、平和的氣氛，也可能是苛刻，甚至暴力的互動。這並不表示，加害者可以逃避自己的行為責任，或者拒絕改變自己的方式。作者所要傳遞的訊息是：加害者與受害者同樣需要幫助，而早期發現、早期著手處理才能將傷害程度減到最低。本書作者在書中有系統地帶領我們了解家庭暴力的影響以及循環。家庭暴力可能延伸到下一代，也可能從家庭內延伸到家庭之外；而各種形式的虐待可能互有關聯，同時發生在一個家庭裡。

　　許多加害者在早年缺乏學習適當的溝通與人際技巧的機會，造成日後與配偶的相處困難，進而傷害配偶，甚至傷害孩子。而許多虐待或忽視兒童的父母本身缺乏對教養兒女技巧的了解，或者對周遭事物懷有某程度的曲解，造成無法提供孩子適當照顧，甚至不當地對待孩子。有些人可能認為，幫助受虐婦女離開、對加害者進行法律制裁、或將孩子交付寄養或領養便是問題的答案；但事實上，這些加害者在離開伴侶或者失去孩子之後還可能發展新的關係，多半是重複過去模式的關係，然後可能有更多孩子

（無論是親生或當時伴侶的孩子）。我們不能只是期待相關單位安置受虐婦女或者帶走孩子，因為加害者很難在接受制裁後一夕改變自己的想法與慣有行為。在許多案例中，一個男性離開過去伴侶後，又會不斷地在日後的關係裡傷害新的伴侶，而後來的孩子被社會局安置前也已經遭到傷害。所以對加害者的行為進行預測、預防或輔導不應該被忽視，更遑論對受害者的心理重建與輔導。

布朗教授與賀伯教授致力家庭問題的研究、個案評估與處遇多年，認為家庭暴力問題必須結合社會學、社會工作與心理學，並且強調早期預防的重要性，所以與其他專家共同推動目前英國傾向於採取的全方位策略。這表示在家庭暴力問題的處理上至少從初級預防上著手。

以兒童虐待而言，如果在暴力發生以前就能透過社區醫護人員（社區護士；亦稱衛生家訪員）的篩檢發現需要幫助的家庭，然後根據個別需要提供心理建設與社會支援，聯絡相關單位（例如：社會局、家庭醫師），或許能夠減少暴力事件。三級預防是在暴力發生後避免再度傷害。這項工作雖然由社會局主導、社工人員站在前線，但背後擁有完整的網絡聯結來自各種領域專業人員所組成的工作團隊，包括警方人員、心理師、治療師、醫師與社會護理人員等等。

某些地區的社會局甚至設有專門的看護中心，提供父母與他們的孩子二十四小時的觀察與輔導（例如：伯明罕的 Appledore 中心），並聘有專門的法庭心理師或兒童心理師從事個案輔導與評鑑。法官、社會局、個案當事人或其監護人都可以在訴訟過程中要求不隸屬於任何上述單位的獨立聘請經過認證的專家證人（包括醫師、心理師）評估虐待發生（或再次發生）的風險，以及該家庭所需要的幫助，彙整之後向法庭提出報告，由法官做最後的裁定。在三級預防工作中，社工與護理人員往往在第一線合作，透過定期的家庭訪問提供在福利或衛生方面所需要的幫助。法官也會參考個案需要，提出個案接受心理輔導、團體治療或醫療照顧的要求。這樣的系統行之有年，各領域專業人士各行其是的情況已不復見。本書明確描述並

討論心理學在這個系統裡所扮演的角色，並探討與其他領域工作者之間在處理過程中的互動，值得作為參考。

　　但必須留意的是：本書的觀點與提供的處理方式是以西方，特別是以英國的模式為主，與我們的文化及制度並不能一概而論。

　　在翻譯此書時，譯者盡量以平淺的用語，佐以專業名詞上的註解，希望這是一本不同領域的讀者都能夠了解並且接受的參考書。然而譯者學習過程中鮮少接觸中文版的心理學書籍，因此在特定名詞的翻譯上或許不盡完善，尚待改進。但另一方面，譯者在翻譯上有疑義時能夠當面請教原作者，使得翻譯文字更加精確，貼近作者意願。

　　本書翻譯能夠順利完成，要鄭重感謝輔仁大學哲學系鄔昆如教授的鼓勵與推薦，曾春海教授的熱心關懷，成功大學中文系周行之教授在翻譯技巧與文字應用方面的指導，以及原作者布朗教授撥冗釋義與討論。當然還要感謝五南圖書出版公司所提供的幫助。願以此書獻給所有曾經遭遇家庭暴力問題的受害者，獻給為改善問題而努力的工作者，也獻給所有的讀者。

周詩寧

目　　錄

參考文獻請到五南網站（http://wunan.com.tw）鍵入書號搜尋

緒　論

什麼是家庭暴力？

　　家庭暴力其實是長久以來一直存在的問題，但是這個主題一直到最近才漸漸地受到重視，成為學術研究的一環，這是因為一般總是認為極端嚴重的暴力鮮少發生在家庭中，並認為問題家庭只佔少數。同時，社會普遍接受家庭成員間的攻擊（aggression）是家庭生活中一部分的這個概念。家庭暴力長久以來被視為成人行使權力、控制家庭成員的一種方式，這些行為已被接受並合理化，往往不受法律制裁，更有甚者，社會發展出一套區分「可被接受的正常暴力」與「不被接受的暴力」的雙重標準，以致模糊了問題的焦點，進而使得解決問題的方法失去效用。

　　家庭暴力的普遍性在七〇年代被正視（*例如：Pizzey, 1974; Steinmetz and Straus, 1974; Renvoize, 1978*），其後許多學術論著與研究證實了這個現象（*例如：Straus, Gelles and Steinmetz, 1980; Finkelhor et al., 1983; Van Hasselt et al., 1987; Gelles and Straus, 1988; Sigler, 1989; Ammerman and Hersen, 1990, 1992; Frude, 1991; Viano, 1992; Dallos and McLaughlin, 1993; Hampton et al., 1993; Gelles and Loseke, 1994; Archer, 1994; Kingston and Penhale, 1995*）。

　　臨床觀察、實證研究、媒體報導告訴我們許多配偶之間、親子之間暴力相向的實例，這些訊息漸漸地引起大眾對家庭暴力的關心，使

我們不得不去正視暴力在現代社會裡、不同文化中普遍存在於家庭成員間這個事實（*Levinson, 1989*）。而這個事實讓我們體認到，家並不一定是寧靜的避風港。事實上，人們最有可能在家中被自家人殺害、攻擊或毆打（*Gelles and Cornell, 1990:11*）。

英國報章根據法庭與警方紀錄指出，42%的謀殺與過失殺人牽涉到家庭衝突，而三分之一的被害人是兒童。在一九九一年間，九十九名十六歲以下的英格蘭、蘇格蘭及威爾斯兒童與少年死於蓄意的身體傷害（*Independent on Sunday〔獨立報週日特刊〕，12.1.92*）。然而這些可能只是保守的估計，英國國家兒童虐待防治協會（National Society for the Prevention of Cruelty to Children）（UK）宣稱每週有三到四個兒童死於父母手中（*NSPCC, 1985*）。在英國，每十萬人中有 1.3 人死於謀殺罪，其中 58%的男性受害者和 81%的女性受害者是被認識的人殺害。比起日本（1.1/100,000）、澳洲（2.3/100,000）、美國（10/100,000）（*FBI, 1991*），美國大約有 40%的殺人案件發生在被害人自己的家庭中（*Gelles and Cornell, 1990:67*）。雖然美國謀殺罪率是英國的八倍，但是根據統計，牽涉到家庭成員的謀殺罪所佔的比例在英（42%）、美（40%）、澳（44%）是十分相近的，這顯示出家庭暴力（在西方社會中）有一個類似的比例和模式。

 ## 家庭暴力的定義

Browne 和 Howells（*1996*）指出三個有關暴力本質的專有名詞：攻擊（aggression）、暴力（violence）和非法暴力（criminal violence），這三者經常被交替使用。過去許多學者（*例如：Megargee, 1982; Sian, 1985; Berkowitz, 1993*）已經指出三者之間的差異：攻擊是指行為中帶有傷害他人或佔人便宜的意圖，不見得牽涉到肢體的暴力；暴力便意味著對他人

使用肢體暴力；非法暴力顧名思義是特指違法的暴力行為。儘管這樣的區分法相當實用，Blackburn（*1993*）除了說明了它的價值外，也提醒讀者這方法「取決於對暴力或攻擊屬性的區分和觀察者本身的價值觀」（*p.217*）。

很少人會不同意，謀殺是一種包含憤怒（anger）、傷害意圖（intent to harm）及傷害行為（injurious behaviour）的暴力行為。如果缺乏其中一個特徵，或者某個特徵不那麼明顯的時候，「暴力行為」的定義便有待商榷（*Archer and Browne, 1989*）。所以這三個特徵在定義暴力行為時最常被包含，但會被分開討論；當三者都具備時，這個行為就可說是攻擊或者暴力（見圖 I.1）。

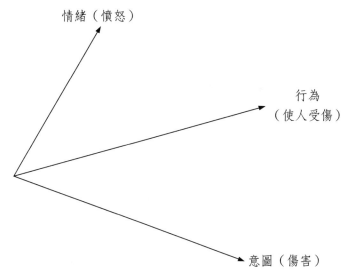

情緒（憤怒）

行為
（使人受傷）

意圖（傷害）

圖 I.1　三個共同構成暴力行為的要件

Gelles 和 Cornell（*1990*）提出一個論點：暴力行為一定會包含傷害行為，將暴力定義為「一個意圖或者被認為有意對他人造成肢體傷害的行為」（*p.22*）。他們又進一步以造成受害者肢體傷害的可能性，將暴力行為區分為「正常暴力」（normal violence）和「虐待式暴力」

（abusive violence）。正常暴力是指，在跟家人的爭執中或者管教孩子時常見並被廣為接受的行為，包括掌摑、推擠、以手打臀部——許多人不認為這樣的行為暴力或具有攻擊性。虐待式暴力是指，極有可能使被害人受傷的行為，包括拳打腳踢、咬傷、使對方窒息、燙傷、毆打、刺傷和槍擊。

這個定義有兩個缺失：(1)它不將行為的後果列入考慮。例如說：踢也許不會造成太大的損傷，但推擠卻有可能造成嚴重的後果。(2)這個定義只針對肢體攻擊，並不將精神與心理上的暴力列入考慮，例如：對個人財產的損害和個人自由的限制。事實上，各種形式的攻擊與暴力都有可能被當作達到特定目的的手段，好比增加財富、權力和控制。

Archer 和 Browne（*1989*）提出了一個比較宏觀的定義，將暴力看作是：「直接以肢體暴力傷害他人或損害他人財產；或對待他人及其財物的方式足以間接造成身體受傷、財物受損且個人自由遭到干涉。」過去暴力通常意指在社會人際間的肢體攻擊，而這個定義突顯了目前對暴力的一個新的看法。

心理上的暴力（psychological violence）比較隱晦，不容易被察覺到，也較難以二分法區別出一般人接受或者不能接受的程度。Edleson（*1984*）將心理暴力定義為：「對他人施以言語或非言語上的威脅，使人生活在自身或者財產可能遭到暴力侵害的陰影下。」這就牽涉到情緒或環境因素，例如：以自殺作為要脅手段、殺害對方寵物、搥牆壁、摔東西（*Purdy and Nickle, 1981*）。將精神暴力視為一種虐待是相當重要的觀念，因為它包含了持續性的威脅，這種對受虐者的矮化與貶抑壓迫會導致家庭中緊張、不安的氣氛。

拉丁文中「violentia」的意思是強烈的情緒、熱情與迅速、不假思索的行動，但或許更重要的一層意義是伴隨著「暴力」這個詞彙的負面社會評價。所以婚姻暴力（*Gelles, 1987a; Borkowski, Murch and Walker, 1983*）

和親密伴侶間的暴力（*Gelles and Straus, 1988; Gelles and Cornell, 1990; Viano, 1992*）意指，社會所不見容的身體傷害或精神傷害。而由此便產生了一個趨勢：將暴力的解釋從實際上的暴力推及象徵性，泛指精神損害、情緒與物質虐待（abuse）、疏忽（neglect）的暴力——這個趨向在試圖從更廣泛的社會背景深入對暴力的研究中特別明顯。例如：Gil（*1978*）認為家庭暴力根植於其他更常見於外界社會的暴力當中，他對此下了一個非常廣泛的定義，將暴力視為「妨礙個人內在潛力顯露、人類天生欲望導向個人潛力發揮的發展」。但是由於這個定義太過空泛，幾乎涵蓋了所有對願望跟活動的阻礙，所以並不具實用性。

Gil（*1978*）因而縮小討論範圍，提出一個折衷的定義，這個定義被歐洲委員會（Council of Europe）（*1986*）採用。他們將「家庭肢體暴力」形容為：

> 任何發生在家庭成員間足以危害生命、身體與心理健全、人身自由、或者嚴重妨礙人格發展的行為或疏忽。

歐洲犯罪問題委員會（European Committee on Crime Problems）亦針對這項問題的研究對「家庭」一詞作出如下的解釋：

> 一對有婚姻關係或者沒有婚姻關係的伴侶、他們共同的後代、長輩、任一方的後代或者旁系血親，自從住在一起後或者由從前的同居關係中延伸而來（便稱之為家庭）。

本書作者選擇這個廣泛的角度，並將討論由社會價值和專家意見綜合判斷出的不當或者有害的行為或疏忽。這個方法曾經被特別用在對兒童的不當對待（child maltreatment）的研究上（*Garbarino and Gilliam, 1980: 7*）。這個廣泛的定義包含了發生在家庭中的「不當對待」（malt-

reatment），同時牽涉了「虐待」與「忽視」兩者。在第一章裡有針對各種形式虐待的明確定義，以及虐待發生的各種關係。

 家庭暴力的型態

從廣義的角度來看，家庭暴力包含兩種成人暴力（虐待配偶和虐待兒童）以及兩種兒童暴力（虐待父母和虐待兄弟姊妹），還包含了兒童和成人同時施加的暴力（虐待老人）（圖I.2）。第四章到第十章依序探討各種虐待。這樣的分類反映出一個事實：學術研究已將它們分開檢視討論。這可能是因為每一種型態（的虐待）是在不同的時間當中形成的社會問題。本書章節的順序勾勒出暴力循環（cycle of violence）的發展過程，而這過程便突顯出攻擊行為代代相傳的模式（圖I.2）。

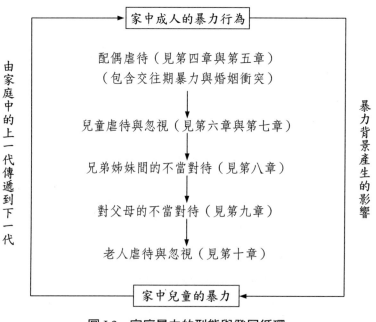

圖 I.2　家庭暴力的型態與發展循環

關於兒童虐待對「暴力循環」的形成，以及此一循環與婚姻暴力關聯的研究數量，反映了這些問題的重要性（見 *Gelles and Loseke, 1994*）。基於這個觀點，作者以兩個章節（第四章和第五章）來討論配偶虐待的預測和預防，另兩個章節（第六章和第七章）探討兒童虐待的預防跟治療。然而，要預防家庭暴力必須先充分地了解引起對家庭成員產生憤怒及攻擊行為的原因。所以第一章將先確認各種常見的虐待，以及適用於所有形式家庭暴力之預防措施的分類。第二章評論不同的理論模式（model）對家庭暴力成因的解釋。第三章描述強制壓迫的關係，這種關係是相互攻擊的基礎，讓讀者在深入預測及預防各種暴力的實際問題前先了解家庭暴力的理論基礎。

　　在接著發展順序──配偶、兒童、兄弟姊妹、父母以及老人虐待──的討論後的一章是關於代代相傳的暴力循環如何形成與延續，探討從受害者變成加害者的過程，以及如何根據這個論點來發展早期的家庭處置方法（第十一章）。最後一章提供許多關於如何治療暴力家庭的實際觀點與想法。

　　本書對忽視家庭暴力的個人和社會所要付出的代價作出了一個謹慎中肯的評論。作者相信，本書對於學術研究和臨床工作者都有相當的幫助，同時希望能藉由將研究結果應用在實際工作，使政府方針和專業政策能重視所有型態家庭暴力的預防。

第一章

家庭暴力的型態和預防的層次

通常不同形式的家庭暴力會被分開來討論，其實所有形式的家庭暴力都是息息相關的，並且都能對家庭整體造成莫大的影響。這個觀點反映在許多全面性、全方位討論家庭暴力形成跟延續（*例如：Browne, 1989a, 1993; Gelles, 1987b*）以及暴力家庭的處置與治療方法（*例如：Bolton and Bolton, 1987; Ammerman and Hersen, 1990, 1992; Hampton et al., 1993*）的著作當中。例如說：虐待妻子和身體上虐待孩子（*例如：Gayford, 1975; Merrick and Michelsen, 1985; Milner and Gold, 1986; Browne and Saqi, 1988a; Browne, 1993*）及虐待妻子和對子女的性虐待（*例如：Dietz and Craft, 1980; Truesdell, McNeil and Deschner, 1986; Goddard and Hiller, 1993*）之間是有相當關聯的。然而，這些對家庭暴力偶然的發現跟不完整的預防措施所帶來的啟示卻仍不明確。

常見的家庭暴力型態

每種家庭暴力都可以同樣的方式分類，以二分法分成「主動」（active）和「被動」（passive）兩種形式（見表 1.1）。主動暴力是指將憤怒直接發洩到受害者身上，牽涉到身體、心理或性的層面。被動

的暴力意指對相同層面的疏忽或忽視（neglect），憤怒是透過對受害者漠不關心、避免與受害者維持可能激起自身憤怒的互動關係。事實上，忽視並不包含身體上的強迫[1]，因此只能被視為隱喻性、象徵性的暴力，然而它卻可能導致身體的和心理上的傷害。

表 1.1　家庭暴力的雙向定義與主要型態的例子

	身體暴力	心理暴力	性暴力
主動虐待	非意外性傷害 強迫行為和約束監禁	恐嚇 情緒虐待 物質虐待	亂倫 攻擊和強姦
被動虐待	不良健康照顧 生理疏忽	缺乏感情 情緒疏忽 物質疏忽	未盡保護之責 賣淫

（取自 Browne, Davies and Stratton, 1988; Browne, 1993）

　　心理傷害（psychological injury）是在智能上或者精神上的傷害，這會導致一個人無法在生活中表現文化價值內多數人所接受的行為（Landau et al., 1980）。心理上或者情緒上的虐待與忽視的嚴重程度也最難以被數量化，但這不表示其他型態的虐待可以很容易被數量化，因此關於虐待嚴重程度的文獻仍然相當有限。

　　然而，將虐待事件約略分出輕度、中度和重度等程度還是相當重要，這樣的分類自然會因發生期間長短和發生頻率而定。作者在此實驗性地以虐待方式和頻率將虐待所做的分類見於表 1.2。

---

1 一般心理學所謂的「強迫」是指強迫症或強迫性格（obsessive-compulsive）的狀態，本書將「coercive」譯為強迫，取其強勢高壓對待他人之意。原文出現強迫症或強迫性格時則在其後括號加註原文「obsessive-compulsive」作為區隔。

表 1.2　不當對待的嚴重程度

輕度

輕微的、偶發的事件，不具有長期生理、性或心理上的傷害

- 生理傷害，例如：範圍不大的皮外傷，像是輕微的抓傷、淤傷、燙傷和鞭痕。
- 性傷害，例如：不當觸摸、引誘和（或）暴露。
- 情緒傷害，例如：偶爾的口頭攻擊、侮辱、醜化、栽贓、製造不安的氣氛。
- 疏忽，例如：偶爾吝於表達愛與關懷，（受害者）非生理因素導致體重到達或者低於四分之三的百分等級。

中度

較常見並（或）較嚴重的事件，但是不致於有生命威脅或者帶來長期潛伏的不良影響。

- 生理傷害，例如：大面積的或者較嚴重的表皮和皮下損傷，包括嚴重淤傷、鞭痕、割裂傷、輕微血腫和燒傷。
- 性傷害，例如：不當的猥褻行為，像是愛撫、自慰和以手撫摸、放入被害者性器官。
- 情緒傷害，例如：經常性的言語攻擊、貶抑和醜化，有時伴隨拒絕、排斥的行為。
- 疏忽，例如：經常吝於付出愛與關懷，非生理性原因造成的體重無法增加。

重度

持續性或者頻繁的不當對待和（或）不甚頻繁但是非常嚴重的生理或心理傷害。

- 生理傷害，例如：長且深的生理組織受傷和骨折（包括斷裂、脫臼異位、下硬脈血腫、嚴重燒傷和內傷）。
- 性傷害，例如：意圖或者實際口交、肛交或者一般性交。
- 情緒傷害，例如：經常性的排拒、偶爾斷絕食物飲水供應、強制性孤立和行動限制。
- 疏忽，例如：經常沒有父母、監護人或者配偶陪伴，非生理性原因造成的成長停滯。

生命威脅

導致有性命之虞的長期或嚴重心理和生理傷害（包括加害者無法在有效時間

內尋求幫助或者受害者的自我傷害）。

- 生理傷害，例如：意圖或者持續性地造成可能致死的傷害。
- 性傷害，例如：亂倫、妨礙性自主（強姦）（口交、肛交或者一般性交）。
- 情緒傷害，例如：持續性的排拒、未盡教養之責、經常斷絕飲食的供應、強迫性孤立和行動限制。
- 疏忽，例如：持續性的沒有父母、監護人或者配偶陪伴，非生理性原因造成的體重下降。

　　分別嚴重程度最棘手的一個問題是家庭受害者不太可能只遭受一種虐待，例如：性侵害和生理虐待往往伴隨著心理、情緒的傷害和物質上的剝削。原則上，這些大概不外乎口頭上的侮辱與攻擊，包括以性或生理虐待做恐嚇要脅、監禁，及剝奪人身自由——好比將被害者鎖在一處，其他像是斷絕食物供應跟人際互動等不合理的待遇，或者是剝削被害人、使被害人走入歧途（*Hart, Germain and Brassard, 1987*）。

　　在設計預防的策略時，深入了解不同類型虐待同時發生的情形與方式十分重要。作者認為，家庭暴力或者強迫的互動方式會隨著時間在「傷害層面」（dimension of harm）從心理發展到身體傷害，而在「關係層面」（relationship dimension）上從家庭內延伸到家庭以外。同時，在「主動程度方面」（dimension of activity）上虐待可能是主動或者被動的。曾有人指出，只有不到 5%的虐待是獨立事件，而且情緒跟人身忽視往往是情緒、身體和性虐待的前兆（*Ney, Fung and Wickett, 1994*）。圖 1.1 顯示了不同型態暴力之間在這三方面的交互關係。

　　這個模式呈現了暴力和強迫互動的三種影響因素，或說三個層面；也就是說，每一個暴力事件會牽涉到傷害程度、主動程度和當事人之間的關係親疏程度。從圖 1.1 中可以看到身體傷害跟隨精神暴力、先在家裡有暴力行為後把它帶到家庭以外，之後虐待行為則可能在傷害跟當事人關係這兩個層面上來回擺盪（意即在心理與身體、家庭內和家庭外之間）。同樣地，暴力與強迫的家庭成員互動可能隨著時間

從主動式的暴力漸漸變成被動的忽視，之後在主動程度這個層面上來回變動。例如：23%登記有案的兒童虐待案件中，父母不僅虐待也忽視孩子（*Crittenden, 1988*），並且大約有 33%的孩子同時遭到父母性侵害和身體虐待（*Finkelhor and Baron, 1986*）。因此這個模式也主張，父母或親戚施加的身體和（或）性傷害以及忽視，會讓受害者更有可能成為日後再次被同一群人和（或）家庭內外其他人──像是朋友或陌生人──所虐待的對象。要防止多重受害（revictimisation）[2]，最重要的就是要先了解模式裡的「關係層面」，因為研究顯示，對兒童性侵害的加害者往往以家庭破碎或者不甚和諧的孩子當作下手的目標（*Elliott, Browne and Kilcoyne, 1995*）。基於這點，家庭內和家庭外的虐待以「關係層面」來說，被視為是相關的。由於近年來的研究顯示，「多重傷害」可見於所有形式的虐待（*Lloyd, Farrell and Pease, 1994; Hamilton and Browne, 1997*），因此這個層面在此以最廣義的角度被應用在家庭成員間身體、情緒和性方面的虐待和忽視。

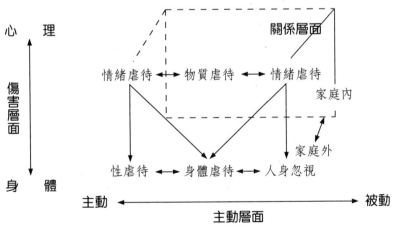

圖 1.1　不同型態的不當對待共同存在的模式

---

2 意指多次的傷害是被不同的加害者侵害。

　　由於各型態的虐待在本質上有許多重疊之處，所以在定義上一向少有共識。這也就是為什麼各種統計報告的發生率（incidence）和普及率（prevalence）有很大的差異。例如：美國估計的發生率——意即一段時間內所發生的案件總數——可以在每年六萬件到四百五十萬件之間，這取決於對虐待的定義（*Besharov, 1982*）。這樣的差異也見於普及率——意即在一段固定時間內受虐者在一個特定人口中的比例——的估計上。在美國，嚴重的兒童生理虐待普及率在 9%（*Brutz and Ingoldsby, 1984*）到 68%之間（*Dembo et al., 1987*），而性虐待則佔 6%到 62%之間的女孩與 3%到 22%的男孩（*Pilkington and Kremer, 1995a, 1995b*）。各研究間的差異取決於研究採樣、資料蒐集的方法，而最重要的就是研究人員所採用的定義（*Browne and Lynch, 1995*）。所以本書最重要的就是先建立各種虐待的操作性定義（operational definition）[3]。表 1.3 是對五種主要虐待型態（生理、性、心理、情緒、物質〔或經濟〕）和兩種疏忽（故意的和無心的）。這些定義適用於所有形式的家庭暴力，同時是本書在接下來的章節裡立論的基礎。

　　然而在這裡要先提醒讀者的一點是，這一章裡和本書其他地方所引用發生率和普及率的數據不一定是根據本書作者所下的定義、所做的分類和描述（表 1.3）。儘管有這些差異，接下來的統計整理希望能說明家庭暴力在現代社會的廣泛和普遍。

---

3 根據可觀察測量或可操作的特徵來界定某種觀念或事件時，稱為操作型定義（張氏心理學辭典：東華書局）。

家庭暴力的嚴重程度

成人暴力

　　許多專家認為，兒童虐待、配偶虐待和老人虐待是由於家庭裡一個成年人對另一人運用身體力量以便行使權力與控制（*Dobash and Dobash, 1979, 1987*）。成人也可能以忽視（neglect）作為一個處理負面情緒的手段。如表 1.3 所示，忽視可能是故意、有意識的行動（故意忽視）或者無意識、不經意的行為（無心疏忽）。

表 1.3　不當對待的型態

虐待

生理虐待

　　對身體造成疼痛和（或）傷害或者以此做威脅。例如：推、掌摑、打、拉頭髮、咬、扭絞手臂、拳打腳踢、以物體攻擊、燒、刺、射、下毒等等。強迫行為和人身限制。

性虐待

　　未經同意的性接觸；所有剝削性或者強迫性的性接觸，包括愛撫、性交、口交或肛交；攻擊性器官。強迫觀看與性有關的畫面或者行為，和貶低被害者人格的性行為。

心理（精神）虐待

　　以控制和限制交友、求學和工作、強迫孤立和監禁、強迫觀看暴力畫面或行為、脅迫、威脅傷害身體或他人、恐嚇、黑函、威脅自殺、騷擾和傷害寵物、毀損財物等等方式，對被害者造成心理上的痛苦。

情緒虐待

　　慣常性的批評、醜化、貶抑、羞辱、蔑視、以取別名或其他方式來傷害自我形象和自尊心。

物質（經濟）虐待
　　非法或經濟上的剝削和（或）控制財源和其他生存所需的經濟資源。強
　　迫被害者成為經濟依賴人口。

疏忽（忽視）
故意忽視
　　拒絕或者無法盡到照顧的義務，包括有意識且故意地施以生理或情緒上
　　的壓力，例如：故意遺棄或者拒絕提供食物、金錢或者健康方面的照顧。
無心的疏忽
　　無法盡到照顧的義務、無心地造成生理或者情緒傷害，例如：遺棄、因
　　焦慮、不當的知識、懶惰或體弱多病以致無法正常提供食物、金錢或者
　　健康方面的照顧。

　　如果把對兒童的生理、心理和性的虐待案件總加起來，大約包括
了 1%的英國兒童（*Browne, 1989*），而其中只有一半列入兒童保護紀錄
（Child Protection Register）（*英國衛生部，1995a*）。但是登記在案的兒
童虐待發生率若以普及率來比較，大概只是冰山一角。例如：根據估
計，在英國約有 8%的男性和 12%到 16%之間的女性曾經在幼年遭受
性虐待（*Baker and Duncan, 1985; Hall, 1985*）。同樣地，約 5%到 15%的英國
年輕人表示當他們童年時曾遭受生理虐待（*Davenport, Browne and Palmer, 1994; Browne and Hamilton, 1997*）。

　　在美國和英國兩地，配偶虐待約發生在 25%到 28%的夫妻間（*Straus and Gelles, 1986; Dobash and Dobash, 1987; Andrews and Brown, 1988*），而有同樣百
分比的情侶之間曾有嚴重暴力的問題（*Gelles and Cornell, 1990; Browne and Slater, 1997*）。其實虐待是種交互關係，所以往往可以察覺到男女雙方的相
互虐待（*Gelles and Straus, 1988*）。儘管如此，歐美的專家發現虐待妻子遠
比虐待丈夫的情形要來得普遍，事實上，以英國為例，前者比後者約
在五倍之譜（*Smith et al., 1992*）。這個事實也被受害者調查證實。最近
的英國犯罪調查（British Crime Survey）（*Mayhew, Maung and Mirrless-Black,*

1993）估計一九九一年內約有五十三萬件的家庭攻擊事件，其中過半是女性被其伴侶、從前的伴侶和其他同住的親人虐待。這個調查也確認了配偶和親戚間的家庭暴力是英國最常見的「人身攻擊」（assault against the person）。如圖 1.2 所示，街頭攻擊行為和酒吧、舞廳的暴力大致上與家庭暴力一樣常見，但與家庭暴力不同的是，這種情形裡的受害者通常是男性。而男性和女性在家裡遭搶劫和攻擊的數目大約是相同的。

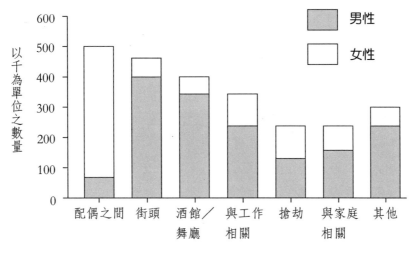

圖 1.2　一九九一年暴力犯罪型態
（*取自一九九二年出版的英國犯罪調查，得 Mayhew, Maung and Mirrles-Black, 1993 允許重新製表*）

　　根據警方紀錄，虐待妻子的報案率比兒童虐待高。過去研究顯示，虐待妻子的報案率是兒童虐待的七倍之多（*Dobash and Dobash, 1979, 1987*）。儘管這兩種虐待之間有很大的關聯，社會資源通常被用在兒童虐待的處遇和預防上，雖然在家中受虐或遭受忽視的老年人僅佔老年人口總數的 10%，用在處理這個問題的資源更少。年長的依賴人口通常是最容易遭受家人物質虐待的一群，像是孩子竊取健忘老人的財物。

兒童暴力

一般認為，孩子的體力不足以對他人造成嚴重的傷害。但是研究已顯示，兒童對兄弟姊妹及父母施加的暴力是十分常見的家庭問題。根據估計，每年大約有一半的美國兒童暴力地虐待他們的兄弟姊妹。研究進一步指出，有多於一個兄弟姊妹的兒童中五個有四個每年至少會遭受一次來自兄弟姊妹的身體攻擊，而至少有兩個會是嚴重且持續恐嚇與欺凌下的受害者（*Straus, Gelles and Steinmetz, 1980, 1988*）。

父母和照顧者可能也必須承受孩子的拳打腳踢和捏傷（有瘀傷為證）。年幼孩子的攻擊也許不嚴重，但是年齡稍長的孩子甚至青春期的青少年所用的力道很可能造成嚴重的後果（*Bolton and Bolton, 1987; Straus, Gelles and Steinmetz, 1980, 1988*）。事實上，在英國的輔導協助專線接到的電話中，有6%是父母投訴自己被家中青春期的孩子施以人身虐待（*Parentline, 1990*）。最近的一個研究調查了四百六十七位英國大學生，3%自陳曾經嚴重地暴力虐待自己的父親，2%曾以這樣的方式虐待自己的母親（*Browne and Hamilton, 1997*）。美國的研究發現，青少年對父母有攻擊傾向大約在5%到12%之間，其中也有3%牽涉嚴重的暴力虐待（*Gelles and Cornell, 1990*）。

家庭暴力的臨床證據

根據估計，在美國，5%被送進急診室的受傷婦女是因為遭受家庭暴力，其中只有三分之二的受害者不是經由醫護人員詢問才透露真相（譯：換句話說，只有三分之一的受害者自己透露真相）（*McLeer and Anwar, 1989*）。

在英國，Smith等人（*1992*）在雷斯特皇家醫院（Leicester Royal Infirmary）對所有急診病患做了一份調查。他們發現，一千人中有三個是因為在家裡直接遭受家庭暴力與攻擊而受傷接受治療，其中54%的受害人年齡在十四歲到二十九歲之間。這些案件的加害者中有 8%是妻子、4%是女友（也就是說12%的家庭暴力案件是由女性虐待男性）。當然，女性遭受攻擊的比例比男性高得多，35%的加害者是丈夫、而19%是男朋友。6%的案件是由於青少年傷害父母或者成年的照顧者。此外，有 6%的加害者是該小家庭之外的成員。其餘 22%的案件中，加害者的身分並沒有被提及。在這份調查的取樣人口中，男性和女性受害人受害程度（或者密集程度）和受傷部位並沒有明顯的不同（*Smith et al., 1992*）。

一個人即使沒有直接受到攻擊，也可能深受家庭暴力影響。在家中親眼目睹暴力行為會對心理造成傷害，因為這起了一種攻擊行為的示範作用，並且扭曲了解決衝突的方法。這樣的影響在兒童身上特別明顯，80%在暴力家庭中成長的孩子曾親眼目睹攻擊行為的發生（*Sinclair, 1985*）。

在預測與預防中，最需要釐清的一個事實就是，各種形式的家庭暴力都有所關聯，不會單獨發生。如果有虐待配偶的情形，那麼兒童虐待便很有可能同時發生，反之亦然。Walker（*1984*）發現，在美國有53%虐待自己伴侶的成人同時也虐待自己的孩子。從其他方面來看，Browne 和 Saqi（*1988a*）發現，52%虐待兒童的家庭同時也有其他類型的家庭暴力發生。Straus、Gelles和Steinmetz（*1980*）表示，配偶攻擊與不當對待兒童的案件大約有40%是重疊的。因此以「多管齊下」的方式來處理家庭暴力是必要的，希望能藉此預防暴力傾向重複地從一代延續到下一代（*Browne, 1993*）。

家庭暴力的預防措施

研究發現，對孩子施以生理或性虐待的、虐待妻子和虐待年長親人的這些人有一些相似的地方，包括有：對受害者的錯誤看法（mis-perception）、自尊心不高——低自尊（low self-esteem）、覺得自己無能——無能感（sense of incompetence）、社會人際的孤立（social isola-tion）、缺乏支持和幫助、缺乏同理心（empathy）、婚姻關係中遭遇困難、憂鬱、缺乏自我控制力（self-control）和童年曾經被虐待及忽視的過往（*Browne, 1989a*）。

同時在不同型態受虐者的身上也找到了許多相似的特徵，包含了：與加害者的不良關係、依賴、情緒和社會人際的孤立以及體弱多病（*Browne, 1989a*）。

能夠有效控制並預防家庭暴力的應變措施實在是少之又少。目前最主要的處理方式通常只鎖定一種類型的家庭暴力，而且雖然處置方法有三個階段和等級，一般通常只在最後一級，也就是事情發生後的「處遇／治療」（treatment）上下功夫（*Kingston and Penhale, 1995*）。由於許多作者將「預防」和「治療」兩個名詞混淆了（*見 Ammerman and Hersen, 1990; Hampton et al., 1993*），並且論著之間對於三個等級的界限並沒有一個明確的共識（*Butler, 1989*），所以本書所提及有關家庭暴力的三種預防措施的定義先描述如下。

針對根本做改變的初級預防措施

初級預防措施的目標在減少家庭中不當對待的「發生率」，並試圖在事情發生前先採取預防的方法。通常這些措施是以社會整體為基

礎單位，經由宣傳活動和相關團體來喚起大眾對這個問題的認識，然後再由社會、法律和教育的改革過程來達到健全的家庭互動關係。

Gelles（1993）提出下列針對家庭暴力的基本措施：

1. 消除社會價值觀裡將暴力美化、合理化的部分，像是媒體將暴力視為一種娛樂。

2. 減低可能引發暴力行為的社會壓力，例如：貧困與不平等。

3. 將獨立的家庭結合成一個社區網絡，並減少社會人際的孤立。

4. 透過教育來改變社會性別歧視。

5. 教導大眾除了暴力之外的管教方式以打破家庭中的暴力循環。

以上的建議需要家庭生活和整個社會從基礎上做改變，所以有些人認為這些辦法不切實際。的確，這些是長程的解決方法，需要在資源分配上以及西方社會組織上作出很大改變。

 以預測、確認和改善為主的二級預防措施

由於有些人不是習慣性地使用暴力，而有些人只有在極度的壓力之下習慣使用暴力，所以預測家庭暴力的機率相當困難。然而針對家庭暴力成因的研究已經找出了攻擊事件及暴力互動發生的關鍵因素。

短期而言，早期發現與暴力相關的因素並改善潛在暴力傾向是比較實際的作法。衛生與社會服務專業工作人員可以學習如何監看接受他們機構服務的家庭（見第六章）。這樣的監控是二級預防的基礎，目的是要透過減短負面家庭互動的期間和頻率來降低家庭暴力的「普及率」，並且希望透過早期發現與立即的處置來降低危險因子（或稱致險因子，risk factors）的影響力。

這種以風險率為準的處理方式是根據對問題家庭的暴力、虐待和疏忽可能導致危險的程度（high or low risks）作出評估，如此一來可以

對有限的資源做彈性且合理的分配，同時能夠將這些資源的利用價值發揮到最大極限。其目標是對那些最需要幫助的家庭在嚴重暴力發生之前給予特別的關照。

採取這個方法的衛生和社會機構會先由前述與暴力有關的特徵（危險因子）來確認需要幫助的家庭。然而，執行這樣的程序仍需要投注大量的資源到各個地方社區，以便：

- 發展偵測危險因子的方法。
- 訓練衛生護理和社會工作人員這項監控方式。
- 提供善後的處理對策。

這個方法必須面對道德及經濟層面的顧慮，特別是在家庭被鑑定為高風險，但卻沒有資源可供其改善現有致險因子的情況。當能夠減低暴力潛在因子的資源不足時，這樣的監控和評估工作就不該執行，因為將一個家庭貼上（暴力的）標籤所要付出的代價必須能夠被對等的助益平衡過來，不然衛生及社會服務專業工作不但不能預防，反而會助長暴力產生。

男女雙方一般都不太願意承認兩性關係上遇到的問題，並攤開來討論，或許因此也對暴力的互動關係羞於啟齒。因此具有預測性的特徵對家庭或者專業工作者確認暴力發生可能性是非常有用的指標，當發現暴力發生的可能性時，應該求助於可以完全評估強迫關係與影響家庭負面因素的專業人員。

三級預防：處理、治療和控制問題家庭

三級的預防措施通常用在家庭暴力已被證實，亦即已經是暴力事件。這個階段也許是在許多重複的不當對待發生之後，而且暴力已經根植在家庭中。所以三級預防的目標是在減低重複的生理和心理傷害的風險，希望能降低受害者受傷、失能或者死亡的機率。若能證實過

去對受害者「重大的傷害」（significant harm）已經造成，就能明確地提出將家庭成員分開、或者給予治療和重建的建議。

　　所以三級預防是將焦點放在對暴力家庭的治療，並且控制家庭成員的攻擊行為上。當然，這也許對那些在給予處置和治療前就已經遭受心理和生理創傷的人而言，已經不是那麼有幫助。由於虐待可能致死，所以對某些人而言，三級預防措施根本已經太遲。當許多二級與三級處置和治療方法都可以派上用場，使得人命得以保全時，這樣的結果難以令人接受。因此，本書提出許多處理高風險群暴力家庭的方式，希望能在暴力事件真正發生前幫助面臨嚴重問題的家庭。甚至是那些曾在幼年遭受虐待的，在有效的處遇下都可能有良好的預後（prognosis）（見第十一章）。不幸的是，此處提及的大部分處理方式（見第七、九和十二章）通常都被包含在三級預防方案中，只對處理和控制家庭中的不當對待有幫助，對於真正的事前預防往往力有未逮。

第二章

家庭暴力的成因

　　從之前對家庭中各種虐待形式的討論中可看出，肢體暴力顯然不能涵蓋家庭互動中所有的傷害行為。所以有些研究者將肢體暴力行為和其他形式的虐待區隔開，因為造成（各種暴力，比如說性暴力）的原因和可能的解決之道並不相同（見 Frude, 1991）。雖然所有傷害行為有些共同的成因，但是其他因素卻是肢體暴力特有的。因此我們認為下列對家庭暴力成因的概論之關聯性大過於其他形式的不當對待。

　　為了要了解家庭暴力的成因，若干理論模式已被提出，這些模式可被概括性地分成社會學的解釋和心理學的解釋。

社會學對家庭暴力的解釋

　　一般說來，多數（例如：Gelles, 1987a, 1987b, 1994a）從社會學角度探討家庭暴力的作者傳統上將成因與社會壓力（social stress）因素作關聯。有些作者更進一步（例如：Gil, 1978）將社會壓力描述為塑造家庭結構之文化價值和實際應用的徵候；他們宣稱，我們所處的社會要為家庭暴力負全責。

社會壓力模式（social stress models）

低收入、失業、不良居住品質、過分擁擠、孤立和隔離的工作環境等因素，被Gelles（*1987a, 1987b*）與Gelles和Cornell（*1990*）視為造成個人挫敗感和壓力的原因。這些因素可能進而導致暴力。Gelles 由自己的研究中作出推論：「暴力是對結構壓力（structural stress）的適應方式或說回應。」然而，由於家庭暴力普遍存在於社會各個階層，並不是社經地位較低的家庭獨有，這個觀點便流於狹隘。其他試著從較廣泛的社會角度來解釋家庭暴力的包括：Goode（*1971*）的資源理論（resource theory）和 Straus（*1980*）、Giles-Sims（*1983*）的一般系統理論（general systems approach）和 Gelles（*1983*）的社會交換／控制理論（social exchange/control theory）。

與家庭生活相關的社會交換／控制理論是建築在「共有酬賞（reward）和懲罰（punishment）」這個觀點的基礎上，家人間有情感的交流，會相互幫助、交換資源。當交流和個人期待相符時，便有寧靜與秩序。但是當現實與期待不符時，例如：失業的成人全天候地在家照顧、並越來越依賴他們年長的父母，一段時間後就可能出現暴力的控制方式（*Phillips, 1986*）。

Goode（*1971*）認為，家庭就像所有的社會機構，必須仰賴某程度的強制力甚至威脅來維持秩序。他認為，若某人能掌控（或以為自己可以掌控）更多的資源（有更多選擇），他就比較不可能有明顯的強力支配行為。由於成本高昂，所以當支配「資源」時，多數人不願意明顯地使用強迫手段。Goode（*op. cit.*）認為，中產階級家庭因為有較多資源，例如：較好的聲望、較好的社會地位，進而比較不可能訴諸暴力或脅迫的手段。O'Brien（*1971*）在他的「地位不一假設」（status consistency）中表達了類似的想法。他把焦點放在丈夫的經濟問題，

和夫妻學歷差異造成丈夫在家中地位較低的情形上。暴力被看作是一種補償地位低落、提升自尊心的選擇。

Straus（1980）和 Giles-Sims（1983）從「一般系統理論」中的「偏差家庭結構」來解釋家庭暴力的產生。他提出「偏差權力結構」，並宣稱，暴力的程度在由妻子作主的家庭中是最高的。這在男性自尊心不高，或對自我印象不佳的情形下更可能如此（Goldstein and Rosenbaum, 1985）。

文化模式（cultural models）

另一種說法，但也是關於個人所處的社會地位，可被稱作「微觀政治觀」（micropolitical view），認為個人暴力反映出廣大社會中權力關係的一個縮圖。例如：一個普遍的女性主義觀點認為對女性與兒童的暴力解釋是源於女性在社會中一向被壓制的地位（見 Yllö and Bograd, 1988; Yllö 1994）。在這個論點中，男性暴力的目的是控制其他家人。Hanmer（1978）將這個理論融入一個完整國家機器中的理論架構（代表男人），他認為，福利國家的政策使女性產生依賴。然而，Dobash 和 Dobash（1978, 1987）或許是將這「一般地位觀」融入關於配偶虐待的理論家中最有名的（見第四章和第五章）。

最廣泛的社會學觀點（Gil, 1978; Straus, 1980; Levine, 1986; Goldstein, 1986）認為，文化價值、可得的武器和暴露在不被懲罰的暴力行為模式下，會影響個人看待暴力行為的態度。這進而影響了個人將暴力當作情緒表達和控制他人方法的接受程度。有些理論家主張，社會團體和社區可能發展出對攻擊性互動的接受度，進而造成暴力次文化（subculture of violence）（Wolfgang and Ferracuti, 1982）。

Gil（1978）接著區隔出社會實際運作中許可的「結構」（structural）暴力（機構和社會層次的暴力），與超越社會許可程度的個人

暴力。由前所述，Gil 對暴力的定義特別廣泛，這反映了，他認為應該從廣泛的社會權力關係來討論暴力。因此，他主張，結構暴力和個人暴力不該被視為兩個極端、不相關的現象，它們都是同樣一個社會環境、價值和機構下，交互影響、互相增強的產物。由於阻礙個人發展的經驗（源自於結構暴力的）往往導致壓力、沮喪和以暴力為報復手段的衝動，故他認為，個人暴力根植於結構暴力，反應結構暴力。他把家庭暴力看作是在家庭外形成卻不能發洩的反應性（reactive）暴力（對結構暴力，也就是對阻礙個人發展的經驗所做的反應）。這種暴力可以在家中被發洩，因為家庭是較不拘束、人們花費最多時間的地方，並且相較於其他社會情境，家庭暴力較少導致懲罰性的制裁。這種對「攻擊物」的回應，被視為家庭暴力的「功能」（*Powers, 1986*）。表 2.1 從對暴力加害者回應的觀點，舉例出一些家庭攻擊行為的功能（*引自 Powers, 1986*）。

表 2.1　社會學對家庭暴力的解釋：攻擊者的功能與代價

- 引起注意，並顯示出需求未被滿足的警訊
- 強迫並操控他人以滿足自己的需要
- 得到在家庭中作決定與定規則的權力
- 透過引發他人的無助感來得到更多的權力與自尊
- 增加親密關係的強度與直接程度
- 避免親密關係的風險與脆弱
- 以控制手段來得到其他人的愛與讚許
- 保護自己，免於攻擊與傷害
- 為了現在或過去所受的傷害而報復
- 以加害者身分使受害經驗重新上演
- 以傷害他人來得到自發性的興奮、快樂與權力、控制感
- 破壞或改變毫無報酬的家庭關係
- 製造他人對自己的印象
- 跟隨所處文化中的常態與所受的期望

（*取自 Powers, 1986*）

Gelles（1983）從成本和收益的觀點來分析家庭暴力。他的「交換社會控制理論」認為，從法律嚇阻效用的觀點來看，家庭環境所具有的隱密性降低了明顯攻擊行為的成本。這導致了家庭——一個對行為較缺乏社會約束力的場所——成員間攻擊對方的可能性提高。隱私權因而使家庭暴力較難以察覺，並較容易發生。Dutton（1987）最近曾估計出，「攻擊妻子」在加拿大被司法系統人員察覺的可能性大約是6.5%；如果被發現，逮捕率是 21.2%。總括說來，加害者接受法律制裁的可能性是 0.38%。

一般說來，社會學對家庭暴力的解釋已經從單純的社會壓力（例如：貧窮），朝向牽涉到施虐者和受虐者之間在家庭與社會結構的交流。

心理學對家庭暴力的解釋

傳統上，心理學著重在能夠引起暴力行為的個人特質。但是最近則有人提出，心理學模式之間是互有關聯的（*O'Leary, 1994*）。

個人為主的模式

心理生物（psychobiological）觀點

著重在帶有心理病態的遺傳人格特質。這項研究傳統的特徵是評量敵意（hostility）、進取／攻擊性（aggressiveness）、性情（temperament）和憤怒表現（anger expression）的等級（*Buss and Durkee, 1957; Edmunds and Kendrick, 1980; Spielberger et al., 1983*），以及研究構成暴力傾向的生物因素（*Archer, 1988; Coccaro, 1995*）。也許這派觀點中，最極端的主張就是

Mark 和 Ervin（*1970*）提出，以精神外科手術作為暴力行為的解決之
道。其他傾向心理生物學的作者則嘗試著建立男性賀爾蒙濃度和男性
暴力之間的因果關聯（*Persky, Smith and Basu, 1970; Rada, Laws and Kellner,*
1976），並且分辨出特別的、可能是暴力行為的前兆，或決定性因素
病理狀態，例如：酒精濫用（*Byles, 1978; Gerson, 1978; Potter-Efron and Potter-Ef-*
ron, 1990; Pernanen, 1991）。

心理動力（*psychodynamic*）觀點

也把焦點放在施虐者的異常特徵上，強調特定施虐成人的內在心
理衝突（conflicts）和官能障礙（dysfunctions）。依照 Freud（*1940,*
1949）和 Lorenz（*1966*）理論中對多數人攻擊行為的解釋，心理動力觀
點強調施虐者的「異常死亡直覺」或相較於人有過多暴力行為的驅力
（drive）。這被認為是由於先天基因組成和／或不良社會化經驗所產
生帶有暴力傾向的心理病態特質。

有一種這樣的傾向被指為是「轉移性精神病」（transference psy-
chosis）（*Galston, 1965*）。這種傾向牽涉從父母到孩子的感情轉移——
例如：父母常常把孩子當作成人，覺得孩子是有敵意、有迫害性的，
父母把自己個性中希望被摧毀的部分投射到孩子身上（*Steele and Pollock,*
1968）。於是，孩子被父母視為麻煩的根源，進而成了出氣筒（*Wasserman,*
Green and Allen, 1983）。然而，Kempe 和 Kempe（*1978*）提出，只有 10%
的虐待兒童者可以被準確地評量為精神病患。然而，這個模式歷來對
確認某些特定虐待傾向是有用的。這些特徵包括了：對依賴他們的人
有扭曲的認知（*Rosenberg and Repucci, 1983*）、難以處理會導致不成熟行為
的攻擊衝動、常常沮喪與自我中心，以及有被虐待、忽視或幼年目睹
暴力行為的歷史。

憤怒的情緒可以被「表達」或「壓抑」，相對地表現出「狂怒」
或「煩躁」（*Averill, 1983*），但是，Sears、Maccoby 和 Levin（*1957*）觀

察到不帶任何情緒的攻擊行為，並且區分出敵意性（hostile）和工具性（instrumental）攻擊。這稍後被指為「憤怒型」（angry）攻擊和「操作型」（manipulative）攻擊（*Feshbach, 1964*）。Dollard 等人（*1939*）享有盛名的著作《沮喪和攻擊》（*Frustition and Aggression*）是頭幾個提出「目的」（intent）的行為觀念。他們相信人們可以追溯每個攻擊行動前最根本的沮喪。這個目標或「目的」是從被攻擊物或人抽離出來的。

社會學習觀點（*social learning perspective*）

這個觀點提供了生物或心理動力因素外的解釋。從行為理論來說，這個角度提供了對人類攻擊性較具彈性的看法，並強調因學習（learning）所產生出觀察得到的個人行為改變。三十多年前，Schultz（*1960*）提出，婚姻暴力的來源是不愉快的童年經驗和偏差的婚姻關係。Gayford（*1975*）稍後結合契思維女性援助基金（Chiswick Women's Aid）著手研究，試圖突顯家庭根本中，因學習而來的家庭暴力特質。

學習過程是基於一個概念：若對環境的攻擊式回應帶來自己渴望的結果（即正增強），這個行為日後就比較可能被重複。相反地，若攻擊式回應的結局不是自己希望得到的（即懲罰），將來就比較不可能再重複。

Albert Bandura（*1973, 1977*）根據這個理論，發展了「社會學習理論」。這個理論開始搭起行為學派和精神分析學派的橋樑。在不否定環境影響力的情形下，Bandura 確認了內在過程（internal process）的重要性，例如：思想和感情。因為他認為，人們從幼年到成年都透過觀察和模仿他人來學習，所以認知（cognitive）過程備受重視。Bandura（如前所引）也提出了「社會增強物」的概念：一個行為伴隨著另一個人的正面或負面反應，進而增強或抑制同樣的行為再度發生的機會（見第三章）。

因此，根據社會學習理論，人們從可見的攻擊型角色典型中學到

暴力行為。Roy（*1982b*）提出，五分之四（n=4000）施虐男性的伴侶指出，這些男性曾目睹父親虐待母親，和／或曾是受虐兒。相較之下，只有三分之一的受虐婦女曾有此遭遇。許多其他研究發現也支持這樣的觀察（*Buchanan, 1996*）。

證據顯示，父母之間的暴力會影響下一代。在暴力婚姻中的孩子被發現的行為和精神問題包括：逃課怠惰、在校和在家中的攻擊行為，以及焦慮症（*Hughes and Barad, 1983; Jaffe, Wolfe, Wilson and Zak, 1986b; Levine, 1986; Davis and Carlson, 1987*）。專家指出，這樣的孩子透過學習，認為那些令人反感的行為是控制社會與物質世界的一般作風，並且延續使用這種手法到成年（*Gully and Dengerink, 1983; Browne and Saqi, 1987*）。

特殊受害者觀點

受害者可能在某方面助長了依附或忽視的產生，這個觀點與討論到目前為止的理論恰恰相反。Friedrich 和 Boroskin（*1976*）重新探討，孩子可能無法滿足父母期望或要求的複雜原因。依賴者可能在某方面被視為「特殊」，例如：研究發現早產、出生體重過輕、疾病和失能與兒童虐待都有關聯（*Elmer and Gregg, 1967; Lynch and Roberts, 1977; Starr, 1988*）。事實上，已有研究指出，這些孩子外表的不可愛可能是導致兒童虐待的重要因素（*Berkowitz, 1989, 1993*）。

在配偶虐待方面，Gayford（*1976*）將不同類型的家庭暴力受害者分類，為其命名，並給予能夠代表與受害者有關、導致受虐的原因。其他學者（*例如：Walker and Browne, 1985*）建議，這樣一貫的回應模式是依情況而定的。

Lewis（*1987*）提出了，社會學習理論和特殊受害者觀點的關聯，他表示，有些女性從孩提時代經驗中學習去接受他人對自己施加的暴力。

相互作用模式

　　有些生活在虐待中的夫婦傾向於因循過去的經驗，建立充滿攻擊性的關係，因為他們習慣了這樣的關係，安於將暴力視為一種親密關係中關懷和依附的表達方式。的確，Hanks 和 Rosenbaum（1978）對受虐婦女的婚姻關係和她們父母的關係之間驚人的相似處作出了評論。

　　因此，有些研究者採取了較深入其相互作用的觀點，其中包含研究對象的人際關係和環境背景，而不是將「個人」（person）與「情況」（situation）隔絕孤立開來。這需要將研究範圍從個人心理層面挪到家庭成員個別人際互動的層面。

人際互動觀點

　　例如：Toch（1969）在他的研究——《暴力的男性》（Violent Men）中，不只探討這些男性的特質，也試著了解他們使用暴力的事件背景，以及受害者的特質。他對此做了以下結論：攻擊行為與「被虐症」（machismo）和維持一個與他人互動的特定個人身分（identity）有關。這樣的「情境」觀點也許可以被認為和顯示發展[1]一貫性（developmental consistency）的研究結果互相衝突（Olweus, 1979, 1984）。的確，研究證實確實有一個大體的特性（trait）可以被稱作「攻擊性」（aggressiveness），但是即使在具「攻擊性的」人當中，攻擊性的程度在各種情境當中、不同時間中也不見得一致（Kaplan, 1984）。

---

1 發展一詞以心理學而言有兩層意義：廣義的是指，自出生到死亡，在個人遺傳限度內，其身心狀況因年齡與學習經驗增長，所產生的順序性改變歷程；狹義說是指自出生到青年期。雖然是以「出生」作為研究個體發展的開始，但事實上現代心理學家往往從個體生命開始（意即受孕）開始研究發展（詳見張氏心理學辭典：東華書局）。

個人─環境互動觀點（ *person-environment perspective* ）

要從個人─環境互動的觀點來了解暴力有三個基本的評判標準（ *Hollin, 1993* ）：(1)暴力發生的「情形」；(2)關於「當事人」的想法、感受和行動；以及(3)暴力行為對環境的「影響」（見圖 2.1）。這個論點對暴力發生背景的「情境分析」（situational analysis），和對暴力事件前所發生事件順序的「功能性分析」（functional analysis）。傳統上，這個認知行為 ABC 法將「前提」（Antecedent）、「行為」（Behavior）與「後果」（Consequence）列入考慮。Frude（ *1989* ）提出了一個導致虐待兒童關鍵發生率（critical incidence）的因果效應。這是個複雜的函數，包含個人及其社會和物質環境錯綜複雜的互動。發生關鍵如圖 2.1 所示，略述如下：

1. 環境造成壓力的情形通常是長期的（像是貧窮），相較於不施暴的家庭成員，它使施暴者對個人情境作出不同的評估（意即威脅感的程度）。

2. 他們認為自己所期待的生活和人際互動與現實有差距，這往往造成挫敗感。

3. 他們對上述情形的回應較可能是憤怒和悲傷，不是實際的解決之道。

4. 缺乏對暴力表達方式的自制，加上容忍度低，增加暴力發生的可能。這（機率）當然會因為去抑物（disinhibitors），像是酒精或藥物的使用而增加。

5. 當上述情況出現，即使一個被認為惡劣的眼光都可能導致或引發一個暴力事件。

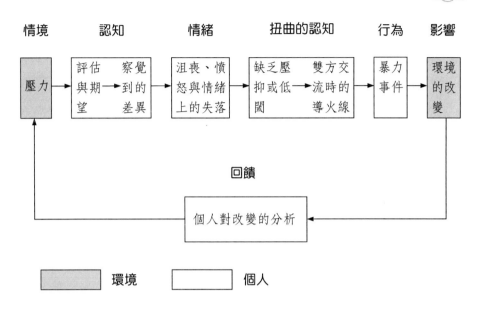

圖 2.1　關鍵發生點的認知行為行為模式（*取材改編自 Frude, 1980, 1989; Hollin, 1993*）

這些因果關係致使人們更容易訴諸暴力行動。Frude（*1989*）挑戰了施暴者不同於非施暴者的假設，提出更有效的建議：他們可以被看作是在同一個連續線上不同的點。因此，他提出，對家庭關係的研究或許對了解家庭暴力和兒童虐待有很可觀的幫助。Frude 的因果連續模式顯示了，評估有暴力傾向之人對自己所處環境、作為觀念、態度和成因的了解都將影響攻擊行為出現的可能性。關於這點，Howells（*1989*）由 Novaco（*1976, 1978*）對憤怒激發[2]（arousal）與其處理和治療的研究。他的研究強調了認知過程的角色，例如：對引發攻擊式回應的外在事件的評價和期待（見第五章與第七章）。

認知行為方法（cognitive behavioural approach）

這些方法可以追溯回相當早期。Dollard 等人（*1989*）是早期提出

---

2 指個體處於隨時準備反應的警覺狀態（張氏心理學辭典：東華書局）。

沮喪—攻擊假說（frustration-aggression hypothesis）的學者。他們的焦點是不同形式的沮喪在作為（攻擊）相關因素時的體現、所發揮的抑制作用和轉移作用（displacement）。也許是因為對行為理論更高的熱忱，這方面的研究並沒有延續認知的方向。但是從七〇年，臨床師和社會工作者對憤怒及其認知決定因素表現出高度興趣（*例如：Koneoni, 1975; Novaco, 1978*）。

Koneoni（*1975*）由生理激發以及認知對此激發的標籤作用（labeling）[3] 來闡述憤怒，這是內在與外在線索 [4]（cue）以及顯性、隱性行為的一種功能（function）。例如：某些事件的作用就像是挑釁、刺激，特別是當此人因自身現狀（例如：飢餓、疲勞和緊張）而容易被刺激。憤怒是因為將某件事認為是令人嫌惡的事件而被挑起，這個憤怒情緒與中介（mediating）認知進而產生交互關係，所以憤怒的經驗決定了日後面對同樣情況的認知（見第五章，表 5.3）。

Berkowitz（*1984*）與 Huesmann 和 Eron（*1986*）發展出對於憤怒的「社會認知」理論。在此，他們認為在家中或從傳媒上看到的暴力是經由學習得來，日後在社會情境中被使用的認知「底稿」（script）。這些攻擊式的底稿被習為一種行為模式，而這些底稿的使用將視回想過去情況，與底稿在記憶中被編碼 [5]（encoded）的情況而定。某些在

---

3 標籤作用是解釋異常行為構成的原因之一，認為個人行為會受到社會環境、他人看法影響。認為個人的異常行為可能是由於他人說他不正常（給當事者貼上「標籤」）所致（詳見張氏心理學辭典：東華書局）。

4 提供個人辨別或認識環境或事物特徵，從而作出適當反應的外來刺激物（張氏心理學辭典：東華書局）。

5 大腦將刺激或符號（訊息）轉換成便於儲存在記憶中，或自記憶中檢索出來的訊息的過程稱為譯碼（coding）。譯碼的運作又分為編碼（encoding）與解碼（decoding）。前者是訊息輸入時的將具體刺激化為抽象訊息的過程，而後者是在記憶中重新調整而配合需要檢索應用時的運作過程（將抽象訊息再回歸到具體刺激形式）（詳見張氏心理學辭典：東華書局）。

家中的特定情況可能提示，並挑起與孩提時代所見暴力相關的攻擊性回應。在一個人已經感到沮喪和憤怒時，攻擊特別會被引發（elicited）出來。

　　總括來說，心理學對家庭暴力的解釋已從單純的個人心理病態，試圖走向整合施虐父母和孩子的特徵，以及他們的生活情形。本書作者在此強調一個觀念，家庭暴力並不能用單一因素來解釋，它是複雜的人際互動、社會和環境影響下的結果（見 *Belsky, 1980, 1988; Browne, 1989a*）。

整合的解釋

　　對於暴力成因從不同角度解釋的用處在於，他們強調了家庭暴力相關因素的多樣性。因此我們必須說，家庭暴力不能由單獨因素來解釋，而是個多重因素的現象（*Gilbert, 1994*）。

　　單純的解釋使這個普遍問題的解決之道顯得過於簡單。例如：以「邪惡的酒精」的概念來探索家庭暴力是久遠而普遍的（*Gelles and Cornell, 1990*）。酒精確實會使已存在的衝動控制和情緒問題惡化，增加嚴重傷害的可能性（*Coleman, 1980*）。這似乎特別發生在晚上、週末和假期；當兒童和夫妻單獨面對問題，又兼以酒精放鬆的時刻（*Frude, 1991*）。

　　但是大多數酒後會對家人施以暴力的酗酒者也承認，自己曾在沒有酒精的作用下變得暴力（*Sonkin, Martin and Walker, 1985*）。故而 Rosenbaum 和 Maiuro（*1990*）提出，「酒精濫用既不是必要，也不是充分造成暴力行為的條件」。

　　因此，酗酒與酒醉並非促成家庭暴力的原因，但是卻如同許多其他因素一樣，是和家庭暴力同時存在的。然而，這些因素在個人、社會和法律的層面上常被用來當作使用暴力的藉口。

心理社會模式（psychosocial model）

單一因素解釋的不妥導致社會學和心理學對家庭暴力之解釋的整合。這個模式最初由美國學者提出（*例如：Gelles, 1973*），這個模式指出了，某些壓力因素和有害環境所造成的影響可能造成個人的暴力傾向。如 Frude（*1980, 1989*）所提出，暴力會在「促發因素」（precipatating）存在時發生，例如：孩子不乖。

有人指出，造成暴力傾向的因素可以用來構成分辨出暴露在暴力危險中家庭的基礎（*例如：Browne and Saqi, 1988a; Browne, 1989b*）。但是，另一個更切要的問題是：為什麼多數同樣壓力下的家庭不會訴諸暴力？或許額外的暴力唯有在有害的家庭互動發生時才會導致家庭暴力。Belsky（*1980*）和 Browne 對兒童虐待採取了以下觀點：兒童不當對待是種社會—心理現象。「它是因個人內在驅力（force）、家庭影響力，及其人、其家庭所處社群中、文化裡的影響力等多重力量所決定的。」（*Belsky, 1980: 320*）這些因素產生了一個特別的組合，造成了一個家庭互動的模式，虐待就是在這樣的互動下應運而生。這個方法同樣也可以應用來解釋其他形式的家庭暴力。

家庭暴力的多重因素模式

社會互動和人際關係的研究可說是解釋攻擊成因的中心理論，以及一個潛在的整合點。關於家庭暴力，Browne（*1988, 1989a*）提出一個家庭暴力的多重因素模式：家庭人際關係會居間促成（mediate）壓力因素和背景的影響力（見圖 2.2）。

這個模式假設「情境壓力來源」（situational stressors）包含下列四點：

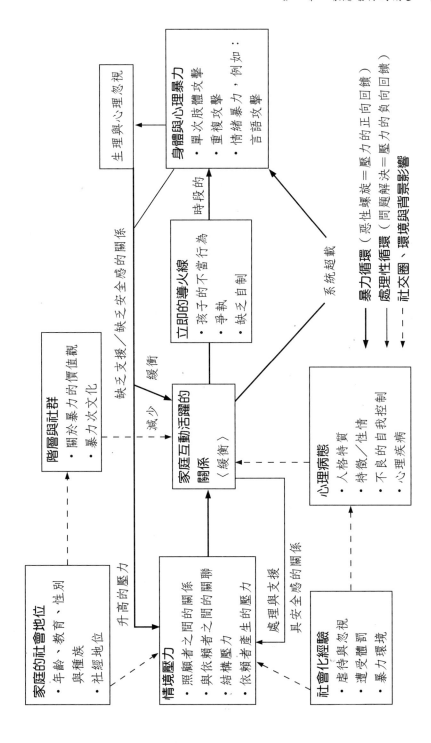

圖 2.2 家庭暴力多重因素模式（改編自 Browne, 1988）

1. 照顧者（父母）間的關係：婚姻關係，婚姻衝突，繼父母／同居人或分居／單親父母。

2. 孩子和年長家屬的關係：例如，生育間隔，家庭人數，照顧者所期待依賴者的依附。

3. 結構壓力：不良居住環境，失業，社會人際的孤立，照顧者權力、價值和自尊的威脅。

4. 由依賴者給予的壓力：例如，不受歡迎的依賴者——不能自制，難以管教，常常生病，肢體或精神失能，性情多變，常常情緒化，或要求非常多。

　　情境壓力來源導致家庭暴力的機率會被家庭內互動關係所調節、決定。家人間具有安全感的關係會使任何壓力帶來的影響得以「緩衝」，並提高以家庭為主的處理方式。相反地，帶來不安全感或焦慮的關係無法使家庭所承受的壓力和「時段性的超載」（例如：爭執或孩子不乖）得以緩衝，而一超載便可能導致肢體或情緒上的攻擊。Browne（1989）認為，總體而言，如此一來會對現存的人際關係有負面的影響，並降低緩衝的作用，甚至使「系統」在下次壓力來源出現時更容易超載。因此，一個積極的回饋機制（惡性循環），最後會導致「系統超載」——慣性地造成重複的肢體和情緒攻擊。這個情形在沒有外力處置的情形下漸漸惡化，並可被稱為「暴力螺旋」（spiral of violence）。

　　如前所述，文化和社群價值也可能影響態度和家庭關係的互動模式，這模式轉而被個人在年齡、性別、教育、社經地位、種族和社會階級各方面的社會地位所影響。

　　根據Rutter（1985），攻擊是每個人本能中的一個社會行為。他認為，攻擊行為在自尊心高、良好人際關係和有適當壓力處理方式的情形下得以控制。但是關係的品質以及家庭對壓力的回應取決於當事人的性格（personality）、品格特質（character traits）與人格異常的潛在

可能性，例如：低自尊，不良的本質控制（temperament control）和嚴重的情緒擺盪。這些因素可能導致過早的社會經驗，而這經驗可能間接的影響家庭中的「行為投資」（behavioral investment）。

結論

　　家庭暴力的形成因素必定要在家庭人際互動的背景中去考慮。親密的家庭關係緩衝了內在與外在的壓力（Belsky, 1980; Browne and Saqi, 1987）。對其他家人的認識和關切形成了親密關係的特徵（Browne, 1986; Hinde, 1979），考慮不當對待時，由這樣的互動著眼是很重要的。

　　暴力家庭的兩個特徵：一是缺乏處理衝突和管教的技巧；以及高頻率的惹人嫌惡行為。這些強制壓迫式的家庭互動概念曾被 Patterson（1982）提出，且在下一章中是著手處理問題時的主要重點。

　　總而言之，作者認為壓力因素和背景的影響力會被家庭人際關係調節。這關係確實正應該是處理、治療和管理工作的重點。衛生和社會服務也能在這個層次上，藉由積極的互動，「為人際關係接種抗壓預防疫苗」，來作出顯著的貢獻。即使是在最樂觀的情形下，壓力因素的預防都是個漫長的過程。

第三章

強迫的家庭關係

前面的章節挑戰了「家是安全避風港」這個的刻板印象。致力於評鑑和處理有家庭暴力歷史的衛生和社會福利從業人員，不可避免地要面對報章雜誌與專業文章中所刊載的一些家人之間懷著敵意、強制高壓的互動。當大眾如此關心這個某些人認為正在加劇的問題時，維持一個平衡的觀點與處理方式是相當重要的。媒體以嘲諷手法剝削已經氾濫的道德驚恐對了解這樣錯綜複雜的問題並無濟於事。更有價值的作法大概是嘗試用客觀的方式來評量目前可得的證據。

舉例來說，讓我們先看看那些虐待孩子的父母。他們容易不停地抱怨、威脅或批評孩子，毫不保留地表示對孩子的厭惡。他們被視為是強迫高壓與感覺遲鈍的（*Crittenden, 1988*）；同時也採取「責備導向」，並傾向於將孩子的動機、目的歸因到最壞的一面（*Wolfe, 1985, 1987*）。如 Frude（*1991*）所觀察到的懲罰心態，是「造成父母易於被孩子行為激怒的傾向，或增加給予管教式回應的可能性」。有些父母在進行管教的時候——由於知識上缺乏替代方法，或由於自身觀念，甚至因為發洩怒氣和沮喪需要發洩——而過於頻繁地採取體罰的方式。而體罰根本無效的事實可能導致它升高到達危險的程度。

在往往集體將這群人稱為「施虐父母」的文章中，這樣的總稱標

籤可能會助長刻板印象產生與「病態化」，進而蒙蔽了他們的個別性與他們困境本身的基本常態（從它的普遍性而言）。這並不是要為虐待脫罪，而是希望能夠持平地立論。多數肢體虐待案例牽涉到的肢體傷害相對而言並不嚴重；而且大部分發生在父母認為（孩子）「不服管教」的狀況下（*Wolfe, 1991*），這在為了處理問題、建立實際但樂觀的計畫過程中是決定性的參考點。

Frude（*1991*）明白地表示：

> 一般大眾與專業人士對相對而言極少數受到嚴重且引人注目傷害的孩子所表達的高度關切，可能確實對增加社會對為數眾多的父母和孩子提供支援有令人滿意的輔助作用。但若注意力過度集中在那些有系統且變態性地折磨自己孩子的極端父母身上，便不能產生預期的作用。這種對施虐父母的扭曲印象，可能導致（一般人）對所有牽涉到非意外傷害並被指為「怪獸」、「沒人性」或「外星人」的父母失去同情心。

工作繁重的社工常常面對一個「雞生蛋、蛋生雞」的兩難問題。許多受虐兒行為乖張、反社會（anti-social）[1]。誠然，他們可能表現越軌甚至偏差的嚴重問題行為（*Herbert, 1987a*）。但是 Frude（*1991*）也指出，雖然行為問題可能是父母處理不當或虐待（如前所述）的果——部分或全部，社工和其他專業人士此時最關心的卻是孩子行為（往往是攻擊式的）足以引發父母或兄弟姊妹反擊的狀況（*見 Straus, Gelles and Steinmetz, 1980*）。受虐兒往往遠比非受虐兒更常騷擾同儕和父母（*George and Main, 1979*）。

問題是，我們能夠從任何理論中找到了解以及改變這些嚴重家庭問題的答案嗎？

---

1 泛指違反社會規範、倫理道德以及法律規定的行為（詳見張氏心理學辭典：東華書局）。

理論模式和處理方式

　　從大量針對家人間不同形式的攻擊浮現出一個畫面：家庭暴力是多面的現象，起因於廣泛多重與許多生理、心理和社會因素相關的「機制」；而這些機制也維持了這個現象的存在（見第二章）。

　　在心理學的領域中，研究者與臨床工作者已採納多樣的理論結構，如：心理分析、社會學習、家庭程序、社會交換與其他一般或特定的理論。由此，他們歧異的主張與解釋導致了相當不同的處理方式。一個行為學家會著眼於社會學習原則，強調行為與認知發生率（contingencies）與社會行為適當模式是否可得。所有的方法都產生了可觀的理論與實證研究，至少在一些案例中為成功的處理方式提供了基礎（見 *Frude, 1991; Herbert, 1993; Webster-Stratton and Herbert, 1994*）。但令人惋惜的是，沒有任何方法單獨提供完整的解釋。然而，本書作者已在第二章試圖組織出一個多重因素的整合模式，來解釋種種造成（家庭）功能失常的特質。這些集合成一個遠不能視為單一的現象，卻被經濟、但過於精簡地稱為「家庭暴力」。

　　也許一個特定模式較能俐落、簡潔或富有啟發意義的解釋，某一特定行事的家庭功能不良，或某一種懷著仇視與帶來痛苦的關係（例如：虐待配偶、虐待長輩、虐待父母或虐待兒童）。但是，針對評鑑哪些模式能提出家人間虐待是互動最好的預測物（predictors），或哪種處理方法（如果有）對某特定行事的家庭暴力能產生最大的經濟效益所做的努力是微乎其微。再者，除了少數例外（*例如：Gerald Patterson 的強迫家庭模式*）。這方面的研究傾向於忽略（至少在理論上）攻擊的全體因果，以及使用強迫力的交互作用（循環）（*見 Patterson, 1982*）。

強迫與社會學習理論

強迫力的概念引導了特定家庭生活中，強迫式互動所扮演角色重要性的理論組成。這對家人相互虐待的家庭特別顯著。例如：這項理論（特別由 Patterson 所發展、測試的）顯示，成人和兒童的攻擊行為能夠引發（instigate）並維持（maintain）（特別是藉由負增強的作用）反社會、敵視家人的行為。在他《強迫式的家庭過程》（*Coercive Family Process*）一書中，Patterson（*1982*）提出「強迫理論」的證據，他把這應用在從低調的不愉快事件（在社會互動和家庭中常見的）升高到密集、強烈、構成兒童和配偶虐待的暴力行動。

在更深入探討這些想法細節之前，也許應該先談談社會學習理論——為一更廣泛的的理論框架，是強迫假說立論的基礎。社會學習理論是「中等範圍」的理論之一，是 Gelles 和 Straus（*1988*）與本書作者建議在解釋若干（當然不是全部）家庭暴力現象時需要參考的重要理論（*見 Herbert, 1987a; Patterson, 1982*）。一個固定的理論框架在社會或衛生工作者試圖了解、預測與計畫處理親子間失常互動的方式時是非常重要的。由於對學習的主動本質、學習發生的社會背景、以及對認知與意義角色的重視，社會學習理論非常適用於社會與臨床工作的領域上（*見 Bandura, 1977*）。這裡要提出的觀點是：許多成人（我們特別注意的是照顧者）與兒童的異常行為與「正常」行為在發展、持續性和可被改變的方式上並沒有太大的不同。

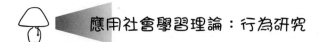

應用社會學習理論：行為研究

社會學習理論被廣泛地看作是行為與認知改變（治療／修改）的

理論基礎。行為治療，或以我們慣用的術語來說（為其跨領域和整體性）：行為家庭工作，代表一個改變的哲學，而非特定的一種或一組技術。它是以一個廣泛的經驗為基礎的理論，用以解釋正常與變態行為。

自從一九五〇年晚期到一九六〇年初期正式崛起以來，行為研究領域已經多元化到了不同於原貌——它已經不再是單一的整體。雖然這個方法強調古典和操作制約原則，但並不受限於此。根據這個觀點，加之以某幾種類型的學習，是社會學習理論模式的重心，簡短地回顧其中幾項論點。

由直接增強學習

這個觀點以影響個人的刺激、以及此人以行為作為反應為焦點。學習可以說是，發生在一個刺激規律的引發出一個反應的情形下：

1. 刺激—後效增強是古典制約：一個原先中性的刺激（例如：一個聲調）重複地與一個非制約刺激配對（pair），而後逐漸地習得（acquire）反應引發（response-eliciting）的屬性（它引起一個眨眼）。此人的反應（眨眼）在技術上來說是被這個聲調（制約刺激）給制約了。

2. 反應—後效增強是工具或操作型制約：一個母親若想教孩子一個特定技巧，例如：上廁所。在解釋與鼓舞（prompt）之後，不論何時，只要接近要求的技巧順序，孩子的行為會被鼓勵的話或讚美所塑造。當這訓練的反應熟練後，它可以重複地被正確表現關聯性的增強引發出來。

所有功能性的學習——意指能幫助孩子適應生活需求——在某些情況下可能促成適應不良。在這樣的情形下，學習是有不良影響的。因此，有效的根據古典和制約原則學會避免危險情境的孩子，也可能

學會（適應不良的）去害怕並逃避學校或社會場合。父母可能不自覺地由於注意到自己的怒氣而更生氣。在父母的訓練課程中常討論的操作公式很簡單，卻相當有效：

可接受行為＋增強＝更多可接受行為

可接受行為＋無增強＝較少可接受行為

不被接受的行為＋增強＝更多不被接受的行為

不被接受的行為＋無增強＝較少不被接受的行為

至於這些學習理論的效用，很顯然地，孩子成長的速度和他們學習的複雜性是很難單以直接增強和懲罰的角度解釋。五〇年代，心理學家意識到行為／學習理論不適用於處理正常或異常行為的微妙處。社會經驗與對別人的觀察漸漸受到重視，成為人類學習中重要的一環。

 社會學習

學習是在社會背景中產生的：酬賞、懲罰和其他關聯性與事件被人類在依附系統中被中介（mediated），並非只是不帶情感的行為結果。Bandura（1977）——一個對社會學習理論有開創性影響的人——並不低估差別增強（differential reinforcement）塑造行為的效用，但主張行為結果的功能遠不只是以酬賞和懲罰來加強或削弱特定行為，特別是告知（informing）、產生動機（motivating）與增強。人們觀察自己行為帶來的後果，而後形成對行為在不同情境下之適當性的假設。這些訊息日後成為行為的指引，它製造了「某些行為有益處而其他則否」的預期。對大部分行為而言，特別是社會行為，增強效果相對地缺乏效用，除非此人了解增強的關聯性。

Bandura（1977）的格言「要改變行為，必須改變關聯性」，應該

改成日後較為人知的「改變關聯性，便可以改變行為」。如此奠定了這種交互影響以及行為與環境之間關係的重要性。

　　以「行動」而言──人類是「主動」的行為者，並非只是被動的反應生物體──人們在製造影響增強關聯性上扮演了一個積極的角色。行為遠不只是被刺激或被伴隨的後果所引發的，它牽涉三個認知的過程：(1)訊息的取得；(2)將訊息處理或轉換成方便處理形式；而後(3)測試並檢驗轉換的適當性。很多訊息是由觀察和聆聽他人所得來的。

觀察學習

　　Bandura（1973）認為，複雜而又新學到的行為──適應性的或不利於適應的──是由觀察典範模式而學得的。可能是孩子在日常生活中遇到的人或是閱讀時和電視上象徵式的模範。「觀察學習」，正如其名，被社會學習理論學家看作是社會化學習的基礎與治療處置時重要的基本原則。如果其他類型的學習，適應的過程有時可能帶來錯誤的（不利於適應的）結果。因此，一個未成熟的孩子經由模仿成人而學習時，不一定了解被模仿的行為是不良的（例如：暴力行為）。

　　人們是否表現出觀察而得的行為，取決於他們觀察到的行為後果。Bandura 提出證據顯示，這兩個過程在實驗中的分別性。在此研究中，孩子觀看一個示範在電影中的攻擊行為，跟隨著酬賞、懲罰或沒有任何後果（見 Bandura, 1973）。當該示範的回應後果清楚地影響孩子後來的模仿行為後，再給他們吸引人的獎勵去重複攻擊行為，這完全抹消了之前不同的表現，顯示了等量的學習（learning）和習得（acquisition）。

攻擊性的評鑑

攻擊牽涉到一個人對另一個人造成傷害。傷害意圖的存在與否是不是該被包含在定義中，一直是個爭議。攻擊行為傾向於表現出高度特定性：發生在特定時間、特定環境，針對特定對象，並且是對特定挑釁而反應。孩童以及他們的照顧者很少漫無目的或毫不分別對象作出攻擊／表現出攻擊性。當他們這麼做，顯示出極高的普遍性，我們便需要加以注意。

在作出將會產生一個行為形成公式（formulation）與最後（如果適當）對虐待家庭的處置方法的評鑑時，有兩種當時產生影響的因素需要考慮：(1)挑起（instigate）或維持（maintain）（經由直接、由他人經驗得來的或自我的增強）的情況（例如：肢體或口頭攻擊、匱乏、沮喪、衝突和暴露於破壞性的模式中）。(2)長期而言，個人的「增強歷史」是重要的。研究顯示（*Herbert, 1987a*），鬆散的管教（特別是針對下一代的攻擊行動）加上父母的敵視態度，會造成下一代非常具有攻擊性，並且對行為控制不良。造成不適當教養方式與不足的照顧和控制的原因可能有幾種，在這其中，包含了父母本身家庭不良的教養模式，自身較差的社會條件與孩子本身的特質（*Herbert, 1991*）。

攻擊的發展

從發展的角度來看，我們可以觀察到，孩子與生俱來便帶有一些令人不悅的行為，而這些行為隨著他們成長而越發精細複雜。這些行為在適當的年齡下有生存價值。但是當孩子大些，潛在地變得更成

熟，並應該行使因社會互動而調整的行為卻仍慣常地使用這些行為時，則是適應不良（maladjustment）的徵兆。這樣的行為模式造成家庭的苦惱和敵視的氣氛（見表 3.1）。當父母不能指出（label）（認知的建構）或有效地制裁孩子不順從且強迫（例如：唱反調）的行為，家人之間的互動往往缺乏有關聯性的後果；也就是說，強迫行為所帶來的正面、中性或負面後果的可能性與個人的行為是不相關的。在某些家庭中，行為與行為後果大略說來是不一致的：如前所言，孩子的反社會行為可能帶來正面後果，甚至他們少有的利社會（prosocial）[2] 行為也有可能得到懲罰（*Patterson, 1976*）。這可能導致慣性的反社會與強迫行為成為孩子行為的一部分（見圖 3.1）。

表 3.1　問題家庭中的成員所表現出令人厭惡行為的定義與平均基準率

編訂類型	定義	問題男孩 n=27	母親 n=27	父親 n=18	兄弟姊妹 n=54
負面命令（command negative）	包含要求對方立刻順從、以令人反感或害怕的後果威脅對方、諷刺或羞辱對方的命令方式	0.008	0.046	0.023	0.008
哭泣（cry）	哭訴或啜泣	0.019	0.000	0.000	0.024
不贊成（disapproval）	對他人行為或特質、言語或肢體動作上的批評	0.134	0.314	0.182	0.120
依賴（dependency）	要求別人去作自己可以獨立完成的事	0.007	0.003	0.000	0.008
破壞（destructive）	當造成損壞、弄髒或弄破物品	0.031	0.000	0.000	0.011

---

2 在此是指利他的行為，例如：合作、助人、奉獻等等（張氏心理學辭典：東華書局）。

重複的行為 （high rate）	可能引起不耐的重複肢體動作	0.044	0.000	0.000	0.042
羞辱 （humiliate）	使人感到踧促不安、羞恥或嘲笑對方	0.020	0.011	0.015	0.015
忽視 （ignore）	故意不回應他人尋求互動的行為	0.005	0.023	0.019	0.010
不順從 （non-comply）	不在十二秒之內，照著命令、負面命令或他人的依賴期望去做	0.092	0.011	0.009	0.064
反抗、否定 （negativism）	帶有「不要煩我」意味的聲音來傳遞言語上中性的訊息，同時包含了失敗主義者的陳述	0.115	0.019	0.012	0.059
肢體攻擊 （physical attack）	肢體攻擊或試圖攻擊他人	0.042	0.019	0.003	0.021
嘲笑 （tease）	惹人生氣、心煩或者挖苦、取笑對方的行為	0.050	0.001	0.014	0.028
撒嬌 （whine）	含糊的鼻音或高音，內容並不重要	0.036	0.001	0.000	0.052
吼叫 （yell）	喊叫、嘶吼或大聲說話	0.057	0.009	0.000	0.036
	所有令人反感行為的平均值總和	0.660	0.457	0.227	0.498
	所有令人反感行為總和之平均值	0.047	0.033	0.020	0.036

（引自 Reid, 1978）

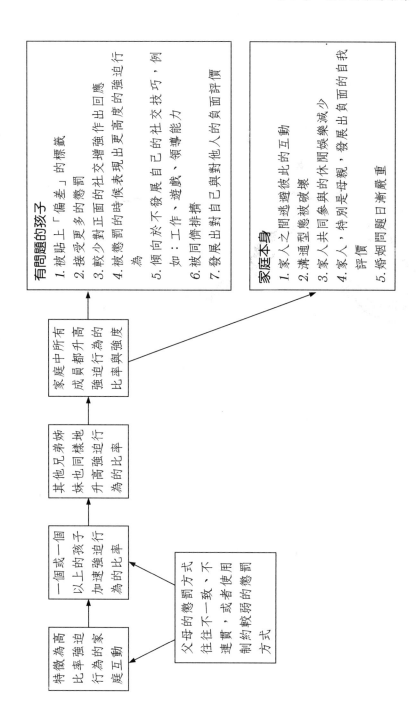

有問題的孩子

1. 被貼上「偏差」的標籤
2. 接受更多的懲罰
3. 較少對正面的社交增強作出回應
4. 被懲罰的時候表現出更高度的強迫行為
5. 傾向於不發展自己的社交技巧，例如：工作、遊戲、領導能力
6. 被同儕排擠
7. 發展出自己與他人的負面評價

家庭本身

1. 家人之間逃避彼此的互動
2. 溝通型態被破壞
3. 家人共同參與的休閒娛樂減少
4. 家人，特別是母親，發展出負面的自我評價
5. 婚姻問題日漸嚴重

家庭中所有成員都升高強迫行為的比率與強度

其他兄弟姊妹也同樣地升高強迫行為的比率

一個或一個以上的孩子加速強迫行為的比率

父母的懲罰方式往往不一致，不連貫，或者使用制約軟弱的懲罰方式

特徵為高比率強迫行為的家庭互動

圖 3.1　強迫式家庭互動（改編自 Patterson, 1982）

　　強迫螺旋

　　關於家人（dyads）之間（親子、兄弟姊妹）的特殊事件被認為是：家中某一人連續並重複地使用一個令人不悅的刺激，像是打鬧、嘲笑或哭喊，以增加或減少另一個人的某些行為。這些令人不悅之行為的影響同時反映在這個攻擊性互動中雙方持續的行為上。假設的情況是：一方在持續行為上的立即改變會增強另一方的行為。

　　典型的親子互動實例是母親和倔強頑固、仍在學步的稚子之間的衝突。當孩子被命令去做一件事，或手上的事被打斷，他的反應可能是生氣——突然的憤怒。母親堅持這麼做時，孩子的怒氣便再度升高。惡性循環往往被設在動態，設定在越來越有挑釁意味、與長期停滯交互作用的階段。如果憤怒的強度和持續性足夠，母親可能勉強順從。但是對孩子的反抗讓步並不是每次都會發生，這就產生了在強迫、不順從行為增強過程中的「間歇時段」（intermittent schedule）。這造成未來在類似情形中，棘手行為的可交互內作用（intractable）型態。母親的「有條件投降」也同時因孩子停止發怒後負擔的減輕而增強。這個經由消除令人不快的刺激所產生的交互增強過程已被稱為「負增強圈套」（negative reinforcement trap）（*Wahler, 1976*）。

　　現在我們來看兄弟姊妹間一個強迫行為發生的順序：

　　1. 約翰因拿走蘇菲的玩具而惹惱她。

　　2. 蘇菲的反應是打約翰。

　　3. 約翰停止惹怒蘇菲，因而負面強化了他的強迫行為。

　　蘇菲強迫約翰停止他令人生氣的行為，一個強迫的螺旋很可能被啟動，可能升高攻擊與反擊的程度。持續這個過程：

　　4. 約翰當然可能對蘇菲打人作出反應，並非停止搶蘇菲的玩具，

而是還手，意圖停止蘇菲的攻擊。

　　5.蘇菲現在以更強力而密集的還擊回應約翰的攻擊。

　　這種互動可以一直持續到父母介入，或直到兩人其中一個因另一個讓步而造成負增強。我們可以看到，經過一段時間（如果沒有父母親果決的處理），這樣的型態在孩子行為範疇中產生攻擊行為永久化固著（fixation）[3]的種子。

　　兄弟姊妹間的衝突與行為障礙的惡化以及維持有關。具攻擊性的孩子的兄弟姊妹很可能在其關係／情況中先開始並持續／維持攻擊式的互動，研究觀察到這種互動最顯著的影響是在兒童期中期以及青春期早期（見 *Gelles and Cornell, 1990; Herbert, 1987b*）。特別是在那年齡相近兄弟姊妹間攻擊性的互動是預測反社會行為很有力的指標，所以母親和被欺負的孩子間因為易怒、急躁所產生的互動對預後並沒有幫助。

　　孩子的反抗行為往往持續地被父母的注意力所帶來的社會性正增強所維持。這樣的注意力可能有許多形式，包括：口頭斥責（大聲責罵、叨罵不休），對孩子說理，或只是試著藉由長時間討論所犯的錯誤來表達關懷與了解。回應父母這樣的行為時，孩子可能會有合作的表現，因而反向地也增強了父母的處置行為。Wahler（*1976*）稱這過程為「正增強圈套」。大部分的反抗行為是同時被正增強與負增強所維持。

痛苦的控制

　　有趣的是，具攻擊性孩子的父母相較於沒有臨床紀錄的往往明顯

---

3 在此意指個人學得的行為無法隨年齡增長而漸趨成熟、改變的現象（詳見張氏心理學辭典：東華書局）。

地表現出較多所謂「痛苦的控制方法」——命令、批評、高度威脅、憤怒、叨唸與負面的後果。Patterson（1982）發現，「反社會」孩子的父母比控制組的父母使用較多負面與模糊的命令；他們教養技巧上常見的敗筆包括：不適當的管教——大聲責罵、威脅、絮絮叨叨與持續的責罵（對孩子）——與頻繁、高度的體罰。

Johnson 和 Lobitz（1974）指出，最能區別正常與需要臨床治療的孩子的因素就是父母的負面性分數。同時，接受治療的孩子的父母明顯地有使用較多命令的趨向（trend）。事實上，他們可以根據預測提供這研究中十二個家庭的父母去操作孩子（四到六歲）偏差程度的條件（藉由指導）。他們藉由增加不理睬，或命令下一代，表現出否定、限制、反對與不溫和的程度來操作孩子的偏差程度。

很明顯地，早期學習與發展在敵對式行為的進化過程中很重要；對這些因素的認識很可能影響設計處置家庭暴力時所使用的方法。這當然會是個全面性的方法，當我們檢視 Patterson（1982）所提出，孩子無法以較具適應性、較成熟的行為取代他們幼稚、原始強迫行為範疇之可能性一覽表時，理由便很明顯。

- 父母忽略了教孩子利社會技巧（例如：很少強化語言的使用或其他自助的技巧）。
- 提供許多對強迫行為的正增強方式。
- 允許兄弟姊妹增加令人不悅刺激行為的頻率，而這些刺激行為是當被挑中的孩子使用強迫行為才停止。
- 對強迫行為的處罰不一致。傾向於以弱制約懲罰作為強迫行為的後果。

家庭導向的計畫如何被設計來處理這些問題的討論在第九章與第十二章。

從強迫行為到暴力

Patterson（1982）依據對觀察研究資料的仔細檢閱提出，孩子令人不悅的行為往往會暴增。例如，以一個特定回應而言，同樣回應再出現或持續的可能性往往會明顯增加。被認為具有高度攻擊性的孩子的特性包含了：這種行為爆發期較長，以及兩次爆發之間較短的間歇。以沒有問題的男孩與（人際關係中）具攻擊性的男孩做比較，後者較可能在剛剛表現令人不悅的行為之後，又再次有同樣的行為。

　　觀察指出，在虐待式家庭中的母親和兄弟姊妹是在早先提過的強迫螺旋中受影響最深的一群，因為他們自己表現出令人反感行為的程度顯著地高於在正常家庭中的一群（*Patterson, 1982*）。由於表現出強迫行為的期間加長，父母和兄弟姊妹更有可能作出肢體攻擊。雖然父母以更多的威脅與叨唸來回應孩子的強迫行為，孩子不可能照著自己所威脅的做。但是在不期然的間歇時刻，他們可能情緒爆發並使用極端的體罰。因此我們不驚訝有行為問題的孩子是肢體虐待的高危險群（*Herbert, 1995*）。

　　Wahler 和 Dumas（1985）對為什麼強迫式親子互動持續並且越發嚴重提出兩個假設：「順從假設」與「預測性假設」。將它們並論有助於解釋，有些父母與孩子是如何將原本僅是互相不滿的狀況，變成像齒輪啟動般越來越令人痛苦、高壓（有時甚至危險）的互動。「順從假設」（如我們已經看到的）認為，父母對孩子要求與令人反感的行為所做的讓步就像孩子攻擊行為的正（間歇）增加物。父母為了「關掉」孩子的怒氣、打鬧、尖叫或任何其他動作而妥協，從痛苦中解脫的代價就是作出帶著閃躲與逃避意味的讓步（負增強）。

　　「預測性假設」認為，具有攻擊性孩子令人不悅的行為在某些狀況中可能由於父母負面的反應而維持。他們至少知道在這種狀況下如

何生存，因為父母對他們正面行為的反應是如此地難以預測。

攻擊行為的分化發展如果持續下去會不斷擴張：表現高度攻擊與強迫行為（從家裡學來的）孩子較可能被同儕排拒。在課堂上表現出不順從、強迫的行為可能導致孩子學習機會減少、學業能力降低，並且面對與老師之間代價高昂的衝突（見第八章對「校園惡霸」的討論）。

 ## 家庭暴力的治療方法

家庭暴力的處理並不受重視；然而我們可以對某些治療的計畫作個總結。廣泛說來，我們可以確切地宣稱，攻擊行為的維持大多取決於它的後果。有「酬賞」後果的攻擊行為（可能包括父母沮喪地放聲發洩怒意）可能一再發生，而那些沒有酬賞或懲罰的就可能降低發生頻率或消失。在習慣性強迫式的家庭中，線索與訊息往往是負面的，伴隨著不斷批判的聲響與怒意、叨唸、哭泣、喊叫等等行為。

Patterson（1982）採取的立場——他很小心地驗證以得到認可——是：對反社會行為的控制需要連續地使用某些懲罰。這種說法表面上看來，跟許多針對父母回報自己懲罰成效的發展心理學研究恰恰相反。他們一致顯示了，與孩子反社會行為的相關性（correlation）（*Feshbach, 1964*）。問題兒童的父母指出，他們比正常孩子的父母更經常使用懲罰；而且他們的懲罰行為可能較極端。如我們在本章所見，較富人際攻擊性孩子的父母的確較常以懲罰回應問題兒童及其兄弟姊妹的攻擊行為。

*模仿—沮喪假設*為Bandura（1973）所提出。他表示在行使懲罰式控制時，禁止的原動力模仿攻擊是行為模式，就像是那些他們希望在別人身上壓抑的。接受者稍後可能採用相似的攻擊性解決之道來處理

他們面對的問題。他又提到，雖然因果關係的方向無法清楚地從相關資料（correlation data）中決定，但從控制研究中可以很清楚地看出攻擊是由模仿而產生攻擊行為，這便是代代相傳暴力的種子。但為什麼被懲罰的攻擊行為不會就像學習理論預測般減輕或消失？

　　Berkowitz（1993）強調，具攻擊性兒童的父母使用哪類懲罰可能無效。他提出，懲罰孩子攻擊行為的必要性，但前提是父母必須是溫暖、充滿愛意地使用說理或解釋，配合非暴力的懲罰，例如：移除或不給予正增強物（time-out）[4]。這個觀點反映了 Patterson 研究團隊由對具攻擊性孩子的家庭十年來的處置研究所得的結論。移除正增強物和類似的後果（像是指派工作或失去某些權利）一定是令人不悅的，但是它們並不暴力。Patterson 證明它們的相對效用——我們在第九章會深入探討。的確，大量壓倒性的證據顯示，在漠不關心或明顯被排拒的環境中，極端的體罰提供了助長暴力青少年成形的有利條件（Herbert, 1991）。

溝通

　　在功能不良的家庭中，家人間的溝通也許令人不悅，但還不至於不足或幾乎不存在。由於人類的相互依賴，所以人與人相互影響，加上人類社會中合作的重要性，我們必須試著改變個人強迫影響其他家人的方式。相互影響源自於快樂，有向心力的家庭時是最有力的。的確，家庭凝聚力的存在對家庭成員的心理狀況有重大的影響。當這樣的特徵不存在或不常見時，凝聚力這項評判標準便提供了重要，但也許是難以達成的目標。

　　・成員們常常沈浸於共同的活動中。

---

4 換言之便是在孩子有不當行為之後移除孩子平日喜歡或享有的事物。

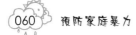

‧成員間常見溫馨的互動，少有敵意的表現。

‧家人間有完整和正確的溝通。

‧家人間多是讚許，少有批判。

‧認為其他家人對自己多半是認同的。

‧成員間明顯地關愛對方。

‧表現出高度滿足，且對家庭未來的穩定感到樂觀、有士氣。

當上述這些特徵不存在時，高危險群是那些已經因為其他因素而容易受害的：年幼的、年長的與面對現實壓力的。

 結論

這章評論從理論角度切入，針對強迫式家庭關係的評鑑與處置，為一一檢驗各式家庭暴力、以及各種型態的預防概念提供了一個背景。

第四章

預測配偶虐待

　　影響力最大的人際關係莫過於親密伴侶之間的關係。親密伴侶或配偶涵蓋一種牽涉甚廣的關係，通常是（但不一定都是）存在於兩個年紀相仿、也許有婚姻關係、可能同居或分居、並且可能是同性或異性的成人之間。的確，親密關係非常複雜，牽涉雙方之間一連串有意無意的互動。人的互動影響期待、判斷與對對方的感覺，進而影響對配偶的行為。關於親密關係形成、維繫、破碎到終止的周遭條件在專業與一般寫作中佔有一定的優勢（*Duck, 1986*）。

　　親密關係包含了對另一個人強烈的情感歸屬與承諾。這緊密的關係意味著，對方不在眼前時的思念，以及關係結束時隨之而來的悲傷。的確，最具影響力的人類情感是在親密關係的形成、維繫、破碎與重新建立中產生，這樣的關係帶有某程度的情緒依附（attachment）[1]（*Bowlby, 1977*）。

---

1 第六章有更詳盡的討論。

兩性關係上的難題

親密關係的破碎牽涉到許多因素。例如：Jacobson 和 Gurman（1986）在《婚姻治療臨床手冊》（*Clinical Handbook of Marital Therapy*）中提到下列足以影響兩性關係的困境與心理問題。

- *親密關係的問題*：分離與離婚、嫉妒與婚外情、跨文化戀情與同性戀。
- *心理問題*：包括空曠恐懼症（agoraphobia）、憂鬱（depression）、酗酒（alcoholism）、精神分裂（schizophrenia）、自戀（narcissism）與飲食失常（貪食症、厭食症）。

除此之外，喪親之痛、身體或精神健康（失能）與經濟狀況也會為親密關係造成莫大的壓力。

當我們更深入地探討時會發現，在不同階段出現的問題會有不同的預後，會影響個人適應變遷的方式與關係繼續維繫的可能性。除此之外，Reichman（1989）指出了，人們無意間因為不斷地苛責批評、專制獨裁或嫉妒、生悶氣、過分纏人、以自我傷害或受害者姿態博取同情，或者不斷地刻意討好（見第十章），而無意間對親密關係造成傷害。這些人可能相當自我本位、亟欲成功、懷有競爭心、個人主義與事業野心，因而很可能使婚姻破裂（*Bentler and Newcomb, 1978*）.。

配偶虐待可能發生在親密關係破裂的時候，有證據顯示，受害者被伴侶在身體或心理上傷害、物質上刻薄、精神或性虐待、妨害性自主、色情化或強迫的對待（*London, 1978*）。這與早期只著重於對配偶肢體傷害的定義（*例如：Gayford, 1975; Martin, 1976*）不同。在此應先聲明，學者是刻意使用與「性」無關的定義。隨機取樣的家庭研究顯示，女人認為自己至少在打人或摔東西時跟男人是一樣暴力的（*Steinmentz,*

1977a; Bland and Orn, 1986; Smith et al., 1992），而在英美針對大學生的調查結果也支持這個論點（*Deal and Wampler, 1986; Browne and Slater, 1997*）。

在兩性關係中，肢體攻擊、虐待式暴力與性攻擊已被看作是男性而非女性的特質；而官方報告也反映了這項看法（*例如：House of Commons Home Affairs Committee, 1993a, 1993b; Victim Support, 1992*）。但是有些研究顯示，事實並非總是如此。Brand 和 Kidd（*1986*）將異性戀與女同性戀之間的身體與性暴力作比較後發現，在固定關係中，強迫性行為（9%，7%）與肢體虐待（27%，25%）在兩組中發生的百分比很相近。研究已確立女同性戀關係中的約會強暴與配偶虐待的事實（*Levy and Lobel, 1991; Renzetti, 1992*）。在異性戀中，Straus、Gelles 和 Steinmetz（*1980, 1988*）發現在美國全國普查時，12.1%的丈夫相對於 11.6%的妻子至少曾在爭吵時對配偶使用暴力。BBC 電視網節目「此時此地」（Here and Now）（*1994*）所做的莫禮斯民調（Morris poll），是英國第一次針對成人的家庭暴力所做的全國性調查。結果顯示了與美國普查相近的比例，而且在對配偶使用暴力上並沒有性別差異。

因此，暴力並不是單方向行為（男性對女性）。Gelles（*1987a*）與 Straus（*1993*）提出，「婚姻暴力」通常是雙向的，同時夫妻雙方的攻擊行為比例是相近的。現在已公認女性的憤怒、敵意與暴力，但這多半被視為女性心理異常的現象（*Krista, 1994*）。

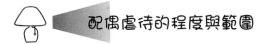

配偶虐待的程度與範圍

暴力

配偶虐待之普及率和發生率通常就是所謂的「家庭暴力」，這些

研究往往受限於大眾對這問題的忽視、對家庭暴力的接受與正常化，甚至否定問題的存在（*Dobash and Dobash, 1979; Star, 1980; Finkelhor and Yllö 1985, Yllö 1993*）。儘管如此，許多資料已被用來估計有報告的配偶虐待，像是警方紀錄、醫療紀錄、離婚申請案件、家庭訪談與暴力犯罪的調查（*Morley and Mullender, 1994*）。

在英國，除了「英國犯罪調查」（British Crime Survey）之外，沒有其他在虐待妻子方面定期更新的調查（*Mayhew, Maung and Mirrless-Black, 1993*）。而英國犯罪調查的數據顯示了，這個問題相當普遍（見第一章，圖 1.2）。調查顯示，所有女性遭受攻擊的案件中有 56% 發生在家中，相較於 8% 的男性。在英、美特別針對家庭暴力的調查中，至少四分之一的已婚女性提出自己曾被丈夫毆打（*Straus, Gelles and Steinmetz, 1980, 1988; Painter, 1991*）。三分之一英國女性在成年後曾經歷男性伴侶所施的嚴重肢體暴力。除此之外，十分之一英國女性每年報告遭受暴力，其中 75% 陳述是來自現有伴侶，另外 25% 是來自從前的伴侶（*Mooney, 1993*）。

大約 7% 的美國家庭中，妻子規律地遭受嚴重的暴力（*Dutton, 1988*）。而令人頗為不安的是對孕婦與青少年虐待的發現（*McFarlane, 1991; Newberger et al., 1992*）。一項研究調查了二百九十名孕婦（*Helton, 1986*），15.2% 報告在當次懷孕前被毆，8.3% 報告在當次懷孕期中被毆。

從加害者角度來看，一項加拿大調查顯示，十分之一的男性至少曾下重手攻擊他們的女性伴侶（*MacLeod, 1989*）。倫敦取樣中的數據更高過前項調查（*Andrew and Browne, 1988*），顯示有 37% 的男性在衝突中會訴諸暴力，而以此數兩倍的男性會施以心理虐待。

McClintock（*1978*）從英格蘭警方紀錄中發現，15% 針對人身的刑事案件發生在家裡。若將配偶與父母虐待案件合併，有 74% 的女性與 26% 的男性曾是受害者。從蘇格蘭警方紀錄中，Dobash 和 Dobash（*1979, 1987*）發現，第二大宗的人際暴力案件是對妻子的攻擊（25.1%），最

常見的暴力則是在陌生男性之間（37.2%）。在一千零五十一件警方登記有案的家庭暴力中，「毆妻」佔了76.8%，「毆打孩子」佔10.5%，而「毆打丈夫」則佔 12%。97.4%的加害者是男性，94.4%的受害者為女性，而其中五分之四需要醫療照顧。但是家庭案件只佔利物浦警方報案率的12%（*Pease et al., 1991*），這代表配偶虐待是報案率最低，也是入案率最小的（*Smith, 1989*）。受害者調查指出，約14%到27%的家庭攻擊受害人向警方報案（*Dutton, 1988; Jones, MacLean and Young, 1989; McLean and Young, 1986*），而僅有一小部分登記在案（*Edwards, 1989*）。

家庭暴力報案率偏低的範例之一就是分居與離婚的數據。四分之三已報案的家庭攻擊是發生在分居後（*Hart et al., 1990*）。在美國，32%的中產階級和40%的勞工階層夫妻在離婚程序當中提出最主要的不滿就是肢體虐待。但是，較近期的美國哈禮斯民調（Harris poll）顯示，66%分居與離婚的女性提出曾在之前的關係中遭受暴力（*Browne, 1989c*）。同樣地，在英國，有56%到59%分居或離婚的女性曾被前夫毆打（*Evason, 1982; Painter, 1991*）。

警方提供的數據百分比與全國性民調或校園調查相去甚遠。在警方紀錄中，加害者以男性為多數而受害者以女性為主的事實，可能是因為男性對女性施加的暴力較為嚴重。

一般較少強調配偶虐待中的男性受害者是意料中事。唯有Murray Straus 與其在新漢普郡大學的研究團隊對家庭暴力採取較全面性的看法。他們在美國的大型調查（*Struas, 1979; Straus, Gelles and Steinmetz, 1980, 1988*）發現，「婚姻暴力」在 16%的家庭中至少一年發生一次，甚至更頻繁。總括來說，28%的婚姻曾經歷家庭暴力。在這些暴力家庭中，大約四分之一的夫妻是由男性加害，另外四分之一是由女性加害，而其餘則是雙方都曾使用暴力。

由虐待型暴力角度來說，同樣的研究顯示，3.8%的妻子與4.6%的丈夫在調查的前十二個月內曾被自己的伴侶毆打。當這些資料第一次

公開為「被虐丈夫徵候群」（battered husband syndrome）（*Steinmetz, 1977b*）的證據時，他們遭受許多批評，因為這項調查並沒有顯示，這些妻子的暴力行為是因為報復還是自衛，所以這項資料可能被誤解（*Pleck et al., 1978*）。

的確，幾個發生在美國的殺夫案，法庭宣告為合法自衛，特別是當兇殺發生在妻子長期被暴力虐待之後（*Browne, 1987; Ewing, 1987*）。但是長期不斷受害常見於配偶虐待。大部分（66%至 90%）曾被伴侶虐待的女性提到伴侶慣常規律的攻擊行為（*Hanmer and Stanko, 1985; Andrews and Brown, 1988*）。以數量來說，調查顯示三分之一在暴力關係中的女人一年會被攻擊六次；而平均說來，女性受害人一年有四次嚴重的傷害（*Mooney, 1993*）。Pease 等人（*1991*）概述了，暴力家庭中重複攻擊的可能性。他們在曼徹斯特的調查顯示，初次暴力事件後，35%的受害人在五個星期內會再次受害；第二次之後，45%的受害者於五個星期內會再經歷第三次傷害。

暴力程度日益升高最後的結局就是家庭謀殺案（domestic homicide），以殺妻或妻子不堪長期受虐而殺夫收場（*Browne, 1987; Ewing, 1987*）。家庭謀殺的發生率佔全美謀殺案的40%（*Curtis, 1974*）；45%的家庭謀殺案受害者是男性，55%是女性。在英國，男女受害人比例相差頗大，顯示男女在配偶虐待中是互相的，但女性受害最深。從一九八三年到一九九〇年，大約五分之一的謀殺案受害者是被現任或前任男性伴侶殺害的女性，這佔了所有兇殺案女性受害者的42%到49%。相反地，僅有7%到11%的男性受害人是被自己的女性伴侶殺害（*Home Office, 1992; Morley and Mullender, 1994*）。大約三分之一的家庭謀殺案中，案發當時雙方並不住在一起（*Edwards, 1989*）。婚姻強暴的研究顯示相似的結果，三分之一的受害者在案發當時正與丈夫分居。

강暴 強暴

Finkelhor 和 Yllö（*1982, 1985*）在波士頓隨機取樣三百二十三位女性，而後問她們一個問題：「請問您的伴侶嘗試和您做愛時是否曾使用肢體暴力或威脅作為手段？」10%的答案為「是」。一項針對「婚姻暴力」的分析顯示，大多數暴力行為（82%）發生在雙方分開之後。英國一項包括一千二百三十六位住在倫敦的女性所做的調查顯示相近的結果，9%曾經被伴侶強迫發生性行為。Russell（*1982, 1990*）針對這個主題所做的研究訪談了九百三十位舊金山的女性，其中六百四十四位已婚。已婚當中有 4%曾被伴侶強迫發生性行為，但沒有其他肢體暴力；14%曾被強暴並毆打；12%曾被毆打但沒有被強暴。

一九八〇年代前，少有專家探討「婚姻強暴」的概念，而大眾一般將婚姻中的強迫性行為作最低估計（minimize），並不視為「真正的」強暴。但Finkelhor和Yllö（*1985*）將婚姻中的強迫性行為根據Groth（*1979*）在《施以強暴的男性》（*Men Who Rape*）一書中的分類將之分為三類：

1. *毆打型強暴犯*：50%的案件中，強迫性行為是重複攻擊配偶行為的一部分，可以被視為 Groth 的「憤怒型強暴」：「這些男性毆打、貶損妻子，以取走妻子錢財作為醜化、貶低她們的手段，並訴諸性暴力。」強暴通常是毆打的後續。這類型強暴中五分之四的事件是男性對伴侶先施以肢體攻擊，然後捆綁，進而性攻擊，有時並使用物品。

2. *單一暴力型強暴犯*：與 Groth 的「權力型強暴」相符。40%的案件中，男性僅用足夠在性方面征服配偶的暴力，除此之外的暴力行為很罕見。這種情形只是男性在感到不自在與無能時，用來顯示地位、力量、控制與權力的方式。

3. *強迫型（obsessive）強暴犯*：其餘 10%的婚姻妨礙性自主包括
了怪異且變態的性癖好，並且訴諸肢體力量去得到滿足。這些
男性在不經同意的情形下捆綁配偶，並且／或者以外物插入配
偶陰道或肛門，往往將性交過程錄影以作為色情物品收藏。這
種行為與Groth的「變態型強暴」有關。但是，強迫行為（ob-
session）才是這種婚姻強暴中（佔所有案件的 10%）的重要特
徵，並非變態的性癖好。大部分對某種性交方式（例如：肛交
或口交）有強迫行為的男性會以武力要求配偶採取他們偏愛的
方式，而且將其他的性交方式排除在外。

當然，儘管這種情形常用的專有名詞是「婚姻暴力」或「婚姻強
暴」，但肢體與性攻擊不是已婚夫妻特有，同居的伴侶一樣可能經歷
暴力與強暴。男女同性戀中的肢體與性暴力比率也的確與一般關係相
近（*Renzetti, 1992*）。

約會強暴與暴力

肢體與性暴力並不只是發生在已婚或同居的伴侶之間。研究顯
示，在暴力關係中的行為模式在雙方結合或同居之前很長一段時間就
已慢慢浮現。這種暴力被稱為「伴侶追求期」（courtship）或「交往
期」（dating）暴力（*Levy, 1991*）與「約會」（date）或「熟識者」（ac-
quaintance）強暴（*Parrot, 1988; Parrot and Bechhofer, 1991; Koss and Cook, 1994*）。

在英國，Dobash 等人（*1978, 1985*）發現，20%的受虐婦女宣稱第
一次的暴力攻擊發生在結婚或同居之前。在美國，Roscoe 和 Benaske
（*1985*）進行相似的研究發現，51%的受虐婦女說自己在與伴侶同居
前就曾遭虐待。甚至在美國大學生調查中也顯示，14%到 15%的女大
學生報告曾在約會時被強迫發生性行為（*Wilson and Durrenberger, 1982; Levine*

and Kenin, 1987），有 7%到 9%經歷過約會強暴（Pirog-Good, 1992; Mufson and Kranz, 1993）。除此之外，美國的研究顯示，約 21%至 52%之間的未婚學生情侶在交往期間至少曾經歷一次肢體暴力，其中自己可能是受害者或加害者（Sugarman and Hotaling, 1989, 1991; Browne, 1989c; De Maris, 1992）。

至於其他形式的伴侶暴力中，較溫和的暴力（推擠、掌摑）最為常見，也最是雙向的。例如：Archer 和 Ray（1989）發現，在英格蘭學生情侶中推擠的發生率高達 87%。但是其他研究者（例如：Browne and Slater, 1997; Arias, Samios and O'Leary, 1987; Makepeace, 1981, 1983）發現，嚴重的虐待式暴力在交往過程中的比例在 1%到 27%之間。

以現有關係而言，21%的暴力是雙向的，其中並沒有性別差異（De Marris, 1987; Browne, 1989c）。但是性別差異的確出現在某些研究中，有男性提出受傷害比例高於女性，而在加害者方面兩性承認自己施暴的比例相似（Deal and Wampler, 1986; Arias, Samios and O'Leary, 1987）。

Finn（1986）提到，傳統性別角色態度是幾種支持婚姻暴力態度中最有效的預測因素，而種族與性別相對地並不重要。根據針對中學所做的交往期暴力研究，12%到 35%之間的青少年情侶具有攻擊性，四分之一的受害者與三分之一的加害者將暴力視為某種愛的象徵（Henton et al., 1983）。交往期暴力的研究指出，配偶虐待的型態在雙方結婚之前很久就已經浮現。研究清楚地顯示，交往期與婚後暴力的相似處，這表示，對許多女性而言，不論年輕或年長，僅僅是肢體虐待並不足以構成終止一段關係的理由（Roscoe and Benaske, 1985; O'Keefe, Brockopp and Chew, 1986）。

有趣的是，有些研究支持「男性是受害者」與 Steinmetz's（1977b）的「受虐丈夫徵候群」這種觀點。他宣稱，女性攻擊是報案率最低的一種親密暴力而非男性暴力。Browne（1989c）並不同意這個觀點，並指出：女性的攻擊行動與刻板印象中的女性行為並不相符，所以被記得與揭發的可能性反而較高，進而造成報告出現的男性受害程度過分

誇張；相對地，男性的攻擊較可能被視為「正常」暴力，然後輕易地被遺忘。

Deal和Wampler（*1986*）首先發展這個論點，提出既然刻板印象就是女性較男性不具攻擊性，於是女性表現低程度的攻擊就可能被貼上暴力的標籤，這而後便導致了男性對女性的攻擊行為報告過多。Murphy（*1988*）提出這種差異的進一步解釋，女性自我保護的行為可能同時被男性與女性視為攻擊行為；因此，女性其實可能使用更多攻擊行為，但是是作為自衛而非攻擊。即使相同數目的女性與男性被指為具有攻擊性，男性則更傾向於重複地攻擊對方。

現今有數量可觀的研究證據顯示，配偶暴力的互動性（*Saunders, 1986; Frude, 1994*）。但在此必須指出，「當男女雙方互毆時，真正的受害者幾乎都是女性」（*Gelles, 1981: 28*）。關於交往期暴力的資料並沒有告訴我們，暴力發生之後的結果。在婚姻暴力的案件中，暴力的男性所造成的傷害可能大過暴力的女性所造成的傷害，並且訴諸更危險與更具傷害性的衝突解決手法，像是用刀槍威脅對方。Struas（*1993*）確立了這個觀點，丈夫作出嚴重攻擊的頻率比妻子多出42%。此外，男性通常有較多社會資源可供支配，所以男性是交往期暴力受害者時，對身體狀況與社會人際關係的影響往往有限。因此，配偶虐待雖然至少在開始時是雙向的，但最後主要是受害女性的問題（*Pagelow, 1981, 1984; Dobash and Dobash, 1979, 1987; Yllö and Bogard, 1988; Hampton et al., 1993; Jukes, 1993*）。

受害者特徵

在《離開暴力的男性》（*Leaving Violent Men*）一書中，Binney、Harkell和Nixon（*1981*）報告一項針對一百五十名在英格蘭與威爾斯收

容所的調查。在六百五十六名女性中，大多數（90%）是為了逃避針對自己的肢體暴力而離開家，有些是逃避對孩子的肢體暴力（27%）。其他形式的不當對待也被提到，例如：心理虐待和不提供足夠的金錢。許多女性經歷過幾種不同的不當對待。在他們訪談過的女性中，68%表示，「精神上的殘暴」只是她們離開的理由之一；雖然有 10% 說，她們僅僅承受精神虐待，但這通常和肢體暴力同時發生。有些女性被監禁；有些被言語折磨與威脅到不確定自己精神狀態是否穩定的地步。Dobash 和 Dobash（1979）對一百零六名被虐的女性所做深入的訪談顯示，一個典型肢體攻擊中的暴力行為可分為下列幾類：以拳頭攻擊臉部或身體佔 44%；腳踢、用膝蓋頂、拿對方的頭撞擊物品佔 27%；把人推到不會造成傷害的物品上佔 15%；用物品打對方佔 5%；而企圖悶或勒對方則佔 2%。在某些案例中，唯有當暴力行為波及孩子時，女性才覺得離開是正當的。

　　大多數（81%）被 Binney、Harkell 和 Nixon 訪談的女性年紀在二十歲到三十四歲之間，平均有二到三個孩子。這些女性遭受的暴力都已持續相當長的一段時間，平均長度為七年（從幾個月到四十年不等）。其中過半的女性（59%）曾受虐至少三年。

　　Pahl（1985）曾對四十二名英格蘭東南部收容所中的女性進行詳細的訪談。研究顯示，36%的女性在暴力開始時正處懷孕期，而這些案例中多數是頭胎。幾乎全部（90%）的案例都顯示，暴力發生時，家中正有一名五歲以下的孩子。

　　為了突顯在英國尋求收容女性的處境，受害者支援（Victim Support, 1992）描述了幾個最近的案例。例如：

　　　　寶拉在不能容忍丈夫暴力的情形下曾數度報警。地方警局都
　　　知道寶拉，有時候一個鐘頭之後才會到她家。她說，警方對她感
　　　到生氣和沮喪，因為她總是拒絕提出告訴。她說：「他們似乎不

了解，我只是要終止暴力行為，而不是送他進監獄，給孩子的爸
爸留下犯罪紀錄，但我確實需要被保護。從沒有人告訴過我，有
關收容所的事；而且我猜想，他們大概認為暴力行為沒什麼大不
了，不然我早就提出告訴了。」

　　柔在夜裡報警，報案時說她的伴侶把孩子鎖在房裡，並開始
扯著她的頭髮走，這一切只因為她沒有在丈夫到家時及時把晚餐
擺在桌上。他不斷虐待她，然後到廚房拿起一把刀——根據她丈
夫的說法是「給她上一課」。她報了警，然後逃進花園。當警察
趕到時，丈夫說，他們只是發生爭執，現在已經沒事。柔說，丈
夫動手打她，而她飽受驚嚇。但是當時警方說，由於似乎沒有可
見的傷痕，他們也無法做什麼，所以柔感到徹底失望，對警方完
全失去信心。

　　配偶關係的崩解對家庭暴力受害者來說，是痛苦、傷心（也影響
到身體健康）的經驗。許多人感到依賴、孤立與困惑，無法處理分居
或離婚的過程。這些人面對孩子的監護權、維護或分配財產，以及最
重要的自身與孩子的保障等等法律問題時，的確感到相當困難。多數
受害者不完全了解，防止他們暴力的伴侶來騷擾他們或進入他們新家
的法庭命令程序。他們往往認為，律師的介入是在彆腳地使用自己手
上有限的資源，而這是他們日後必須避免的。有些受害者並不知道，
在英國，向社會局申請補助津貼的家庭便自動享有「法律援助」（legal
aid）的權利（*Law Society, 1987*）。即使受害者知道有援助的管道，他們
的被動因應方式、與社會隔離、內化責難、矛盾的忠誠與順從的行為
常常使他們對使用這些資源感到卻步（見表 4.1）。

表 4.1 配偶虐待中的受害者特徵

1. 低自尊	7. 順從的行為
2. 被動的因應機制	8. 矛盾的忠誠
3. 對伴侶高度依賴	9. 扭曲的歸因與邏輯
4. 焦慮與憂鬱	10. 酒精與藥物濫用
5. 與社會隔離	11. 壓力相關的疾病
6. 將責難內化	

被動因應

受害者通常以被動的方式處理伴侶的暴力，而非訴諸攻擊或主動的行動。Finn（1985）表示，被虐婦女一般承受著來自幾個不同方面的高度壓力：金錢、工作、孩子、親戚、身體疾病、嫉妒心、性關係、決定由誰主導、解決爭執、酒精與藥物濫用。研究顯示，隨著壓力升高，積極的因應機制，像是尋求來自社會人際的支援，也相對地降低。但事實上親友鄰居的介入，或者這種介入對加害者可能產生的威脅，有時可使配偶虐待減少，或使其程度降低（*Levinson, 1985; Jaffe et al., 1986a*）。Finn（1985）進一步指出，被虐婦女較可能使用反應最不激烈的被動因應機制，或者逃避的方式，像是使用藥物與遠離社交圈，而導致健康問題與壓力引起的疾病。

以這種方式解決問題會導致對情況的控制能力減少與心理問題。控制能力降低使得壓力升高，因此造成處理技巧的使用也漸漸減低的一種循環。於是，Weitzman和Dreen（1982）將被虐婦女形容為：問題處理方法有限、高度依賴伴侶、焦慮、憂鬱並且自尊心較低。持續受虐的婦女通常發展出一種習得無助感（learned helplessness），這種情形是她們認為自己對自己生活與環境沒有控制主導的能力（*Walker, 1979, 1984, 1993*）。這可能導致酒精與藥物濫用，甚至是自殺行為（*Frude,*

1991）。

與社會隔離

　　研究發現，許多經歷習得無助感的女性曾數度試著向外尋求處理的方法（*Hendricks-Matthews, 1982*）。然而受害者一般缺乏鄰居或親友的支援網絡。此外，政府機構像是警方、社會局與醫療機構往往不願意幫忙，這使得受害者感到孤立無援。家庭生活仍被視為不便過問的一環，而鄰居與政府機構介入私人家庭事件的意願便不高。警方處理案件時將家庭紛爭放在最後順位，不太願意起訴攻擊妻子的男性。即使當暴力很可能持續，社會局仍往往幫助雙方維繫婚姻。失敗的求援經歷會使受虐婦女的習得無助感益形增強。同時，受虐婦女的自尊心往往不高，並且有外在控制觀（external locus of control）[2]；她們往往將成功歸於外在因素，像是好運氣。許多這樣的女性將尋求幫助的失敗看作是自己的錯誤，並將無法成功歸因於自己的內在問題。

內化責難

　　受害者最明顯的其中一項特徵就是，將責難與責任內化的程度（*Star, 1980*）。許多受害者相信，他們自己「造成」這些攻擊事件，因為他們與加害者爭吵或破壞規則。他們相信，自己的行為激起對方的虐待行為，有時候以此把虐待行為合理化。

　　Fincham和Bradbury（*1988*）強調了，引起婚姻不幸原因的重要性。

---

2 控制觀是個人對自己與周遭世界關係的看法。外在控制觀意指個人傾向於認為自身成敗受外在因素控制，將成功歸因為幸運而不願承擔責任；而相對地則是內在控制觀，認為個人能掌握自己命運。

「如果她把男性視為暴力的始作俑者，這也許對她的處理方法有正面的影響。」但是，在習得無助感中，女性常常責怪自己，進而混淆了對自己重要性的感受。受虐妻子常常被丈夫說服到接受自己的無能、歇斯底里或冷感，而由於這種扭曲的自我印象，她們可能真的相信自己引起丈夫的攻擊。

順從的行為

Star（1980）指出，受害者試圖藉由安撫攻擊者與消除可能造成暴力的因素來避免受傷。他們的理由是：「如果我不爭吵就不會受傷。」從受害者的觀點來看，順從是生存的方式之一。

矛盾的忠誠

儘管痛苦與憤怒，受害者還是支持施虐者，往往為加害者的行動辯護。例如：在費城的一家醫院中，瑪沙談到自己被刺傷與為什麼不要男友被捕：「他不是故意的。當愛一個人的時候，很難對他提出控訴；也很難相信他有意傷害你。」（*The Guardian, 23 July 1991*）換言之，愛是盲目的，而且因為那個傷害她的人也是愛她的人，矛盾便根植在受害者心裡。攻擊者的暴力並不是時時刻刻都存在；暴力通常摻雜在平靜與溫馨的時光裡。受害者只希望虐待終止，而關係得以持續。

歸因邏輯上的扭曲

Frude（1991）宣稱，受害者歸結伴侶暴力的原因可能是特定的（「他在其他方面還可以」）、不穩定的（「他不常喝醉」）或是外在導向的（「他只有在喝醉時變得暴力，我知道他一向都很在乎

我」）。這種歸因方式減少了受害者離開的機會。通常暴力的伴侶表示悔意之後，雙方便和好。對某些人來說，這可能是唯一的親近時刻，然而這卻會進而在日後對暴力有正增強（鼓勵）的作用。受害者基於許多理由，往往非常願意「原諒與遺忘」。

離開或是留下

　　習得無助感常常被認為是女性繼續留在虐待關係中的理由（*Barnett and LaViolette, 1993*）。Walker 和 Browne（*1985*）是首先描繪出持續受虐婦女是如何漸漸相信自己的選擇越來越少這個過程的研究者。她們覺得沒有辦法控制對自己的情形，所做的努力都將白費。她們學會忍受並適應虐待，並停止尋找逃離暴力的方式。Gelles（*1987a*）宣稱，女性若懷有可能是源自於幼年受虐經驗的負面自我概念，就比較有可能留在一段虐待的關係裡。

　　除了習得無助感與負面自我概念，Truninger（*1971*）提出，受虐婦女因為缺乏資源與經濟限制而陷在婚姻裡。她們覺得，自己不能獨自處理事情，找工作與交新朋友都相當困難。有些女性認為，孩子需要父親，而離婚會是不名譽的。大致說來，多數受虐女性寧可相信自己的伴侶會改變，也不願考慮分手或至少分居（見表 4.2）。

表 4.2　留在暴力關係中的理由

1. 習得無助感
2. 負面自我概念
3. 離開後的經濟困難
4. 無法獨立處理事情
5. 找工作與交新朋友的困難
6. 孩子需要父親
7. 離婚是不名譽的
8. 丈夫會改善

Frude（*1991*）指出，當暴力是間歇性，現存的關係可能被視為是比長久的寂寞更好的選擇。在困住受害者的這段關係中，她們投入的越多，失去的也越多。這樣的困境會被受害者本身的低自尊心增強。她們相信自己可能永遠無法找到另一個伴侶。的確，暴力丈夫會強調：留下的好處、不可能重複的施暴（多數不是真的）、與分居後尋找住所和經濟上的困難。相反地，保護機構的工作人員強調：離開的好處、不斷受虐的可能性、和可得到的住處與經濟援助。

對受害者而言，這成了「成本效益」的分析。因此，半數尋求庇護的女性與她們的暴力男性伴侶繼續維持關係（*Frude, 1994*），34%回家的人又再度遭到暴力攻擊（*Binney, Harkell and Nixon, 1981, 1985*）的現象並不令人意外。Frude（*1994*）強調，那些離開又回家的女性有些特定的特質（表 4.3）。她們的婚姻中分手經驗較少、經歷的暴力程度較輕（沒有生命威脅）、與警方或兒童保護機構幾乎沒有接觸、沒有就業並且經濟依賴、在收容所時間較短、並且原本就打算回家。

表 4.3　尋求庇護但稍後又回家的女性所具有的特徵

*1.*已婚（回家的可能性是其他受虐婦女的四倍）
*2.*婚姻中分手經驗較少
*3.*間歇性或較不嚴重的暴力
*4.*與警方幾乎沒有接觸
*5.*兒童保護機構不曾介入
*6.*沒有就業並／或經濟依賴
*7.*在收容所時間較短
*8.*原本就打算回家

因此，這兩種女性需要不同的援助：已經離開暴力關係與無法離開的。第一類需要住所、開始新生活、尋找新工作等等；第二類則需要輔導來幫助她們克服無助與不適當（inadequate）的感覺。

加害者特徵

　　研究指出，虐待配偶的男性通常有很深的不安全感，因為自卑、不適當與被遺棄的感覺而感到焦慮（*Rosenbaum and O'Leary, 1981; Weitzman and Dreen, 1982*）。但是除了不夠果斷、自尊心低與缺乏社交技巧之外，他們在性格方面與非虐待型男性沒有差別（*Goldstein and Rosenbaum, 1985*）。雖然Coleman（*1980*）發現，他訪談過的施虐男性中，低於25%提出精神病史，但臨床研究已找到配偶虐待與精神異常的顯著關聯（*Faulk, 1974; Bland and Orn, 1986; Jacob, 1987*）。觀察得知（*Vasell-Augenstein and Ehirch, 1993*），施虐男性有性格與心理方面的問題，像是低自尊、酒精與藥物濫用、衝動控制不良、認知扭曲、壓力處理不良、成長於暴力環境與反社會行為，而這些被視為配偶與兒童虐待的「危險因子」（*O' Leary, 1993; Saunders, 1995*）。

　　表 4.4 歸納了現今的臨床與研究資料，顯示出暴力伴侶的相關特徵。雖然這種「危險因子」的信度與效度尚未確立，但這些特徵可以作為篩檢工具的基礎。

表 4.4　暴力伴侶的特徵

1. 自尊心低並有不適當感
2. 感到孤立並缺乏人際支持
3. 缺乏社交技巧與果斷的行為
4. 精神異常的病史，例如：焦慮與憂鬱
5. 酒精並／或藥物濫用的歷史
6. 衝動控制不佳與反社會行為問題
7. 佔有欲、嫉妒與被拋棄的恐懼感
8. 外化責難、程度不斷升高的爭執，當受到刺激就表現出攻擊性與暴力
9. 對過度依賴的受害者缺乏同理心，可能是因為身體或精神健康狀況不佳、性問題或懷孕期及生產時遭遇困難

> 10.將工作不如意、壓力或近期困擾事件（例如：與配偶分居、父母或孩子去世）所產生的憤怒轉移
> 11.社經問題，像是失業、居住條件差或經濟困難
> 12.自幼暴露在暴力環境中
> 13.目前有暴力、威脅行為或使用武器的紀錄

酒精與藥物濫用

　　關於配偶虐待中吸引了最多研究者的領域就是酒精與藥物的濫用（*Edleson, Eisikovits and Guttman, 1985*）。在英國，Gayford（*1975*）研究的受虐婦女認為，丈夫喝醉是導致週期的虐待主因的佔 52%，有時是因為喝醉的佔 22%。在美國，針對受虐婦女的調查顯示出一種典型，60%的施暴伴侶有酗酒的問題，而 21%有藥物濫用的問題（*Carlson, 1977; Roberts, 1987*）。為數不少的其他研究確認了酒精與藥物濫用以及對配偶暴力相向之間的關聯（*例如：Ball, 1977; Bayles, 1978; Fagen, Stewart and Hansen, 1983; Van Hasselt, Morrison and Bellack, 1985; Gelles, 1987a*）。有些作者提出（*例如：Weissberg, 1983; Pernanen, 1991*），這是導致配偶虐待的主要原因，但Moore（*1979*）對這個經常出現的因素提出了一個相當具說服力的解釋。他認為，飲酒使這些男性從對自己行為的責任中解脫，讓妻子希望他們會因為控制飲酒而停止攻擊性，這給予妻子一個留在這段關係中正當理由。Dobash 和 Dobash（*1987*）與 Ammerman 和 Hersen（*1992*）也提出了相似的觀點。

　　的確，Pahl（*1985*）指出，酒精並不是暴力的成因，而是一個藉口。Coleman 與 Straus（*1983*）發現，重度的酒精濫用與嚴重的暴力行為之間並無關聯。事實上，家庭中的肢體暴力在習慣性酗酒的個案中反而有減輕的趨勢。因此，酒精與家庭暴力之間的關聯並不單純。藥物濫用與家庭暴力之間的關連也是一樣，任何藥物所造成的影響也會

因為社交或人格因素而改變（*Gelles, 1994b*）。

衝動控制不良

多數攻擊配偶的人對自己憤怒和攻擊衝動的控制力很差。他們往往有反社會行為的歷史，因此有警方警告或法庭判決紀錄。從過去到現在，他們似乎不斷擴大爭端，並在受刺激時表現出攻擊與暴力。

認知扭曲

暴力伴侶常常對自己的受害者有扭曲的認知。他們期待伴侶符合多層面的需求，包含母親、父親與配偶的功能。施虐的配偶習慣性地將對於自己憤怒的責難與暴力行為的責任外化到他人身上，或者歸於其他因素，像是飲酒（*Star, 1980*）：「那不是我的錯。在那之前我喝了酒，我只是在說醉話。如果我不是喝得那麼醉的話，絕對不會傷害你。」

雖然暴力伴侶可能會為他們造成的身體與心理傷害道歉，但卻極少接受攻擊對方是自己的錯誤這個想法。「是你讓我對你生氣。如果你只照我的話去做，我就不會這麼生氣，不會動手打你。」

暴力伴侶缺乏同理心，並期待他人去了解他們暴力行為背後的理由。他們不能感受自己伴侶的感覺或伴侶對這段虐待關係的看法，或者從受害者的觀點來看整個情況（*Star, 1980*）：「他為什麼要怕我？他不知道我愛他嗎？」這種同理心的缺乏會延伸到雙方關係中的其他問題上，像是受害者不佳的身體或精神狀況、性方面的問題或懷孕期及生產的困難。

替代性憤怒

這是家庭暴力中讓人感到很熟悉的一環。加害者發現回家後比較容易表達自己對工作不順或壓力的憤怒。「在關上的門背後」（behind closed doors）（*Straus, Gelles and Steinmetz, 1980, 1988*）對暴力或攻擊行為的社會或法律控制較少。令人煩心的事件，像是車禍，可能也會在家中造成暴力事件。因為最近失去親友或孩子的憤怒也可能發洩在配偶身上（*Browne, 1995c*）。但是，在隨機取樣的研究中，Rouse（*1988*）發現，男性如果曾在肢體暴力或言語虐待的環境中成長，當面臨壓力時比較可能使用虐待式的衝突解決技巧。

暴力的成長背景

許多研究者注意到，不論是受害者或是加害者之中，在暴力家庭中成長與在暴力成人關係中的關聯（*例如：Gayford, 1975; Carroll, 1977; Hanks and Rosenbaum, 1978; Rosenbaum and O'Leary, 1981; Walker, 1984; Kalmuss, 1984; Giles-Sims, 1985; Lewis, 1987; Straus, Gelles and Steinmetz, 1980, 1988; Browne, 1993*）。根據 Roy（*1977*）的研究，施虐的配偶在他們的父親教導他們「如何當個男性」與「如何當個丈夫」時得到了這樣的學經驗。

證據顯示，父母之間的暴力與父母看待暴力的態度深深影響家中的孩子（*Jaffe, Wolfe and Wilson, 1990; Cummings and Davies, 1994*）。暴力婚姻中的孩子可能產生的行為與精神問題包括蹺課、在家或在學校的攻擊行為，以及恐慌症（*Levine, 1975; Hughes and Barad, 1983; Jaffe et al., 1986b; Davis and Carlson, 1987; Carroll, 1994*）。孩子將攻擊行為認為是一般控制社會與物質環境的方法，而這種方式將會持續到成年期（*Gully and Dengerink, 1983; Browne and Saqi, 1987*）。Lewis（*1987*）宣稱，由於童年經驗的結果，有些

女性學會去接受發生在她們身上的暴力行為。

　　Gelles（*1987b*）的結論是，家庭是攻擊行為發展基本的訓練場，這可藉由讓孩子暴露在暴力中，使孩子成為暴力的受害者，或間接提供孩子學習攻擊行為的環境。這傳遞了家人間包容、接受攻擊性的常態與價值。但是暴力的成長背景並不一定決定了暴力的成年生活，並非所有在暴力家庭中成長的孩子都會變成施虐者。事實上，許多施虐者的兄弟姊妹擁有平靜、沒有暴力的婚姻生活（*Dobash and Dobash, 1979*）。儘管如此，Spatz Widom（*1989*）指出，每六個肢體受虐的孩子中有一個長大後會犯下暴力罪行，這比例顯著地比沒有受虐過的孩子日後犯罪的比例高。因此，暴力受害者常常變成加害者這點一直都被認為是家庭內外虐待與暴力的重要成因（*Spatz Widom, 1989; Browne, 1993*）。在第十一章中對此有更深入的討論。

暴力的兩性關係

發展

　　基於過去的經驗，有些夫妻傾向於建立具有攻擊性的關係，因為他們對將暴力視為表達親密關懷與關係的方式感到較熟悉，所以感到比較自在。的確，Hanks 和 Rosenbaum（*1978*）對受虐婦女現有婚姻關係與她們父母的婚姻關係驚人的相似處作出評論。Jaffe、Wolfe 和 Wilson（*1990*）相信，這種代代相傳的暴力關係是由於，一個親眼目睹父親攻擊母親的男孩學到的是「暴力行為是可被接受的，而這正是親密關係的關鍵部分」。類似的情形發生在親眼目睹相同暴力的女孩身上，她們學會了接受傷害與男性可以使用暴力的程度，並怯於對家人行使

權力與控制。

Walker 和 Browne（1985）也強調了，男性與女性在童年不同的社會化過程。他們提出，女性一般學習到，她們必須柔弱並沒有能力處理暴力。她們並不發展避免或停止虐待的技巧，寧可屈服於暴力，相信自己沒有其他選擇，也不會果決地回應。相反地，男性通常被教導要相信自己應該主動、對女性具侵略性與控制力。因此很明顯地，若一對夫妻由控制欲強的男性和被動的女性組成，虐待的風險便會增加。的確，性別差異在青春期的追求與交往中明顯可見，以致暴力處理方式的使用在早年便開始發展。有些研究顯示，成長在暴力家庭中的青少年比成長在一般家庭中的青少年更可能虐待自己的伴侶（*Bernard and Bernard, 1983; Marshall and Rose, 1988; Follingstad et al., 1992; Browne and Slater, 1997*）。

暴露在暴力中的模仿效應並不是導致成年期暴力的唯一途徑。在暴力環境中成長的人感到，生活中缺乏來自重要長輩的保護，故而認為這個世界是充滿威脅與敵意的。長大以後，這些人是藉由身體力量來主宰外在敵對的環境。因此，許多受虐婦女與施虐男性缺乏社交能力、人際關係的技巧或者發展健康人際關係的資源。這可能是雙方早年接受的不當教養與社會化不良的結果（*Walker and Browne, 1985*）。因此，配偶虐待有時候被視為一種相互影響的過程。例如，Gayford（1976）區別出十種「受虐妻子」，給每一類標上名稱與敘述，這名稱與敘述透露了暴力行為的起因也源自於受害者的背景。

維持

Walker（1979）描述了在一段虐待關係中週期性存在、一連串循環的事件。這個循環由三個階段組成——緊張累積階段、劇烈的暴力階段與和解的狀態。他宣稱，一旦進入這個過程，想逃離就非常困難。

如第二章概述過的，Frude（*1980, 1989*）採取相同的觀點，並且提出，一個造成兒童虐待成因的連鎖反應這也可以同樣地應用到配偶虐待上：首先，一個造成壓力的情形出現；其次，認為這個情形是具有威脅性的（可能真實中並非如此）；第三，對這個壓力所產生的憤怒與情緒上的痛苦不斷升高；第四，當導火線產生時，例如一個爭執，對暴力的表達缺乏抑制。這最後導致個人對自己的伴侶表現出攻擊性與暴力行動。

在暴力行動之後，施虐的配偶也許會繼續懷有敵對態度，或者生很長一段時間的悶氣。施虐者經常表達悔意、道歉並承諾不再犯。這被喻為「Jekyll 與 Hyde[3] 性格」（*Bernard and Bernard, 1984*）。然而，這常常導致受害者妥協並懷有一絲希望。

從 Walker 和 Frude 主張的綜合觀點來說，建立一個典型的「虐待循環」是可能的，這循環維持了雙方關係中暴力的互動（見圖4.1）。

一般普遍相信，經常重複受虐或從一段暴力關係走進另一段暴力關係中的女性對暴力成癮，並且尋求暴力關係（*Gayford, 1976; Pizzey and Shapiro, 1982*）。但是，這方面的證據並不充足。Andrews 和 Brown（*1988*）在倫敦進行了一項社區研究後發現，32%在童年經歷過或目擊暴力的女性在成年期遭受家庭暴力；相較於沒有這方面經驗的女性中，只有 22%在成年後涉入暴力的關係。曾經有過一個以上伴侶的女性中，有 9%經歷過暴力的關係。此外，Kelly（*1988*）認為，經歷過一個以上暴力關係的女性是被知道她們背景的男性在性方面或身體上虐待，這些男性並且使用這個背景來將自己的暴力行為合理化。

此外，有更為有力的證據顯示，是施虐者而非受虐者將暴力從一

---

3 取自 Robert Louis Stevenson 一八八六年問世的小說，描述一名優秀正直的醫生Jekyll試圖分開人類內在善惡兩極的實驗結果適得其反，造成自己有時變身為內在邪惡的自我，Edward Hyde，開始謀殺所有輕視 Jekyll 研究的對手。

段關係帶到另一段。Pagelow（*1981, 1984*）指出，57%曾有婚姻紀錄的男性被發現對下一任的妻子使用暴力。

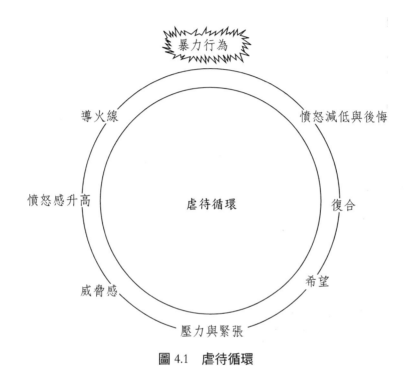

圖 4.1　**虐待循環**

 結論

Hodge（*1992*）宣稱，暴力可能是被一種成癮的過程所維持，但這種成癮並不是從藥物濫用的觀點來看，而是對暴力行為與經驗的成癮。當人們被問到暴力行為的動機時，許多人回答暴力行為不是結果而是過程，就像是藉此從緊張狀態中解脫。因此，Hodge（*1992*）主張，施暴者的重點是那份經驗而非暴力事件本身。這對下一章要討論的預防工作有很重要的意義。

第五章

預防配偶虐待

　　配偶間肢體與性虐待的預防可從兩方面著手概念化：預防暴力開始發生，或者預防重複的攻擊（*Morley and Mullender, 1994*）。但是目前多數的處置方法在家庭暴力已經發生之後才進行（治療或三級預防），較少強調減少配偶虐待下受害者的方法（初級與二級預防）。

 初級預防

　　配偶虐待的初級預防是針對整個社會層面的工作，相對來說是最近的方法。電話援助專線與大眾宣傳已從地方與全國性的支持團體開始運作。主要是把女性當作可能的受害者，提供資訊與可以取得協助的電話地址。這些支持團體的目標是達到第一章中所概略提到的初級預防基本原則。

大眾宣導

　　以英國全國來說，「零忍讓」（zero-tolerance）活動是由地方政府

資助，教育大眾有關家庭暴力與兒童虐待的普及率，以及明白地譴責對家庭暴力普遍接受的態度。此活動的前提是男性必須為自己造成的損害負起責任，並強調暴力是犯罪，一定會遭到懲罰。

「他給她巧克力、花與許多淤傷」等等標語和大型海報一起放在廣告看板與地方交通系統的廣告欄上。倫敦官方協會（Association of London Authorities）所用的海報範例如圖 5.1。這海報挑戰了「家庭暴力只是低社經階層的問題」的迷思。然而，有些研究發現，家庭暴力的比例在生活條件較差的階層中較為普遍（*Pahl, 1985; Straus, Gelles and Steinmetz, 1980, 1988; Painter, 1991*）；但評論指出，這群人只是因為缺乏私下處理問題的資源而比較容易被發現（*Morley and Mullender, 1994*）。

隱身這些成功男性身後，被他們送進急診室的女性

在倫敦，每年有十萬名女性因為家庭暴力而尋求醫療支援。這不只是一個事實，這透露了一種犯罪行為。

圖 5.1　零忍讓宣傳活動：海報傳遞消息的效力

相形之下，花費較低的「零忍讓」活動吸引了大量的媒體關注，所以活動的主辦人得以將重點公佈於報紙、電台與電視。

有些地方政府機構與支援團體製作自己的小冊子和新聞信。例如一九九四年，伯明罕市政府成立了特別的「婦女小組」來製作與「隱藏的暴力」、「隱藏的性暴力」與「隱藏的兒童性虐待」等主題相關事實概述的小冊子，以便流通於衛生與社會服務中心。在小冊子中，

他們指出，在一九九三年有一萬二千一百五十一件家庭暴力與二百一十三件強暴在 West Midlands 警方登記有案。伯明罕市政府的活動——「不利於女性的暴力」也強調，在該地區，針對女性的暴力出現在所有文化與社區之中。

電話支援專線

也許大眾宣傳最重要的一點就是，有機會宣傳可提供幫助的電話專線，包括區域性（例如：London Women's Aid, 0171 251 6537; Victim Support, 0171 735 9166）或全國性（例如：Women's Aid Federation National Helpline, 01272 633 542; Rape Crisis Counselling Helpline, 0171 837 1600）。而少數的男性受害者也受到了重視，所以有一條電話支援專線（MALE, 0181 543 1102）提供給「受虐丈夫」，但是這個專線與匿名的諮詢服務也同樣提供給虐待妻子的丈夫。

大多數的電話支援專線會對潛在的或已經發生的家庭暴力問題提供立即的諮商。而由於這些夫妻可能是暴力衝突的高危險群，因此成功的婚姻問題諮商可以被視為二級預防措施。

二級預防

婚姻或同居諮商服務，像是 Relate 這個機構對減少親密關係中暴力互動可能性的貢獻不小。類似心理治療這樣的諮商是種「社會影響程序」（*Egan, 1975*），可以被定義為：

　　　一個人幫助另一個人釐清自己的生活狀況，並決定進一步行動方向的方法（*Browne, 1992, p.12*）。

心理治療與諮商可以是個人一對一，或對夫妻、家庭或團體的形式。有幾種不同的諮商方式。三個主要方式是「心理動力」、「認知行為」與「人本」導向，而這些方式最近剛被再度檢視，以確定哪一個在減輕已經發現的兩性關係問題上是最有效的方法（*Browne, 1995c*）。

個別輔導

源自於 Freud（*1940, 1949*）的心理動力學派強調，過去與現在的關係，以及潛意識中影響行為、鼓勵人們表達出壓抑的感覺與情緒的驅力（forces）。對情緒問題、恐慌與不愉快的童年所造成的兩性關係問題來說，這種方式有明顯的好處（*見 Dare, 1986*）。認知行為方法可能幫助改善親密關係中的溝通、問題解決技巧與減輕現有的憂鬱（*例如：Bornstein and Bornstein, 1896*），但並不能消除過去衝突與負面感覺的根本原因。

一個對不同方法所做的比較評價顯示，當事人（client）與治療師最初建立的治療關係或正面的專業關係是成功的心理動力、認知行為或人本方法成功與否的決定因素。這項結論是根據 Ursano 和 Hales（*1986*）對簡短心理治療所做的評論。

雖然在一份心理治療研究的評論中，Luborsky 等人（*1985*）提供了進一步的證據指出，不論是用何種方式（認知行為或心理動力），治療師與當事人在治療過程中及早產生互動才是治療成果的重要預測指標，但在簡短心理治療中建立的長期治療關係的益處仍未被具體研究證實。

配偶或家庭治療

許多尋求治療或被指定治療來處理雙方關係中問題的夫妻是有孩子的。有時孩子的問題直接或間接造成難題。在其他案例中，父母本

身的問題是直接來自雙方之間的衝突。因此，夫妻與家庭治療之間的界限並不明確。

　　心理動力家庭治療師認為，關係中的困難是由於潛意識的衝動、恐懼與焦慮，以及對抗它們的防衛機制（*Scharff and Scharff, 1987,1991*）。這個方式的目標是使夫妻雙方從潛意識的束縛中解脫，使它們可以在眼前的現實狀況中互動，不再受制於過去的印象。與治療師和其他家人的轉移關係（意指潛意識中沈溺在過去關係中，以過去的方式互動與回應）顯示並反映出，當事人原生家庭中可能造成現有情緒問題的因素。這些可以在循環訪談和「三方」詰問中被探討，而後接著米蘭（Milan）治療團隊首創的整體性技巧（*見 Carr, 1991*）。

　　探討自己的角色是「整體家庭治療」的主要目標，在這之中家庭被當作一組環環相扣的人員來分析（*Minuchin and Fishman, 1981; Burnham, 1986*）。這技巧已被用來探討損害孩子發展的家庭病態（*見 Bentovim, Gorell-Barnes and Cooklin, 1987; Bentovim et al., 1988*）。

　　「行為家庭治療」（*例如：Wolpe, 1973*）主要是用來幫助父母學習如何在處理有行為問題的孩子時，給予有效的酬賞與懲罰。最近行為方法已被推廣到針對所有家庭成員，認為強迫與使用令人不悅的刺激（抱怨、責難等等）來影響其他人的行為是造成家庭衝突的原因（*Patterson, 1982*）。這種治療促進「互惠」與正增強（讚美、鼓勵等等）的使用。此外，認知療法有使用來增進對其他家人的正面看法與加強處理問題的技巧（*Jacobson and Holtzworth-Munroe, 1986*）。一般而言，這樣特定的應用方式已被證實頗為成功（見第九章與第十二章）。

　　以 Rogers（*1951, 1973*）為基礎的人本方法主要目標是，建立伴侶雙方真誠的對話，特別是在有溝通困難的地方。幫助當事人探討個人在家庭中的角色，以便釐清雙方關係之中不平衡的部分（例如：強勢相對於弱勢）。

　　很少有比較各種不同配偶與家庭治療方法的評估研究。其中一個

例外是 Snyder 和 Wills（*1989*）的研究，比較行為婚姻治療與心理動力方法。他們發現，這兩種方法都在治療後產生明顯的效果，而且在六個月後的追蹤裡也沒有發現不同的結果。但是在四年後的追蹤（*Snyder, Wills and Grady-Fletcher, 1991*）顯示，相較於接受行為治療的夫妻，接受心理動力治療的夫妻離婚率較小，並且當初的治療效果在這組中維持的較好。完形心理治療法（gestalt therapy）[1] 將焦點放在發現尚未被意識到的感覺與需要上。Johnson 和 Greenberg（*1985*）也表示，完形心理治療法比針對問題解決方法的行為療法成功。

總括說來，配偶與家庭治療似乎比團體治療或個人治療有效（*Barker, 1986*）。事實上，在因為兩性關係問題而接受個人治療的人中，大約 10%在治療後問題反而惡化；而 73%接受夫妻與家庭治療的人覺得有幫助（*Gurman and Kniskern, 1978; Gurman, Kniskern and Pinsoff, 1986*）。一項針對二十個治療成果研究的後設分析顯示，在家庭互動與行為評分當中，家庭治療比起未曾接受治療或者其他治療更有幫助（*Hazelrigg, Cooper and Bordun, 1987*）。的確，儘管在處理轉移作用時的複雜性較高，有些治療師仍宣稱，一同輔導夫妻雙方應該是比較理想的方式（*Dicks, 1967*）。

團體治療

雖然 Yalom（*1975*）找出了十一個有助於多數不同導向治療方式的因素：希望、共通性（universality）、資訊、利他性、核心家庭的反省與認知重建（corrective recapitulation）、發展社交技巧、模仿行為、人

---

1 此學派主張，任何心理現象都是有組織、不可分的整體。心理上的整體經驗得之於整體知覺，而整體知覺並非由分散的部分知覺總和構成。因此完形學派反對分析行為論，認為學習是個體對整體刺激情境所做整體性的反應，而非向部分刺激作出分解式的反應。

際相互學習、團體向心力、精神宣洩（cartharsis）[2] 與已經存在的因素，團體治療就如同其他治療一樣，可能以幾種不同的理論作為基礎。當然，這其中許多與個人、夫妻以及家庭治療相關。

　　心理動力一派強調「人際相互學習」與「核心家庭的反省與認知重建」。在這兩種方式當中，主導人可以代表父母，而其他人扮演兄弟姊妹，如此一來，治療團體便對撫平早期家庭造成的傷害與放鬆過去家庭所造成的壓抑有所幫助。藉由與團體中其他成員的互動，可以對自己與夫妻關係有更多觀照反省。跟夫妻與家庭心理動力治療相同的是，防衛機制、抵抗與轉移作用在團體中也會被分析。治療師把注意力放在團體成員間潛意識的動機與衝突，並提出解釋，以釐清團體中及團體成員個人眼前的問題。主要的焦點是，當事人間如何在團體互動中發現個人衝突的根源，並使他們反省觀察出過去是如何地影響現在（*Wolfe, 1949*）。

　　行為團體治療較不著重於團體互動過程，而是直接導向一個特別的目標（*Lazarus, 1968*）。治療是由領導者所提供的指導與練習組成，並以團體成員間的支持作為有效的增強物。在這些團體裡，有關於兩性關係問題的部分是社交技巧與果斷訓練（assertive training）。由於團體成員間互相作為練習新技巧的對象，所以在這個治療當中，透過仔細的預備與分配成員來提升團體向心力這個過程比在一般治療中更重要。一般來說，行為團體強調「資訊」、「發展社交技巧」與「模仿行為」。

　　由於對「利他性」與「人際相互學習」的強調，人本治療在團體治療中產生出最多的變異。治療本身牽涉親密感的發展與一個相互支持團體裡的合作關係。同樣地，當事人藉由與他人的互動來探索自己

---

2 心理治療的一種技術，作法是引導當事者坦白說出過去壓抑在心底的鬱結，藉以減緩其情緒緊張的痛苦。

的情感。

人本治療方法是由會心團體（encounter group）[3] 與 T 團體（感受訓練，sensitivity training）等方式的創始而開始推展。T 團體的目標是，去檢視自己的行為，並且嘗試新的行為方式；去了解別人，並在兩性關係中對伴侶誠實；以合作代替支配或任人擺佈，並培養解決衝突的能力，以理性思考代替壓制、強迫或操縱對方（*Yalom, 1975*）。由此可知，這項技巧也適用於有兩性關係困難與家庭衝突的人。近年來，越來越多的「同儕自助團體」已經產生，其中成員是有相同問題的人。他們自己週期性地討論共有的問題，並沒有治療師或輔導員的參與。之前略述的團體活動進行過程相同，但沒有專業導引或控制，專業人員有時對此感到憂心。

團體治療成果評鑑的結論是，接受團體治療的人通常比未接受治療有較多改善，而這些成果通常可以持續（*Bednar and Kaul, 1978; Kaul and Bednar, 1986; Dobash and Dobash, 1996*）。然而，成果的評量是以態度與自我概念的正面改變為主，這並不一定反映出真實行為的改變。

對不同方向的團體治療所做的成果研究呈現不明確的結果。一般來說，使用行為模式為主的社交技巧與果斷性訓練可以產生良好的成效（*例如：Rose, 1986*），而心理動力或人本治療組的結果則有好有壞（*Lieberman, Yalom and Miles, 1973*）。Piper 等人（*1984*）下了一個實驗（暫時）性的結論：短期的團體治療成效比長期的團體或個人治療遜色。

---

3 會心團體是團體治療法中的一種小團體，特徵是成員被鼓勵學習自我知覺、自我負責，以坦誠、開放的態度與人相處，並主動撤除自我防衛的藩籬，儘量衝破心理障礙，以發抒壓抑的情緒。主要目的是在團體中學習適應人際關係的技巧，應用於以後的其他生活情境。與其他治療法相比，會心團體強調「此時此地」的人際交感，不重視當事人以往的生活背景。

輔導的適當性

　　由於治療期間治療師與當事人的關係對未來的結果相當重要，因此有必要在剛開始的幾次輔導時評鑑當事人與治療師之間的關係是否足以讓當事人在治療過程中合作（Hill, 1989）。因為輔導員對某特定當事人的「投入程度」與「樂觀態度」對正面結果有顯著的影響，所以輔導員應該妥善地處理與表達（*Swensen, 1972; Bednar, 1970*）。

　　研究與臨床證據都顯示，當事人的動機與決心對於在協助他們改變的過程中很重要，因此應該儘早評量他們的動機與決心（*Malan, 1979*）。如此說來，釐清當事人對輔導的期望是非常重要的（*Heine and Trosman, 1960*）。

　　當事人精神狀況也許是下一個最重要的評量項目，這可以從藥物、案件紀錄、與其他機構的聯繫和最初的訪談中取得。這在心理動力取向的輔導中有特別的重要性，因為解說性輔導（interpretive counselling）會引發邊緣性人格中的精神病（psychosis）（*Jacobs, 1985*）。有情感失常（affective disorders），像是有憂鬱症傾向的人所得到的治療結果可能也不盡理想。除此之外，Ratigan（*1989*）觀察到，患有精神病或重度憂鬱的人並不能從團體治療中得到改善，直到他們已經接受其他幫助（例如：精神藥物）。他解釋，以團體治療而言，精神分裂症患者對人太封閉疏離；有自戀型人格的太過自我中心；而有妄想型人格的則太多疑。同樣地，這些現象對夫妻或家庭治療都會造成干擾，因為某程度的自我察覺、溝通與對他人的了解在治療中是必要的。在夫妻治療中，伴侶雙方爭著引起治療師注意力的現象需要被正視。伴侶雙方都應該被鼓勵去暫時將自己的需要放到一邊，讓另一方的需要能夠被表達、處理（*Schroder, 1989*）。

　　夫妻與家庭輔導最主要的好處就是，住在一起的當事人有機會能

在治療以外的時間協調改變（*Brown and Pedder, 1991*）。所以 Skynner（*1987*）提出，課程與課程之間的間隔可以加長，使得這類的輔導更有效也更經濟。但是James 和 Wilson（*1986*）提出警告，同時對伴侶雙方作輔導一定要在初次委託之後儘快開始，因為個別治療可能促使雙方走向分手一途。夫妻間有暴力存在時，他們通常會對輔導產生擔憂（*Walker, 1990*）。

一般人通常不願意承認自己的親密關係有問題，並可能對暴力的互動方式感到羞恥。因此對家庭與治療師而言，受害者與加害者的特徵（第四章）在估計暴力發生可能性時相當有幫助（*Saunders, 1995; Browne and Howells, 1996*）。當對於配偶暴力可能性非常擔心時，則問題應該委託給更適當的、可以對夫妻關係、造成問題的因素，像是工作壓力與衝突，作全面評鑑的專業人士（*Barling and Rosenbaum, 1986*）。

衡鑑方式

Barling 等人（*1987*）宣稱，評量婚姻與交往期暴力時最常用的工具是「衝突策略量表」（Conflict Tactics Scales）（*CTS-Straus, 1979*）。這是一個包含二十個項目的自我評量量表，用來評鑑人們在與伴侶爭執爭執時可能表現出的行為（例如：講道理、敵對、暴力與嚴重暴力）。最後十個項目（包括從丟擲物品到使用刀槍）為暴力項目。使用CTS的研究發現，對於評鑑一個關係是否牽涉暴力有足夠效度，但通常男女雙方都指對方比自己使用更多暴力。丈夫傾向於認為自己的婚姻暴力是雙向的，但妻子稱之為「丈夫暴力」（*Browning and Dutton, 1986*）。一項針對CTS的批評就是，它不考慮暴力的後果與發生背景，所以可能將男性與女性的攻擊行為劃上等號。

配偶虐待指標（Index of Spouse Abuse, ISA）解釋了某些缺點，因為它包含三十個項目，設計來評量女性被伴侶虐待的嚴重程度（*Hudson and McIntosh, 1981*）。衝動攻擊的個別差異指標也已被發展，像是易怒性與情緒感受性量表（Irretability and Emotional Susceptilbility Scales）（*Capara et al., 1985*）。認知的評鑑方法在 Novaco 憤怒量表（Novaco Anger Inventory）（*Novaco, 1975*）可以見到，這是一份包含九十個假設的會挑起憤怒的情境，像是被指為「騙子」、爭吵時被稱為「笨蛋」、在人前被批評、被取笑或開玩笑、被稱全名、遭受針對個人的批評等等。

　　Goldstein 和 Keller（*1987*）從行為的角度定下了一個完整條列的評分量表，用來評量下列攻擊行為中不同的構成要素：

- 對外在刺激（激起升高作用）的解釋
- 升高的情緒激發狀態
- 溝通不良
- 不良的後效處理
- 缺乏利社會技巧
- 缺乏利社會價值觀

　　但是，Edmunds 和 Kendrick（*1980*）研究憤怒的評量方式，總結提出必須包含社交互動的指數。的確，正面到負面評價的比率是一段關係中情感的重要指標（*Patterson, 1982; Browne, 1986*）。這些資料可以從「婚姻互動譯碼系統」（Marital Interaction Coding System, MICS），這是對夫妻互動的觀察是評量法，由 Weiss、Hops 和 Patterson（*1973*）發展出來的。MICS 技巧包含三個衡鑑階段：⑴在夫妻討論關係中的衝突點時將過程拍攝下來；⑵將觀察到的互動根據三十個行為項目譯成編碼；⑶給互動方式打分數。評分方式是以相對的行為頻率為基礎，將它們分到正面與負面、語言與非語言的項目中。MICS 程序已經可以成功地分別出不幸與幸福快樂的夫妻，也已經被用來評量行為婚姻療法的成效（*Weiss and Summers, 1983*）。較經濟的夫妻互動觀察評量法已由 Floyd 和 Markman（*1984*）提出，稱為「溝通技巧測驗」（Communication Skills Test, CST）。這與 MICS 較為詳細的行為單位譯碼方式相反，觀

察者判斷整段話表現出破壞性或正向性溝通的程度，將整段話用一個五個點數的量表評等，亦即(1)非常負面，(2)負面，(3)中性，(4)正面，(5)非常正面。相對頻率的評分則是每個分類中敘述的數字除以敘述的總數。但是這個測驗的效度仍在討論中，因為 MICD 與 CST 的分數比較之後並不是顯著的相關（見 Floyd, O'Farrell and Goldberg, 1987）。

其他配偶關係的評量可以從婚姻與家庭問卷中取得。這些不應該被視為觀察式家庭婚姻評量技巧的替代；應該與行為方法一起應用，因為對事件的間接或自我報告不一定與事實一致。然而，作答者的想法與感覺可能是關鍵。因此，在時間與經濟許可的狀況下，評量應包含兩方面得來的資訊。多重技巧可以面談／問卷資料來印證直接觀察到的行為，反之亦然（Browne, 1986）。

Filsinger（1983）匯集並評論了主要的婚姻家庭問卷與一些應用在婚姻家庭鑑定的觀察技巧。舉個例子來說，「正面感受問卷」（Positive Feelings Questionnaires, PFQ）被設計來評鑑一個人對伴侶的正面情感與愛意。PFQ 能夠可靠、靈敏地反應顯示出治療成果，而它的效度也因為與其他兩性關係滿意度測量法的高度相關性而確立（O'Leary, Fincham and Turkewitz, 1983）。

家庭中壓力的測量也可由問卷與檢核表（checklist）取得。McCubbin 和 Patterson（1983）發展了「家庭生活事件與改變量表」（Family Inventory of Life Events and Changes, FILE）。這項工具包含了七十一個項目，被設計來記錄一個家庭在過去一年中曾經歷過的困境、壓力與緊張。這些項目被分成九個子項目：

　　1. 家庭內的緊張，像是為人父母的問題
　　2. 婚姻關係緊張，像是性生活障礙與分居
　　3. 懷孕期與育兒壓力
　　4. 經濟與生意上的壓力
　　5. 工作／家庭轉變與壓力，像是失業期

6. 疾病與家庭照顧產生的壓力

7. 失去家庭或家庭解體

8. 家庭中的轉變，像是家庭成員的遷移

9. 家庭面對法律問題的壓力，像是出庭

家庭需求的總數被指為「家庭工作堆積」積分，由於這樣工具的信度與效度已被確立，所以具有一定的實用性。

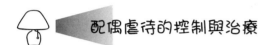

配偶虐待的控制與治療

三級預防中的處置通常是在夫妻之間的暴力已被證實之後。在沒有二級預防的前提下，這只用在配偶暴力重複發生許多次之後。三級預防的目標是在減少重複攻擊的機率。到目前為止，這是控制與治療配偶暴力最普遍的處置方式。對配偶暴力的控制與治療可被分為下列四個類別：

1. 收容與保護

2. 法律控制

3. 警方介入

4. 心理治療

然而在這裡必須指出的是，由於配偶暴力與兒童虐待之間的關聯漸漸得到正視，社會工作正開始要將配偶暴力納入工作範圍。此外，衛生專家像是衛生家訪員與家庭醫師也開始設計因應家庭暴力的指導方針（*Pahl, 1995; Lloyd, 1995*）。

雖然配偶雙方都會造成家庭暴力循環是已被確認的概念，大多數的處置把焦點放在受虐婦女身上（*Bolton and Bolton, 1987; Gelles, 1987a, 1987b; Straus, Gelles and Steinmetz, 1988, Browne, 1993*）。當然，這可能是由於男性不願意承認自己在暴力關係中並尋求治療。英國少數的收容所（例如：

Swindon 收容所）現在開始同時接受男性與女性為收容對象。這些收容所通常與國家婦女援助聯盟（National Women's Aid Federation）所主持的收容所無關。

收容與保護

　　第一個收容受虐婦女的收容所於一九七一年成立（*Pizzey, 1974*）。二十五年之後，英國已經有二百九十個地方性收容所，其中三分之二與四個分別與英格蘭、威爾斯、蘇格蘭以及北愛爾蘭的國家婦女援助聯盟有結盟。每年大約有二萬五千名女性與兒童使用這些收容所，光是向婦援求助的就有十萬人次（*House of Commons Home Affairs Committee, 1993b*）。收容所主要的目標是，提供婦女與她們的孩子一個緊急時的住處，防止她們再遭受無止盡的虐待（*Martin, 1976*）。它們也提供保護、幫助適應生活、必要支援以及建議（*Pahl, 1978*）。由於過分擁擠加上集體居住，缺乏私人空間的環境，收容所並不適合長期居住。但它們的確提供了婦女一個離開家庭後處理財務、法律與居住問題時必要的「喘息空間」。英國收容所裡平均的居留時間是五個半月，但許多人待了超過一年（*Binney, Harkell and Nixon, 1981, 1985*）。收容所的成效很難評鑑，但 Binney、Harkell 和 Nixon（*1981, 1985*）發現，75%的婦女認為收容所對她們有所幫助。

　　大部分收容所透過「團體聚會」幫助受虐婦女，舉辦這些援助團體聚會的目的是解除孤立感，並「使這些婦女有力量從受害者蛻變為生存者」（*Morley and Mullender, 1994*）。讓這些婦女知道，不只是她們遭受暴力，可以減輕她們心中的罪惡感與恥辱。她們被鼓勵，從自己的受害經驗去討論整個社會裡婦女的地位，並思考預防的步驟以保障日後的安全（*Clifton, 1985*）。少數收容所有個別輔導的服務，目的是讓這些婦女了解自己所處的關係，並使她們對自己有正面的感受。例如：

Whipple（*1985*）描述了收容所裡對婦女實施的「現實治療法」（reality therapy），指出了八個幫助受虐婦女的步驟（見表5.1）。

表5.1　被收容婦女所接受的現實治療法

1. 讓她們感受到是被接受與喜愛的：
──允許她們提出自身經驗中的細節
──讓她們明確知道自己並非異類
──提供援助
2. 問她們過去以什麼方式結束對方的虐待行為
──強調她們行為上的改變
3. 衡量每個描述
4. 確認她們改變的目標
5. 訂定一套實際、直接的計畫
6. 評估她們的認真與投入程度
7. 強調獨立與自助
8. 建議能有持續的治療

（*資料來源：Whipple, 1985*）

曾有人宣稱，對受虐婦女提供收容所打破了暴力循環（*Berk, Newton and Berk, 1986*）。的確，Pizzey（*1974*）提到：「現在我們提供收容服務的作法也許能夠解除日後對收容所的需求。」但是這是個過分樂觀的看法，因為三分之一的婦女又回到會虐待她們的丈夫身邊，再度遭受暴力。重複的攻擊行為中包括了拳打腳踢、推入火堆、推向玻璃、推去撞牆或推下樓、或者拉扯頭髮（*Binney, Harkell and Nixon, 1981, 1985*）。然而在美國的一項研究（*Stout, 1989*）發現，比起收容所較少的州，收容所較多的州較少有殺害女性伴侶的案例。因此收容所被視為對受虐婦女最關鍵、最重要的服務（*Wharton, 1987*）。的確，最近的下議院內政委員會（*1993a*）對家庭暴力的調查指出，政府在處理家庭暴力上的首要工作是建立一個中央對等的政策，在全國各地提供收容服務（第一百二十四段）。

🙆🙆 法律控制

在英國一九七六年家庭暴力法案下，共有兩種類型的命令：「不准騷擾令」（Non-molestation Orders）與「禁制令」（Exclusion Orders）。「不准騷擾令」規定丈夫不得對妻兒使用暴力，包括了攻擊、糾纏或者干涉（精神虐待也包含在內）。「禁制令」意指丈夫必須離開夫妻共同的家，並遠離這個家庭。法庭也有權力在主要命令外附加輔助命令，例如：「暫時監護命令」（Custudy Order）或「逮捕令」（Penalty of Arrest）。

英國由於婚姻強暴豁免權（marital rape exemption）近年來被廢止（在以色列、紐西蘭、加拿大以及大部分的澳洲與美國地區之後），男性會因為強暴自己的妻子而被起訴（*Allison and Wrightsman, 1993*）。更令人振奮的是，判刑率比僅僅對配偶肢體攻擊的案子高出許多，被起訴的男性中有一半會因為一樣犯行被定罪（*Russell, 1991*）。

在肢體攻擊案件中，雖然刑事證據法（Criminal Evidence Act）（*1986*）允許警方強迫受丈夫虐待的婦女提供對丈夫不利的證據，警察確實有以「身體傷害」（actual bodily harm）或「可能破壞安寧之行為」（behaviour likely to cause a breach of the peace）的罪行逮捕丈夫，但警方一般的態度不太有幫助（*Horley, 1986*）。儘管如此，如果丈夫坐牢，通常不是因為暴力行為，而是由於藐視法庭。

Dutton（*1987*）估計，在加拿大，「攻擊妻子」被刑事執法人員偵察到的機率大約是 6.5%；如果偵察到，逮捕率是 21.2%。總括來說，加害者被法庭處分的機率是 0.38%。但是最近法律系統與警方在處置家庭暴力上已有一些令人鼓舞的改變（*Hilton, 1993*）。

警方介入

　　警方是面對家庭暴力攻擊時，唯一可以在每個地區提供二十四小時緊急保護服務的單位。因此它們特別是為家庭暴力受害者提供立即援助的單位（*Morley and Mullender, 1994*）。雖然它們是家庭暴力受害者最常聯絡的單位，但是研究顯示，受害者將警方評比為最沒有幫助的機構（*Dobash and Dobash, 1979; Binney, Harkell and Nixon, 1981; Evanson, 1982; Pahl, 1985; Leighton, 1989*）。

　　對警方回應方式的不滿可能有兩個主要原因：(1)不太願意介入像家庭暴力這民事（私人）而非刑事的案子（*Edwards, 1989; Bourlet, 1990*）；(2)即使某些研究者認為，撤銷告訴的比例並不確定（*Faragher, 1985; Sanders, 1988*）；但警方仍傾向於假設，家庭暴力受害者會撤銷告訴（*Stanko, 1985, 1989; Hanmer, 1989*）。這些層面在英國警方家庭暴力小組成立之後已經開始改變，此一單位的設立是受到北美警方工作評鑑結果的影響。

　　逮捕工作顯示在「明尼阿波利斯研究」（Minneapolis Experiment）（*Sherman and Berk, 1984; Berk and Newton, 1985*）上，大幅地減少了毆打妻子的發生率，並明顯地遏止施虐者再度施暴。從一九八四年起，五個類似的研究陸續進行，但其中只有兩個顯示，逮捕行動產生遏阻效用（*Sherman, 1992*）。然而，逮捕行動對施虐者強調了兩個重點：即家庭暴力既是違法也是不被接受的；同時也對讓受害者者知道自己是被保護的（*Buzawa and Buzawa, 1990*）。一項在加拿大安大略省的倫敦進行的研究（*Jaffe et al., 1986a*）發現，警方介入可以有效地減少配偶暴力的重複，而且也顯示起訴加害者比不起訴能更有效地遏止暴力。

　　家庭暴力小組（Domestic Violence Unit, DVU）

　　這個單位最初在倫敦成立（*1987*），現在英格蘭與威爾斯已有過

半的警局成立了家庭暴力小組。大都會警局（*1989*）在倫敦發出的指導原則中簡述了下列的目標：

1. 對經歷家庭暴力的人提供簡捷易得的服務，並幫助他們作出合理的選擇。

2. 幫助結合社會、義務工作與照護機構集思廣益，並確保處理家庭暴力時一貫的方法。

3. 提升警方與大眾對寂寞、容易遭受家庭暴力的婦女的注意力與認識。（*引自於 House of Commons Home Affairs Committee, 1993a*）

由於 DVU 的發展，相較於一九八五年中倫敦僅七百七十個登記有案的家庭暴力案件牽涉逮捕行動，一九九二年九千八百件中已有45%牽涉逮捕行動（*Morley and Mullender, 1994*）——即使如此，還是有很大的改善空間。除了與其他機構有更好的聯繫與合作，Morley 和 Mullender（*1994*）在如何對待家庭暴力受害者這方面對警方 DVU 提出了一些實際的建議（表 5.2）。

表 5.2　如何對待家庭暴力受害者的建議

1. 對受害者的求援給予立即、細心的回應
2. 確保受害者（與兒童）的安全
3. 絕不嘗試安撫調停
4. 在加害者不在的情形下與受害者訪談
5. 提供正確的建議，並給予婦女多國語言的手冊作為輔助
6. 被要求時，將受害者與兒童送到安全的地方
7. 政策鼓勵在證據許可時便進行逮捕
8. 受害者的意願永遠必須被考量

（*取自 Morley and Mullender, 1994*）

除了從訓練有素的警方人員那裡得到支援外，最重要的是那些無法離開或期望留在丈夫身邊的受虐婦女能接受針對她們本身與伴侶的專業心理輔導。

心理治療

Goldstein（*1983*）確立了三個主要的心理治療方式：

1. 治療受虐婦女

2. 治療施虐男性

3. 夫妻共同治療

配偶暴力的治療需求評鑑十分複雜，這可以從 Rosenbaum 和 O' Leary（*1986*）設計來決定最佳方法的決定流程圖中顯示出來（圖5.2）。

治療配偶暴力的多重技巧（例如：*Rosenbaum and O'Leary, 1986; Geller, 1992*）是因應實際需求而產生。暴力的男性通常不願意因為自己的攻擊性而接受輔導或其他處理方式（*Meth and Pasick, 1990*）。甚至幫助低意願的人參與輔導的技巧之成效（*Manthei and Matthews, 1989*）首先必須仰賴當事人的出席參與。

當男性自願參與時，在個人與團體夫妻治療期間，暴力降低的程度相當可觀（*Long, 1987; Edleson and Tolman, 1992*）。僅針對暴力男性的團體治療可能產生共同的防衛心理（*Skynner, 1976*），使以男性為主的價值受到鼓勵，進而避免對自己暴力行為的檢討。然而為了支援其他方式的治療，治療團體會幫助大家把重點放在憤怒上（*Bion, 1961*）。

由於過度飲酒與家庭暴力的相關性很高（*Steinglass, 1987; Pernanen, 1991*），所以在處理配偶暴力之前或者處理過程中，相關性問題可能也需要一併考慮。這可以在最初的評量中與其他可能引起暴力的重要因素同時被確定，例如：經濟問題或性方面的障礙。此外，個人價值觀與經驗可能需要被衡量，因為這可能加重了受害者／加害者的角色。受害者在嚴重衝突時的處理方式在評估情況的危險性可能有幫助，而配偶暴力對孩子的影響也不容忽視。的確，孩子的反應可能顯示出，家庭治療或針對孩子的個人與團體輔導的需要程度（*Jaffe, Wolfe and Wilson, 1990; Cummings and Davies, 1994*）。

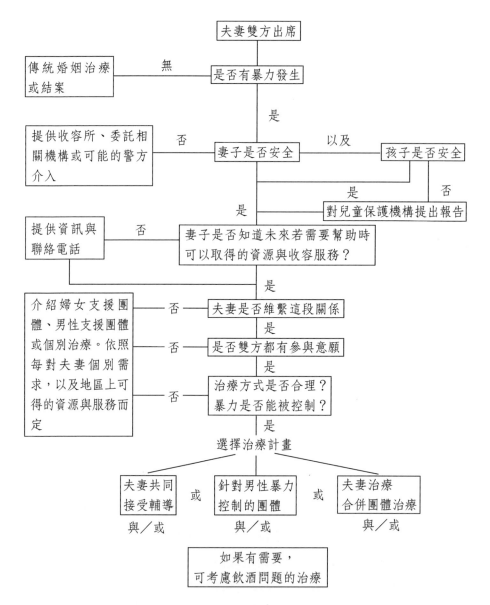

圖 5.2 配偶暴力的治療：衡鑑決策樹狀圖（*取自 Rosenbaum and O'Leary, 1986*）

治療受虐婦女

這包含了個人與團體心理治療。這種治療的目的是幫助女性達到一個實際的目標，並建立或者重新建立自尊心與自信心。如果目標是離開丈夫，那便希望她們由於跟隨一定的步驟（表 5.1），與輔導機構持續聯絡以保持能得到足夠的支援，這些婦女將可以獨立（*Whipple, 1985; Kirkwood, 1993*）。

心理治療也可能幫助婦女發現自己在受虐時的憤怒感，並終究能幫助她們計畫未來，評估是否留下或者離開伴侶。在治療期間，有時需要挑戰一般既有的迷思——暴力在親密關係中是「正常」的，並重新檢視女性自責促成暴力的思考模式（*Goldstein, 1983*）。

Hendrick-Matthews（*1982*）指出，受虐婦女接受輔導時，最重要的是她對治療可能有多少接受性，因為她的無助感可能從僅僅侷限於受虐關係，到生活的各個層面。

婚姻強暴受害者與只遭受肢體暴力的婦女相似。她們的特徵包括被醜化的感覺、憤怒、憂鬱、自責、低自尊、對男性的負面反應以及對性生活不感興趣。雖然許多受害者需要針對強暴的輔導，但她們並不尋求幫助，或者為了其他的婚姻問題而尋求協助。她們的理由與被毆打的妻子相似——例如：習得無助感、報復的恐懼、被醜化與被責備的恐懼。她們可能將婚姻強暴視為毆打的一部分，所以不把這個狀況視為獨立的問題（*Hanneke and Sheilds, 1985*）。

治療施虐男性

引發配偶暴力原因往往可以在加害者的社會環境中找到。但是，Luckenbill（*1977*）提出，攻擊者對事件的「看法與感覺」才是重點——有暴力傾向的人所習得對他人行為的看法與理解。因此，為了了解與治療暴力行為，我們需要一個包含大環境、社會人際與個人因素的模

式。Novaco（*1976, 1978*）提出了這樣一個模式（見圖 5.3），這個模式
從認知行為的角度來解釋敵意與暴力，包含了外在與內在因素。

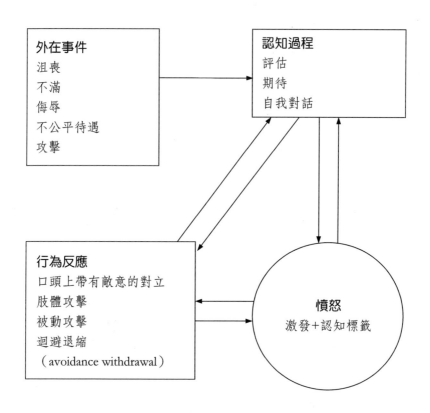

圖 5.3　**憤怒激起的決定因素**（*經同意後改編自 Novaco, 1978*）

　　如第二章所描述，Novaco 認為憤怒的決定因素是生理的激發（ar-
ousal）與認知對此激發所貼的標籤（label）。這些認知會被內在與外
在因素以及對整個情形的回應所影響。這些因素的交互關係顯示在圖
5.3 中。因此，針對暴力者人際經驗與兩性關係的看法所做的認知重
建可以幫助他們減少具攻擊性的行為與敵意（*Hollin and Howells, 1989; Browne
and Howells, 1996; Dobash and Dobash, 1996*）。

　　認知行為治療被分成「改變暴力者本身」與「改變行為」（*Hollin,*

1993）。這可分別由「憤怒管理」（anger-management）技術（*Feindler and Ecton, 1986; Howells, 1989*）與社交技巧訓練（*Henderson and Hollin, 1983; Howells, 1989*）得到例證。但這兩種治療方法的成效卻都頗為有限。Glick 和 Goldstein（*1987*）在「攻擊性替代訓練」（Aggression Replacement Training, ART）計畫中對這些技術作了個系統性的回顧與評論，他們的訓練以下列三種主要方法來治療美國的暴力男性：

 1. 憤怒控制訓練

 2. 結構性的學習訓練，包括人際關係問題的解決與社交技巧訓練

 3. 道德教育

  他們的報告指出，此項計畫使參加者有較好的自我控制、降低了暴力行為的發生率，以及促進技巧的改善。Goldstein 和 Keller（*1987*）已經針對攻擊性控制技術的臨床應用所進行過的研究作出評論，這些研究成果並已經被應用到針對配偶虐待的研究上（*Steinfield, 1986*）。

  對暴力的人所進行的憤怒管理或憤怒控制訓練最重要的特徵就是，試著將一個可被理解的憤怒模式以及此模式與導致憤怒的事件、想法和暴力行為本身之間的關係傳達給這些人。Novaco（*1978, 1985*）將這個過程稱為「認知準備期」。認知行為方法則主要把焦點放在引起憤怒的觀念與建設性的使用自我指導（自我對話，private speech），以便能夠成功地處理可能引起怒意的狀況（見第七章）。

  社交技巧訓練（*Hollin and Trower, 1986*）被用來改變在憤怒的狀況下明顯的暴力行為。這包括了指導、模仿、與治療師一同討論示範錄影帶中的情節，以及角色扮演，以便能改變暴力者在回應挑釁時的社交模式，以及減少升高言語或非言語威脅的頻率。社交技巧訓練已被用作問題解決方法的一部分（*D'Zurilla and Goldfried, 1971; Platt, Pont and Metzger, 1986*），強調發展替代方式來達到目的，也強調評估特定行為產生的短期與長期的利弊。在現實生活中，保持低音量與不使用言語威脅被

證實是在實際憤怒的狀況下最能有效降低暴力行為可能性（*Browne and Howells, 1996*）。

男性的團體治療課程

這些課程將焦點集中在停止暴力與對在家庭中使用暴力的態度所做的重建（*例如：Hall and Ryan, 1984; Stordeur and Stille, 1989*）。一般都同意，丈夫不願意承認或處理自己的暴力問題是防止更多虐待發生主要的障礙（*Meth and Psick, 1990; Jukes, 1993*）。但是近來已經開始強調，增加提供給施虐男性的團體治療計畫（*例如：Getzel, 1988; Storder and Stille, 1989*），來挑戰他們「我沒有問題」的觀念。Edleso 和 Tolman（*1992*）提供了一個團體治療的例子，他們將目標放在教導施虐男性如何觀察自己與改變暴力行為，合併使用下列技巧：

1. *自我觀察*：許多男性對可能導致暴力發生的事件並不清楚。他們不能看見暴力行為發生前的狀況與實際暴力行為之間的關聯。當攻擊可能在短期內帶來令人滿意的結果時，他們便可能昧於這對兩性關係所造成的長期性影響。自我觀察幫助施虐男性釐清行為的因果，並能在未來認清暴力的前兆。

2. *認知重建*：在這過程中，每個人都被引導來分析自己的思想模式，而後改變這些思想基本的假設與態度。一個施虐的男性通常會以刻板的觀念看待妻子行為，以便將他對妻子的衝突正當化，讓他可以責怪妻子惹他生氣。

3. *人際關係技巧的訓練*：如我們所見，施虐男性與受虐女性往往在處理事情的技巧上有缺陷，並且難以排解壓力。因此這種訓練對男女雙方都非常有益。這可以從認清個人曾遭遇困難的特定狀況開始，然後分析出「關鍵時刻」，也就是在互動期間，一個與過去不同的行為可能產生出較為正面結果的一個時間

點。不僅能透過他人的幫助來決定適當的行為模式，整個情況也用角色扮演的方式來練習，使個人能夠實際運用。

4. *放鬆訓練*：導致暴力的一連串事件主要的聯結是在於不斷升高的緊張。如果這份張力能被發現並被驅散，其他的聯結就能被阻斷。

5. *小組型態*：雖然許多毆打（妻小）的男性對自己過去所作所為表達出悔意，但他們仍不斷責怪自己的配偶（*Bernard and Bernard, 1984*）；並且他們有時候接受同性同儕所發出不同的聲音來原諒自己的行為，例如：「有時候你必須讓他們聽話」。小組型態透過將這類男性包圍在一群試著改變他們暴力行為的人當中來進行反制約（counter-conditioning）。

但在這裡必須指出，在應用到施虐者身上時，有必要系統性地評估大部分上述技巧所能產生的效果（*Gondolf, 1987, 1993*）。到目前為止，治療結果相當樂觀（*Dobash and Dobash, 1996*）。

共同治療

由於配偶暴力的交互本質，施虐者與受虐者同時參加的課程可以同時幫助男女雙方了解對方與自己相似的關切，因此使他們能夠一起解決問題。這個解決婚姻暴力的方法仍具有爭議性，因為它把男女雙方同時當作壓力與處理能力不佳下的受害者（*Hansen and Goldenberg, 1993; Margolin and Burman, 1993*），因此，壓力管理技巧（*見 Meichenbaum, 1985; Boss, 1988*）可被用來治療夫妻雙方。確實，對有毆打情形的夫妻所進行的憤怒控制訓練已經顯示有85%的成功率，並能在六個月之後仍維持沒有暴力發生（*Deschner and McNeil, 1986*）。

一般都同意，從任何理論角度來說，一份長期的關係中衝突是避免不了的部分。因此，「長期經常性、激烈的爭吵在婚姻中並非罕見的現象」（*Retzinger, 1991*）。Freud（*1926*）和Bowlby（*1973*）都認為，憤

怒可以是正常或不正常的，取決於如何使用它來增強或毀滅一段關係。的確，Wile（*1988, 1993*）提出了「衝突可以改善兩性關係」的觀點，雖然這個觀點通常是在個人適當地控制自己的憤怒的狀況下才被認為是正確的（*Beech, 1985*）。

　　當其中一方否認自己在衝突中所扮演的角色，並將責任都怪罪到另一方身上時，這對不愉快的夫妻便會面臨更多問題（*Horowitz, 1981; Holtzworth-Munroe and Jacobson, 1985*）。夫妻輔導可以幫助這些人對自己的負面行為負起責任。同時可以鼓勵他們去探索並質疑自己負面的感覺與情緒（*Retzinger, 1991*）。

結論

　　對配偶虐待所提供的幫助重點是在於，透過提供受虐婦女住處、安全的收容所，來解除暴力所帶來的立即性威脅，然後再幫助她們離開這段充滿暴力的關係。但是許多婦女選擇留在這段關係中，並將暴力視為壓力來源之一而已。因此可藉由同時提升男女雙方的處理技巧來減輕這些婦女壓力的程度。

　　提供處置方法的主要問題在於，多數的暴力並沒有報案或被察覺。這可能是因為害怕丈夫報復、害怕名譽受損、怕反被責備以及缺乏狀況可以被改變的信心。通常只有在細膩的相關專業人士以適當的問題引導時，受害者才會承認自己的問題。對暴力家庭細膩有技巧的面談技巧在 Gelles（*1987b*）與 Bolton 和 Bolton（*1987*）中曾被探討。

　　過去在預防與治療施虐男性與受虐婦女的服務方面的質與量都遭受許多批評。傳統的方式由於不能提供協助、將責任歸於求助的婦女與增加婦女的孤立感，所以反而被斥為加重問題。最近，專業人士已經對配偶虐待採取一個比較負責任且有知識根據的態度，但衛生、社

會與法律方面的服務在要適當地處理這個問題時仍然相當有限。這個
狀況將會阻礙下議院內政委員會在家庭暴力第三次報告中所提出的建
議的實施。

第六章

預測及預防虐待兒童

在美國，每天有五個兒童死於兒童虐待，謀殺是十八歲以下的青少年與兒童的主要致死原因之一（*Durfee and Tilton-Durfee, 1995*）。兒童虐待與忽視也是現今澳洲與英國兒童最常見的死因，每週至少有一到兩個兒童死於自己的父母或親戚之手；而在這兩個國家裡，因此而失能的兒童數目十分相近（*Creighton and Noyes, 1989; Creighton, 1992, 1995; Strang, 1992; Central Statistical Office, 1994*）。父母與養父母必須對 50% 到 60% 兒童死亡負責，而親友則必須對其餘的案例負責。但是，十歲以下死亡的兒童則有四分之三是被父母或養父母所害（*Strang, 1992*）。

這些統計數字鐵證如山，突顯了兒童保護工作不足的事實，這個情況可從英格蘭境內有越來越多虐待兒童的家庭缺乏社會工作支援的事實得到例證（*Social Services Inspectorate, 1990*）。最後的結果是許多兒童在生理與心理受創的狀況下成長，而這份創傷將影響他們一輩子。但事實上，研究顯示，大多數的兒童虐待與忽視都可以被預防與治療（見第七章）。

虐待兒童的程度與範圍

發生率

在美國，預防兒童虐待與忽視國家委員會（*1993*）從各機構的報告中統計出，每一千個十八歲以下的兒童與青少年中，有四十五個曾被虐待和／或忽視。在歐洲，從調查機構所取得的數據比美國要低許多，從北歐國家的每一千個中有一個，到英國的每一千個中有四個（*Department of Health, 1995a*）。澳洲的兒童不當對待比例是零歲到十六歲的兒童與青少年中，每一千個裡有五個（*Australian Institute of Health and Welfare, 1995*）。

由於各國不同的報告方式與不同的發生率所產生的人為結果（artefact），所以預估數字之間可能很難互相比較。然而，各國間殺童案比率相近的差異已被觀察到，這似乎可以支持這些比較的效度。

從一九九〇年起，英格蘭的衛生部（Department of Health, DOH）已經正確地計算出曾被列入兒童保護紀錄的兒童與青少年。這項估計是以一百零九個地方政府機構所回報的年度統計為基礎。一九九四到一九九五年間，四萬八千一百名兒童成為兒童保護案例初期會議的主題，而其中有 63% 被列入保護紀錄。圖 6.1 顯示不同年齡層與受虐型態中，每一萬個男童與女童中在一九九五年三月底時被列入保護紀錄的比率。十八歲以下的總體比率是每一千個中有三點二個，這代表了有三萬四千九百五十四名兒童需要保護。最高的比率是落在五歲以下的兒童（每一千個中有四到五個）。

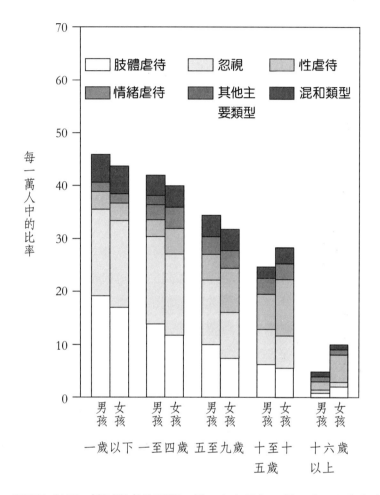

圖 6.1　不同年齡層、性別與虐待種類，於一九九五年三月三十一日在兒童保護
紀錄內的兒童
（*資料來源：Department of Health, 1995a*，*經英國衛生部同意後重製*）

　　根據衛生部（*1995a*）的資料，被列入兒童保護紀錄的兒童中有
70%年齡在十歲以下（包括未出生的嬰兒），其中男孩比女孩多（一
萬兩千七百與一萬一千六百）。在十歲到十八歲（佔總體的30%）這
組中的情況則相反，女孩比男孩多的程度大約和前一組的差異相同
（五千七百相對於四千九百）。這是由於青春期女孩遭受性虐待而申

請保護。大致說來，因為性虐待被列入保護紀錄者中有 61% 是女孩，而男孩則在肢體傷害案件中佔 53%。被列入保護紀錄的男童通常比較年幼。NSPCC 的數據顯示，超過 80% 最可能造成死亡或失能（意指頭部受傷）的肢體虐待多數發生在五歲以下的男童身上。超過一半的頭部傷害發生在一歲以下的嬰兒身上（*Creighton and Noyes, 1989; Creighton, 1992*）。

報案依據

英國衛生、教育與科學部門、內政部及威爾斯官方（*1991*）合編的資料「Working together under the Children Act 1989」中記載英格蘭與威爾斯地區用來作為兒童虐待報案依據的定義：

- *忽視*：持續或極度地忽視孩子，或者未能善盡保護兒童免於危險之責，像是飢餓、寒冷；甚至完全未能提供重要的基本照顧，導致兒童在健康或發展上的嚴重傷害，其中包含非器質性成長失能（nonorganic failure to thrive）。
- *肢體傷害*：實際或疑似對兒童作出肢體傷害，或者未能使其免於身體傷害（或痛苦），包括蓄意毒害、使其窒息與照顧者假裝生病求醫（Munchausen's syndrome by proxy）[1]。
- *性虐待*：實際或疑似對為依賴人口並／或尚未長成的兒童或少年性剝削，進行他們仍不甚了解的性活動。因此他們無法在完全知情的狀況下表示同意，而這樣的性活動被視為社會上所禁忌的家庭角色（*Kempe and Kempe, 1978*）。

1「照顧者假裝生病求醫」意指，兒童的父母或監護人藉由虛構孩童病歷、更動兒童的化驗報告，或實際上令兒童患病或受傷，致使兒童獲得醫療診治，導致不斷接受有害的療程。

・*心理虐待*：「由於持續或嚴重的情緒虐待或拒絕態度，造成兒童實質的或疑似心理與行為發展上嚴重的負面影響。」所有的虐待或多或少都牽涉到心理虐待，因此這個項目是指虐待主要或者完全包含心理層面。

　　上述所有的項目適用於家庭內與家庭外的虐待與忽視，加害者可能是該兒童的家人或外人。登記有案的也包含混合項目，這項目是指事件中包括一項以上不同的兒童虐待與忽視，在研究「計畫性的虐待」時特別重要。計畫性虐待在上述文件裡被定義為「常常包含不同型態、牽涉許多名加害者及許多名受虐兒童或青少年的虐待」，這或多或少牽涉了計畫的成分。La Fontaine（*1993*）對「計畫性的虐待」的定義有更深入的討論。

　　表 6.1 顯示出一九九五年三月底時已被列入保護紀錄的兒童，以上述標準統計出各種虐待型態的數目、百分比、兒童與十八歲以下青少年間的比率（*Department of Health, 1995a*）。37%的兒童被認為有遭受肢體傷害的風險；32%有被忽視的風險；性虐待與情緒虐待則各佔 26% 與 13%。這些數字顯示，8%的兒童遭受一種以上的虐待。

表 6.1　一九九五年三月三十一日為止，英格蘭、威爾斯境內已被列入兒童保護紀錄的兒童與青少年（根據紀錄的分類）

虐　待　分　類	一九九四年		
	數目	百分比%*	比率§
忽視	11,200	32	10
肢體傷害	13,000	37	12
性虐待	9,200	26	8
心理虐待	4,700	13	4

*百分比總和超過 100 因為在混合項目中的兒童被列入計算不只一次。
§比率是在每一萬名十八歲以下的人口。

（*取自 Department of Health, 1995*）

總體說來，英國在一九九五年三月底有一萬七千三百名女童、一萬七千六百名男童及一百二十五名未出生的嬰兒被認為需要被列入保護紀錄（每一萬人中有三十二名），而其中五分之一左右（23%）在各地家扶中心。當年三月底，八千一百名家扶中心的兒童中，有65.5%（n=5300）被安排到寄養（foster）家庭；12.5%（n=1000）被安排到兒童之家；16%（n=1300）跟父母其中一人住；剩下6%則有其他安排（n=500）。以總數來算，六千八百名被列入保護紀錄的兒童沒有與自己的家庭在一起（*Department of Health, 1995a*）。

NSPCC過去也統計出類似的兒童虐待報案率（一萬名兒童中有三十名）（*Creighton and Noyes, 1989; Creighton, 1992*）。但NSPCC宣稱，根據他們的整理，報案的肢體與性虐待統計數字並沒有增加（*Creighton, 1992*），而英國衛生部卻統計出，九四年到九五年的案件數增加了7%（*Department of Health, 1995a*）。在那一年當中，16%的兒童是過去曾經報案，但由於條件不足而被銷案。

普及率

有些研究者指出，有報案的兒童虐待與忽視新案例（發生率）只代表了任何時候社會上實際受虐兒童的一小部分（普及率）。由於十個兒童中有九個曾被父母責打（*Department of Health, 1995b; Smith et al., 1995*），所以許多兒童虐待與忽視並沒有被發現（*Hallett, 1988; Berger et al., 1988; Hallett and Birchall, 1992; Knutson and Selner, 1994*）。例如：Straus 和 Gelles（*1986*）取代表性樣本，進行了一項調查全美各地至少有一名兒童的家庭所做的普及率研究。他們從父母對孩子所使用的「衝突技巧」來取得資訊，而後計算曾使用暴力的父母數目。他們以這項調查為根據，估計出在一九八五年中，三到十七歲的美國兒童裡，有10%曾遭受嚴重的肢體暴力。

　　Finkelhor（*1984*）對二十一個國家所做的跨國性回顧發現，至少有7%的女性及3%的男性提出，在童年時曾遭受性虐待。他的結論是，女性遭受性侵害的可能性大約是男性的一點五到三倍。重複受害（repeat victimisation）[2] 在兒童虐待文獻中也常被討論（*Fryer and Miyoshi, 1994; Hamilton and Browne, 1997*），但是這現象很顯然被處理這些問題家庭的專業人員忽視。在美國兒童保護機構所處理的案件中有一半是肢體虐待不斷地發生（*Magura, 1981*），而在大多數性虐待的案例中，若加害者繼續留在家裡，則虐待的情形便會持續發生（*Bentovim, 1991*）。

　　大家應該要體認到，想要預防兒童被嚴重虐待，不僅僅是「處理程序」，還有父母的態度與行為都必須作一番改變。如果真誠地面對這些事實，並且讓無法處理教養問題的父母接受相關教育與訓練，則兒童虐待便可能不再出現或者不斷重複。然而，由於現有資源有限，不太可能真的對所有父母提供這樣的服務。因此，預測兒童虐待的方法將能夠幫助在早期就發現那些最需要幫助的家庭。

預測兒童虐待與忽視

　　由於兒童健康及發展中的其他問題，這種預測兒童虐待風險的方式可被視為是一種鎖定現有資源，以達到最佳效果的方式。這是以對兒童及其家庭的評鑑為基礎，來判斷他們是兒童虐待與忽視的高或低危險群。這種「風險」策略的目標是，在兒童不當對待發生前，對那些在教養技巧上最需要幫助的家庭特別注意，給予特別的幫助（*Browne, 1995a*）。以短程來說，著重於早期預測並找出潛在或實際兒童虐待與

---

2 重複受害（repeat victimization）意指連續遭受同一個加害者虐待（見第一章的多重受害〔revictimization〕）。

忽視的處理技巧是比較實際的作法。這被認為是二級預防的起點，其預防方式牽涉了輔導、家庭訪問、診所、醫療中心或醫院中的專業人員。這些專業人士可以經由指導，對所有接受他們所提供的醫療服務的家庭，針對具有預測性的特徵進行例行性的篩檢。

危險因子對照表

有不少文章談到兒童虐待的預測（*見 Starr, 1982; Leventhal, 1988; Ammerman and Hersen, 1990; Ammerman, 1993*），其中有許多提出施虐父母與受虐兒童常見的特徵（*例如：Browne and Saqi, 1988a*）。例如，Gray 等人（*1977*）建議了一套在產房裡就可以觀察的「早期預警系統」，在孩子出生後的二十四小時內預測是否將受父母虐待時有76%的準確度。自從這篇文章初次發表在英國期刊，社區護士開始採用這套「早期警告徵兆」，這對他們的工作產生很大的影響（*Lynch, 1975; Lynch, Roberts and Gordon, 1976; Lynch and Roberts, 1977*）。但是近來對這些特徵的評估研究強調，這套檢測虐待兒童家庭的例行實務在使用上必須非常小心（*Baker, 1990; Howitt, 1992*）。

Browne 和 Saqi（*1988*）以及 Browne（*1995b*）解釋了這些預測結果的潛在問題。他們將過去社區護士在嬰兒出生時，根據危險因子對照表所記載的資料拿來回溯評估。這項對照表是從許多英國的人口與傳染病學（epidemiology）的研究中發展來的，當中特別針對英格蘭瑟瑞（Surrey）地區非意外受傷的兒童（*Browne and Saqi, 1988a*）。

為了研究方便，蒐集的資料都是社區護士容易作例行紀錄的，總共不超過十二項。包含有：母親的年齡，兩次懷孕中的間隔，生產後的分離，早產／體重不足／失能，單親或分居家庭，社經問題，暴力的歷史，精神問題或社會化困難的紀錄。某些特徵較難評鑑，像是懷孕期的經驗，所以從原對照表中刪除，但這不代表這些特徵在預測工

作上不具重要性。

　　使用對照表背後的意義在於，當實際應用在一個特定區域中有新生兒的家庭，有許多不良特徵（危險因子）的家庭將會被發覺，並且得到適當的幫助。一般認為，出現的危險因子越多，兒童的處境可能越危險，而這些家庭所需要的幫助也越多。已有證據顯示，這些危險因子在被篩檢出虐待兒童的家庭中普及率相當高（見 *Browne and Saqi, 1988a*）。

預期性評估

　　本書其中一位作者（K. Browne）進行了一項預期性（prospective）的評估研究。一九八五至一九八六年間，在英格蘭瑟瑞，當時社區護士對剛出生的孩子完成了包含了十二個項目的對照表。總共一萬四千二百五十二名新生兒接受兒童虐待與忽視風險的篩檢，而其中7%（九百六十四位）被認為是高危險群。這個樣本而後被追蹤五年，在一九九一年，其中一百零六個家庭已經因為疑似或實際虐待他們的新生兒而參與過了個案會議，根據這個數字，發生率便是每千個孩子中有七個實際或疑似受虐。這個數據比全國估計值——五歲以下每千個中有五個——稍微高了些（*Department of Health, 1995a*）。為了顯示預測的相對重要性，表 6.2 列出了有對照表中特徵的（危險因子）的虐待與無虐待家庭百分比。此外，這也顯示了，那些擁有某種特質而稍後在孩子五歲以前施以虐待或忽視的家庭百分比（條件機率）。

表6.2 由判別分析（discriminant function analysis）訂出篩檢兒童虐待的特徵及其相對預測值（根據其普及率百分比的高低遞減排列）

對照表特徵 n=1以下兒童的父母（基線）	虐待家庭（%） （n = 106）	無虐待家庭（%） （n = 106）	條件機率*（%） 0.07
1. 家庭暴力的歷史	30.2	1.6	12.4
2. 父母對孩子態度冷淡、缺乏回答忍或過度焦慮	31.1	3.1	7.0
3. 單親或父母分居	48.1	6.9	5.0
4. 社經問題，例如：失業	70.8	12.9	3.9
5. 精神疾病、毒品或酒精成癮的歷史	34.9	4.8	5.2
6. 父母本身在童年曾遭受虐待或忽視	19.8	1.8	7.6
7. 早產或體重不足	21.7	6.9	2.3
8. 嬰兒在出生後與母親分離超過二十四小時	12.3	3.2	2.8
9. 孩子出生時母親未滿二十一歲	29.2	7.7	2.8
10. 有繼父母或父母的同居人	27.4	6.2	3.2
11. 孩子出生的間隔少於十八個月	16.0	7.5	1.6
12. 嬰兒心智或肢體失能	2.8	1.1	1.9

*條件機率是指家庭有一個未來五年內虐待與／或忽視目前新生兒的特徵的百分比。

這項研究發現，填寫完整的對照表，同時參考每個特徵的相對加權（weighting）[3]，便可以正確地對 86%的案件作出分類。篩檢的程序能夠敏感地測出 68%的虐待家庭，並正確地分出 94%的無虐待家庭。令人驚訝的是，將近三分之一的施虐家庭在孩子出生時顯示出少數危險特徵（不論特徵本身的相對加權），並被錯誤地歸類為「低風險」。此對照表最令人憂心的是，有 6%的無虐待家庭被發現有若干項高相對加權的特徵，因而被錯誤地歸類為兒童虐待高風險群。表 6.2 以根據此研究母群（population）中被影響的家庭數目，顯示出這些統計的重要意涵。

普遍篩檢的影響

　　兒童虐待普及率不高（以總體犯罪案件而言），即使是以最有效的篩檢方式來估計，整個篩檢結果仍會有許多錯誤肯定（false positive）（*Daniel et al., 1978*）。以此對照表偵測率而言，每一萬四千二百五十二個新生兒家庭中，九百六十四個被歸類為高風險群的有必要進一步去辨別那七十二個確實發生問題的家庭，以及另八百九十二個錯誤肯定。這意味著，對高風險群家庭根據親子關係（虐待與非虐待）進行第二重篩檢程序的必要性（*Browne and Saqi, 1987, 1988b*）。因此，第二重篩檢可以藉由行為指標，將真正潛在的非意外性傷害（non-accidental injuries, NAI）案例從錯誤肯定中分辨出來。

　　更艱鉅的任務是，要將遺漏的三十四個潛在的兒童虐待個案從一萬三千二百五十四個歸類為無虐待的案例中正確地找出來，因為它們被混在一萬三千二百八十八個被視為低風險群的家庭中。

---

3 當多個因素同時發生作用時，根據其重要性而給予相對差別待遇的處理方式（張氏心理學辭典）。

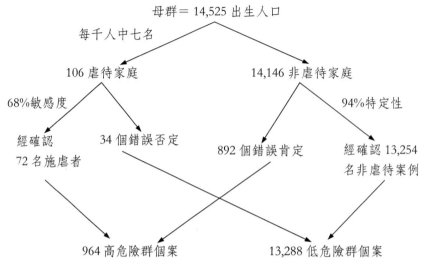

圖 6.2　地毯式篩檢之成效

　　因此，當這個對照表回頭應用在一個大的母群時，7%有新生兒的英國家庭會顯示出為數不少有兒童虐待「傾向」的特徵。在追蹤調查中，這些高風險群家庭裡只有十三分之一在孩子出生後五年內真正出現兒童虐待。由於所有的受虐兒中大約有一半不滿五歲（*Creighton, 1992*），這個數據應該高出許多，才能預測出大部分的兒童不當對待案件。然而，我們必須體認到，被認為使家庭產生虐待兒童傾向的危險因子並不能夠解釋兒童虐待發生的原因（*Browne, 1989b*）。

　　如第二章中概略提到的，情境壓力來源（危險因子）導致兒童虐待或其他形式家庭暴力的可能性取決於家庭內的互動，並且這可能性會被家庭關係調和。親子間的安全關係可以將壓力造成的影響過濾，並且有助於父母的處理技巧。相反地，不安全或令人焦慮的關係不但不能過濾壓力帶來的負面影響，例如爭執或孩子行為不當，任何功能超載都可能導致肢體或情緒上的攻擊。這對現有的親子關係有負面的影響，並且會進一步降低「過濾」的能力，使壓力更容易再次擊敗父

母。綜觀整個情形，這很有可能導致父母承受壓力之後便重複地對孩子加以肢體攻擊。的確，壓力已被發現是家庭運作中，預測兒童虐待潛在性的重要因素（*Abidin, 1990*）。

　　兒童虐待與忽視的成因相當複雜，現在一般公認促成兒童虐待的因素是多重的（*見 Ammerman and Hersen, 1990, 1992*），牽涉到父母與兒童本身的特徵、家庭本身的社會系統，以及家庭所處的社群人口特質與文化特性（見第二章）。的確，Ammerman 和 Hersen 指出，兒童不當對待的預防與評鑑一定要考慮到一個事實，那就是孩子的非意外傷害很少在沒有其他困難事件、情形或狀態——例如：失業、精神病、貧困、酒精濫用、不良教養技巧或婚姻不和——的時候發生。

　　在美國，有幾個評鑑與篩選的工具，例如：兒童虐待潛在性量表（Child Abuse Potential Inventory, CAP）是採取多元走向（*Milner, 1986*）。的確，兒童虐待潛在性量表是少數幾個信度（內部一致性與時間穩定性）與構念效度已被評估過的自陳量表之一。但是，對照表與量表在預測兒童性虐待上的關聯上仍舊令人質疑，特別是將性虐待與肢體虐待在發生率與普及率上的差異列入考慮的時候（*Jason et al., 1982; Browne, 1994*）。然而，某些危險因子是相同的，像是繼父母的存在、婚姻衝突、不良的親子關係等等（*Finkelhor, 1980a; Bergner et al., 1994*）。

　　Leventhal（*1988*）從縱貫研究中提出證據指出，預測是可行的。但是他也強調，改善高風險家庭的評鑑是必要的，包括了進一步發展及使用標準化的親子關係臨床評鑑法。

親子關係的衡鑑

　　欲將不良教養方式的評鑑從社會人口模式轉移到臨床模式，需要（工作者本身）對親子關係與虐待兒童家庭裡的依附有非常詳盡的認

識（*Schaffer, 1990*）。

　　Belsky（*1988*）對兒童虐待採取了以下觀點：兒童不當對待是種社會─心理現象。「它是因個人內在驅力（force）、家庭影響力，及其人、其家庭所處社群中、文化裡的影響力等多重力量所決定的。」（*Belsky, 1980: 320*）這些因子產生了一個個特別的組合，造成了一個家庭互動的模式，虐待就是在這樣的互動下應運而生。早期偵測出意味著運作失常的照顧者─嬰兒關係已經被Crittenden（*1988a*）列入考慮，他討論到，在不當對待兒童的家庭中，父母在互動模式已被扭曲時的思考模式所扮演角色。他在其中發現了兩種模式──合作／干預模式與參與／退縮模式──明顯地區別出虐待與無虐待家庭。Stratton 和Swaffer（*1988*）也提到：「施虐父母對孩子的看法是決定孩子是否受虐、如何受虐的關鍵因子，現在已有很好的理論基礎來支持這個觀點。」他們的研究結果顯示，相較於不虐待孩子的母親或有失能孩子的母親，虐待孩子的母親對孩子施以較多控制，並且歸結較多內在因素到孩子而非自己身上。這個發現與Wiehe（*1987*）雷同，他也發現，虐待孩子的母親比不虐待孩子的母親較缺乏同理心，並且抱持外在控制觀（external locos of control）。他們都進一步認為，施虐父母的歸因方式，不論是泛指一般事物或針對孩子，都是評估虐待兒童機率時的重要指標。

評估高風險群家庭中的親子關係

　　在高風險群親子關係與兒童是否需要保護的評鑑裡有六個方面（*Browne, 1995a*）：

　　1.評估照顧者在教養孩子上的知識與態度。

　　2.父母對孩子行為的看法，以及孩子對父母的看法。

　　3.父母的情緒與面對壓力的回應。

　　4.親子互動與行為模式。

5.孩子對父母的依附品質。

6.教養的品質。

教養下一代的知識與態度

研究指出，虐待與無虐待家庭對孩子發展的態度截然不同。Martin 和 Rodeheffer（1976）提出，施虐者對孩子的能力有不切實際且扭曲的期待。他們對孩子的期望過高，且因此影響了教育和處罰方式（Feshbach, 1980）。例如：施虐父母可能不切實際地認為，嬰兒應該在十二週大時能夠獨坐，在四十週大時開始學步。更重要的是，他們期待孩子能夠在五十二週大的時候明白自己做錯的事。因此，很大部分的性虐待與肢體虐待牽涉到父母無知的意圖，想要強迫孩子表現出超過自身發展極限的行為。

研究也指出，這些父母知識或理解上的缺陷是因為智力較低（例如：Smith, 1975），但這個觀點已經遭到反駁（Hyman, 1977; Altermier et al., 1979, 1984）。父母其實知道面對嬰幼兒時該期待什麼及該做什麼，他們只是沒有把這些知識應用到自己孩子身上。Starr（1982）發現虐待與非虐待父母其中一點不同就是，虐待孩子的父母將養育孩子看作是項簡單而不複雜的任務。其中許多人並不清楚自己孩子的能力與需要。

在虐待與無虐待（高風險群與低風險群）家庭中父母對孩子行為的認知

一般相信，虐待孩子的父母比不虐待的父母對孩子的行為有較負面的看法，他們認為自己的孩子比較容易惹人生氣而且有較多需求。這也許跟受虐兒比較可能有健康問題、飲食或睡眠方面的困擾有關。或者，虐待孩子的父母不切實際的期待是直接造成這些負面看法的原

因，這樣的期待常常可見於這群父母之間（*Rosenberg and Reppucci, 1983*）。
Browne 和 Saqi（*1987*）考察虐待家庭中母親的觀感，並將它與高風險
群及低風險群控制組比較。控制組中有相同年齡、性別根據從危險因
子對照表的得分分為高或低風險群兩組。這些家庭在父母年齡與職
業、孩子的種族及住所種類也對等（matched）。

所有的母親完成一份以「行為對照表」（Behaviour Checklist）（*Ri-chman, Stevenson and Graham, 1983*）為基礎的問卷，這涵蓋四個主要的兒童
行為範疇：睡眠與飲食習慣、活動、控制力以及與他人的互動。表 6.3
顯示，虐待者比高風險群或低風險群組累積較高的分數，這反映了較
多的負面認知。低風險群組的母親是看法最正面且得分最低的。

表 6.3　從行為對照表得分所反應的母親對孩子行為的認知，高分代表負面認知

	低風險群家庭 （n = 39）	高風險群家庭 （n = 35）	虐待家庭 （n = 16）
分數 0 到 7	64.1%	40.0%	31.2%
案件數	25	14	5
分數 8 到 14	35.9%	57.1%	43.8
案件數	14	20	7
分數 15 到 28	0.0%	2.9%	25.0%
案件數	0	1	4

$\chi^2 = 18.79$, df = 2, p < 0.001

（*Browne and Saqi, 1987*）

可能引發父母暴力行為的危險看法──例如：「我的孩子常常很
難管教控制」或「我的孩子常常惹我生氣而且令人厭煩」──從未出
現在低風險群母親的陳述中，並且僅有 6%的高風險群母親（與最後
真的虐待孩子的數目大約接近）提出。但是，有一半虐待孩子的母親
持有這些看法。如此說來，在壓力下的父母必須對孩子有一定程度的
錯誤觀念與／或負面評價才有可能進一步虐待孩子。如表 6.3 所列舉

的，大部分的高風險群組對自己孩子的看法較虐待組為正面，儘管有危險因子存在，這些看法可能有助於預防虐待。Wood-Shuman和Cone（1986）確立了父母正面看法這個保護因子的重要性。

過去曾經談到兒童方面造成虐待風險的因子（*Kadushin and Martin, 1981*）。Browne和Saqi（1987）並不贊同這個看法，例如：他們並沒有在兒童的健康紀錄裡發現顯著的差異。因此虐待可能應該是源自於父母對孩子不切實際的期待，父母將某些孩子那個年齡該有的行為視為蓄意或安排好的不順從行為，而後認為這些行為就代表了孩子天生的「不良」特質。

孩子的認知

Hyman和Mitchell（1975）進行了一項小型計畫，用「Bene-Anthony家庭關係測驗」（Bene-Anthony Test of Family Relations），來比較遭受肢體虐待的與被忽略（剝奪，deprived）的兒童。這個測驗包含了代表家庭成員的分數，分數旁的一欄任孩子寫入的內容反應對家庭成員的感覺。與控制組兒童相較，受虐兒童往往略過「母親」的欄位，明顯地對母親的正面或負面感覺表達都比較少。他們也同樣地否認母親對他們有任何正面或負面的感覺。這種對母親缺乏感覺的現象也存在曾經受虐但已接受兩年輔導的兒童當中。這與其他被忽略但不曾遭受肢體攻擊的兒童不同，後者仍會表達對母親不論正面或負面的感覺。

評鑑父母面對壓力的情緒變化及反應

虐待兒童的常見因素之一就是在壓力下升高的激發狀態（arousal）。Frodi和Lamb（1980）放映正在哭或笑的嬰兒錄影帶畫面給虐待兒童的父母與對等的控制組看。他們發現到，虐待者在看到這些畫面時表現得較不自在、不耐煩，並且對嬰兒的哭或笑有情緒激發的反

應。虐待兒童的父母也顯示出較高的生理激發，例如血壓升高與心跳加速，並且自陳對在哭或在笑的嬰兒有較多的不耐煩、冷淡與較少的同情心。

在Wolfe等人（*1983*）所做的一項類似的研究裡，給虐待與不虐待孩子的父母看錄影帶，內容是親子互動的情形，某些畫面是高度緊張的（像是孩子尖叫並且不順從父母），而有些是不帶壓力的（例如：孩子靜靜地看電視）。正如所料，虐待孩子的父母比不虐待的對照組對高壓的畫面產生較高的負面心理—生理激發。因此他們認為，對壓力與情緒激發缺乏處理能力在兒童虐待與忽視生成中扮演了一個重要的角色。

的確，施虐父母在像是「家庭壓力檢核表」（Family Stress Check-list）（*Orkow, 1985*）或「養育壓力指數」（Parenting Stress Index, PSI）（*Browne and Saqi, 1987*）這樣的工具上的壓力一項得分很高。PSI是一項能夠提供關於養兒育女不同方面壓力分數的篩檢工具，範圍包括父母對依附、自身能力、人際孤立、婚姻關係、精神與身體健康狀況等等觀感的分數。除了對一般生活壓力的評量，它也同時提供父母對孩子的需求、情緒活動、適應性與接受性的評分（*Abidin, 1990*）。

Trickett和Kuczynski（*1986*）研究了父母所選擇的管教方式與其成效。他們發現，虐待兒童的父母自陳使用懲罰式的方法，像是不論孩子做錯任何事就吼叫與威脅。另一方面，不虐待孩子的父母會根據不同的情況，採取不同的管教方式。最後，他們發現，受虐兒童比沒受虐的兒童更不遵從父母的要求。

觀察親子互動與行為

Rohner（*1986*）將父母的「接受」、「敵意」、「冷漠」與「排拒」行為（見第十一章，圖11.1）作了描述，但以問卷而非直接觀察

法來評量青春期兒童與青少年的概念，後者在年幼兒童的評量中非常重要。直接觀察評量法其中之一就包含了觀看親子之間互動行為的程度多寡（*Browne, 1986*）。這種方法的基本範圍包括了親子間是否互動，這個動作是否得到回應（無論回應內容與方式）。互動型態被作了下列分析。如果一端先表達互動意願（interactive initiative）（意指已經對另一方展開行動），將會得到下列三種可能的結果其中之一：

- 得到對方願意互動的反應（共同或交互互動，mutual or reciprocal）
- 得到非互動性的反應（因果型互動，causal）
- 沒有得到任何反應（失敗互動，failed）

　　例如：如果母親正在進食，孩子便試著取得食物（互動意願），母親可能給孩子一些食物（共同互動）、停止進食並把注意力轉移到孩子身上（因果互動）或者繼續吃（失敗互動）。

　　互動的評估研究顯示，不論有沒有陌生人在場，受虐嬰兒與對照組的嬰兒相比，與母親之間的交互互動較少，有此互動的人數也較少（*Burgess and Conger, 1978; Hyman, Parr and Browne, 1979; Browne, 1986; Browne and Saqi, 1987, 1988b*）。

　　親子行為的交互性也可以用廣義的根據「陌生情境程序」（strange situation）來評估。這些方式至少牽涉三個觀察時段：嬰兒在跟母親分開前，分開當時，以及母親再度回來之後的行為與跟母親之間的互動。

　　總體說來，研究（*Hyman, Parr and Browne, 1979; Lewis and Schaeffer, 1981; Gaensbauer, 1982; Browne and Saqi, 1987, 1988b*）指出，分開之前，有虐待情形發生的親子之間比起沒有虐待情形的較少有正面的情感交流。在分開的時候，受虐的嬰兒跟對照組的嬰兒相較，對陌生人與房間內陌生的物品顯得比較不感興趣，也較不感到難過。但是那些在分開時表現出悲傷與不適應受虐嬰兒的這種負面情緒會持續，甚至在母親回到現場之後很久也不見改善。與母親再相見的時候，受虐嬰兒表達的正面情感與寒暄比對照組較少，而母子間的互動也因少有眼神或言語交流而顯

得比控制組缺乏交流。

除了陳述互動的頻率，Browne 和 Saqi（1987）也研究了母子間的互動過程。他們發現，會虐待孩子的母親比較可能因為出手調整嬰兒的姿勢或衣物而打亂一個互動過程；而不虐待孩子的母親會藉由提供玩具或對孩子微笑來延長互動的過程。應用程序法（sequential methods）可以看出虐待孩子的母親的不夠敏感細心，只會增加而非抑止孩子惹人嫌惡的行為。例如：圖 6.3 顯示，不虐待孩子的母親只在嬰兒「哭鬧」時以「調整」作回應，如果她們成功地回應了孩子的需要，這可能使孩子行為改變並停止哭鬧；相對地，虐待孩子的母親對許多行為進行「調整」，而且沒有一種方式看得出是針對嬰兒的不適。很諷刺的是，虐待孩子的母親有時候在嬰兒「掙扎」與「哭鬧」時因為不懂得孩子的感受且不能適時地處理，反而加諸更多不快樂在孩子身上。

在一項針對施虐母親與孩子間互動的研究中，Dietrich、Starr 和 Weisfield（1983）也注意到了，虐待孩子的母親會主動干涉孩子、毆打孩子，並阻止孩子玩耍。她們有時候也表現出敵意。相對地，忽視孩子的母親通常是不介入孩子並且相當被動。觀察研究證據顯示，虐待與無虐待家庭中的社會行為與互動模式並不相同。虐待孩子的父母被描述為惹人嫌惡、負面、支配性強、較少有利社會行為（Wolfe, 1985, 1987, 1991）。不論是從對孩子的敏感性或回應性來說，他們通常也較少有互動行為。根據依附理論（attachment theory）的預測，他們可能使孩子對施虐的照顧者發展出不安全依附（insecure attachment），可能進而產生受虐兒社會情緒行為上重大的改變（Browne and Saqi, 1988b）。然而，並不是每個孩子遭受不當對待的後果都一樣。研究發現，既被虐又被忽視的孩子會有較多的行為問題（Crittenden, 1988b）。虐待或忽略孩子的父母困於親子關係中的混淆與矛盾。這與單純地被父母排拒不同，這反映了關係中更多的不安定，使孩子變得敏感脆弱，並且不知道該期待什麼。

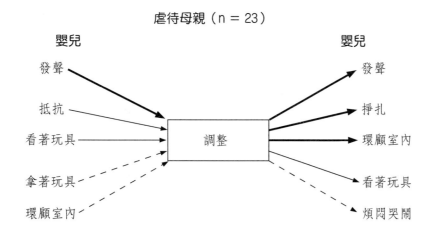

虐待母親（n = 23）

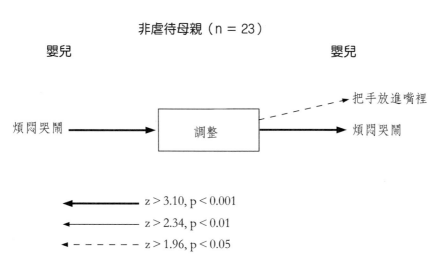

非虐待母親（n = 23）

圖 6.3　圖示疑似虐待孩子的母親與一般母親在她們調整自己行為後，嬰兒表現
　　　　出各種不同行為的機率

（*取自 Browne and Saqi, 1987*）

評鑑嬰兒對父母的依附

　　孩子天生會在嬰兒期形成依附這個觀點（*Bowlby, 1969*）在虐待兒童

的研究中有相當的重要性。文獻中包含了許多關於虐待孩子的父母自己本身童年便是受虐兒的報告（*例如：Egeland, 1988*）。因此有研究者指出，在若干案例中，兒童時期的受虐經驗與成年後虐待自己孩子之間的關聯，可能是早年與主要照顧者不圓滿的關係以及不能形成安全依附的結果（*Browne and Parr,1980; DeLozier, 1982; Bowlby, 1984; Crittenden and Ainsworth, 1989*）。

Egeland 和 Sroufe（*1981*）以及 Crittenden（*1985*）提供了研究證據支持這項看法，在他們的研究中發現，所有受虐或遭受忽視的嬰兒都顯示了與母親的不安全依附型態。但是 Browne 和 Saqi（*1988b*）卻提出，受虐兒與照顧者有不安全依附的比例（70%）僅僅是顯著地多於沒有受虐紀錄的嬰兒（26%）。表 6.4 顯示出，儘管曾經受虐，有 30% 的受虐兒對這種負面經驗具有相當的恢復力，並且仍然形成安全依附。

表 6.4　從陌生情境中嬰兒與母親簡短的分離與復合表現歸納出的依附型態

依附型態	Ainsworth 分類法		虐待家庭 (n = 23)	非虐待家庭 (n = 23)
焦慮／逃避（不安全）	A1	A2	10	3
獨立（安全）	B1	B2	4	11
依賴（安全）	B3	B4	3	6
焦慮／抗拒或矛盾（不安全）	C1	C2	6	3
不安全依附總數			16	6

χ^2 = 9.04, df = 3, p <0.03

（*資料來源：Browne and Saqi, 1988b*）

Schneider-Rosen 等人（*1985*）提出類似的發現，並且指出即使是受虐兒，只要有補償性背景因素仍會增加安全依附形成的機率。但在正常情形中，壓力環境因子本身就會增加不安全依附的可能性。

嬰兒依附型態的分類

每個嬰兒都可以根據在整個分離前、分離中與和父母復合期間的行為，被評量出他對父母的依附品質。最後的嬰兒—父母依附評量可以基於嬰兒分別在母親在場或不在場時的反應分出四個廣泛的分類（取自 Ainsworth et al., 1978；資料來源 Browne and Saqi, 1988b）。

1. *焦慮／逃避嬰兒*（anxious/avoidant）（不安全依附型一）：在整個過程中表現出高度遊戲行為，並且不太尋求與父母或陌生人的互動。單獨留在陌生人身邊時，他們不會變得焦慮悲傷；在父母回到現場後，他們常常抗拒任何與父母的身體接觸或互動。

2. *獨立嬰兒*（independent）（安全依附型一）：對父母與陌生人（程度較低）表現出高度的互動意願。他們不特別尋求與父母間的肢體接觸，也很少在分開期間表現出不安與難過。他們在父母重回現場時對父母微笑，並試著接近。

3. *依賴嬰兒*（dependent）（安全依附型二）：主動尋求與父母的身體接觸與互動。他們通常在與陌生人獨處的階段陷入不安並哭泣。父母回到現場後，他們會趕緊接近父母並保持身體接觸，有時抗拒父母放手。一般說來，他們表現出比較喜愛與父母之間，而非與陌生人的互動。

4. *焦慮／抗拒或矛盾嬰兒*（anxious/resistant or ambivalent）（不安全依附型二）：在整個過程中的遊戲行為不多，有時候在與父母分開之前就哭。他們對陌生人明顯地顯得小心翼翼，在與父母分開階段表現出強烈的不安與傷心。他們也比較可能在與陌生人獨處時哭泣。他們表現得很矛盾，常常在尋求接觸行為與主動抗拒接觸互動之間擺盪。這種情形在父母重回現場時特別明顯：父母一回來，這些孩子還是非常不安難過，像是父母通

常不會安撫他們。

 評鑑父母教養的品質

Ainsworth 團隊（1978）研究嬰兒對分離與復合的反應以及嬰兒與母親雙方在家中行為之間的關聯。他們根據研究發現指出，母親的敏感性是影響孩子反應的最大關鍵。在安全依附的孩子家裡，母親對孩子展現了敏感細心的特質；而在不安全依附的狀況中，焦慮與逃避嬰兒的互動行為往往被母親拒絕。研究顯示，這些嬰兒藉由表現出更多的探索行為，來停止過去曾被拒絕的依附行為。在不安全依附的矛盾與抗拒嬰兒的家庭環境中，不和諧與矛盾的母子關係是顯而易見的。所顯示出的焦慮與矛盾行為被認為是不一致的教養方式下的產物。圖6.4 是 Ainsworth 等人取樣異質（heterogenous）美國家庭研究中，關於教養方式與嬰兒依附結論的總結整理。

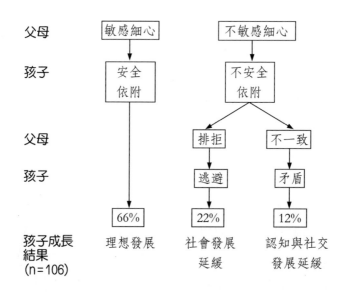

圖 6.4　**母親的行為與依附模式**（*改編自 Ainsworth et al., 1978*）

Maccoby（*1980*）從上述發現得到一個結論：父母對依附的影響在評量後可以被細分為四種照顧型態的面向：

1. *敏感細心／不敏感細心*：敏感的父母緊密地配合嬰兒發出的訊號與交流，以形成一個循環輪流的互動模式。相反地，不敏感的父母總是恣意專斷地干涉，而這些干擾動作反映了父母本身的願望與心情。

2. *接受／拒絕*：有接受性的父母能夠接受一般養兒育女的責任。他們很少表現出對孩子的不耐煩。但是，拒絕式的父母懷有阻擋母愛或父愛的憤怒與不滿情緒。這種父母往往認為孩子惹人討厭，並且訴諸懲罰性的控制手段。

3. *合作／干涉*：合作的父母尊重孩子的自主性，並且很少直接施加控制。干涉型的父母強加自己的意願在孩子身上，很少關心孩子當時的情緒或活動。

4. *可親性／忽視*：容易親近的父母對孩子的溝通方式很熟悉，在一段距離之外就注意到孩子發出的訊息，因此很容易因孩子分心，孩子可以很容易就取得他們的注意力。忽視孩子的父母往往過分投入自己手上的工作與想法，不能注意到孩子發出的訊號，除非是孩子的訊號密集而強烈到十分明顯的地步。這種父母甚至可能在計畫好照顧孩子的時間之外就忘了孩子的存在。

如同前面討論過的，父母的態度、情緒以及對孩子的看法深深影響了上述四個面向。這四個面向彼此交互作用、互有關聯，合在一起決定了父母對自己的孩子有多溫暖，以及拒絕孩子的可能性。

父母的拒絕所代表的意義以及對心理虐待與忽視兒童適當的處理方式在第七章會作完整的討論。除此之外，Iwaniec（*1995*）從孩子成長、發展與健康的觀點，針對了需要在心理虐待與忽視方面協助的家庭，提供了評估及治療的方法。

預防兒童虐待與忽視

有效預防兒童不當對待的處理策略近來已被回顧評估（*Willis, Holden and Rosenberg, 1992; Gough, 1994*）。主要的處理方式停留在第三級預防，意即對孩子的暴力已經發生之後。但是考慮到言語虐待與對孩子的詆毀時，我們也許應該建議，預防工作必須針對大部分的父母與監護人。

初級預防

初級預防是指在虐待兒童發生之前，嘗試著從根本做起，進而改變整個社會。通常這仰賴整個社會群體對所有家庭提供支援。三個針對虐待兒童主要的初級預防方法有：(1)調整現有制度來幫助父母勝任教養兒女的工作，並藉由親職教育（例如：社區托兒計畫）來促進教養方式。(2)妥善運用社會資源，並透過社區網絡或是能夠減少與社會之間孤立的災難聯絡系統（像是電話救援專線）提供義務服務。(3)透過特定計畫來教育大眾，像是針對提升大眾對兒童虐待與忽視認知的公眾宣導。

大眾宣導

美國兒童虐待預防國家委員會（U. S. National Committee for the Prevention of Child Abuse）（*1988-1992*）為了促進大眾對於心理虐待的認識而進行一項了全國性的廣告宣導。電視、傳單與雜誌廣告都佈滿了主要的標語，像是：

「文字傷人跟拳頭一樣重」

「不再說出傷人的話」

　　「多說好話」

　　其中一個廣告進一步提供會對孩子造成心理傷害的話：

　　「孩子相信父母所說的一切」

　　「你很討厭」

　　「你真差勁，什麼都做不好」

　　「你真不像我的孩子」

　　「笨蛋！你聽不懂我講的話嗎？」

　　「看到你就討厭」

　　「多希望沒有生下你」

　　「停下來聽一聽自己說了些什麼，你可能無法相信自己的耳

朵！」

　　澳洲布理斯本的昆士蘭兒童虐待預防中心（Queensland Centre for Prevention of Child Abuse）也舉辦過「言語虐待」的海報宣傳活動，包括「你的話可以撕碎孩子的心」、「心理虐待會在心上（而非身體上）留下不可磨滅的傷疤，讓孩子一輩子懷有痛苦的回憶」等等標語。

　　最近英國林肯郡兒童保護委員會進行了一項類似，但更為積極的計畫（1990）。他們規畫了地方電台、海報與小傳單的宣導，名稱訂為「孩子聽到了什麼？」圖 6.5 就是他們所採用的海報。除了海報，他們發送小傳單給地方上所有的父母，傳單內容包含了關於教養兒女正面與負面的情況以及處理年幼孩童的問題等等引導父母深思的內容（圖 6.6）。

孩子聽到了什麼？

嚴厲的字眼 造成傷害	溫馨的言語 才有幫助
閉嘴	請
不要動了	謝謝
走開	好孩子
真蠢	做得真好
你真噁心	我愛你

圖 6.5　海報宣傳（*Lincolnshire Area Child Protection Committee, 1990*）

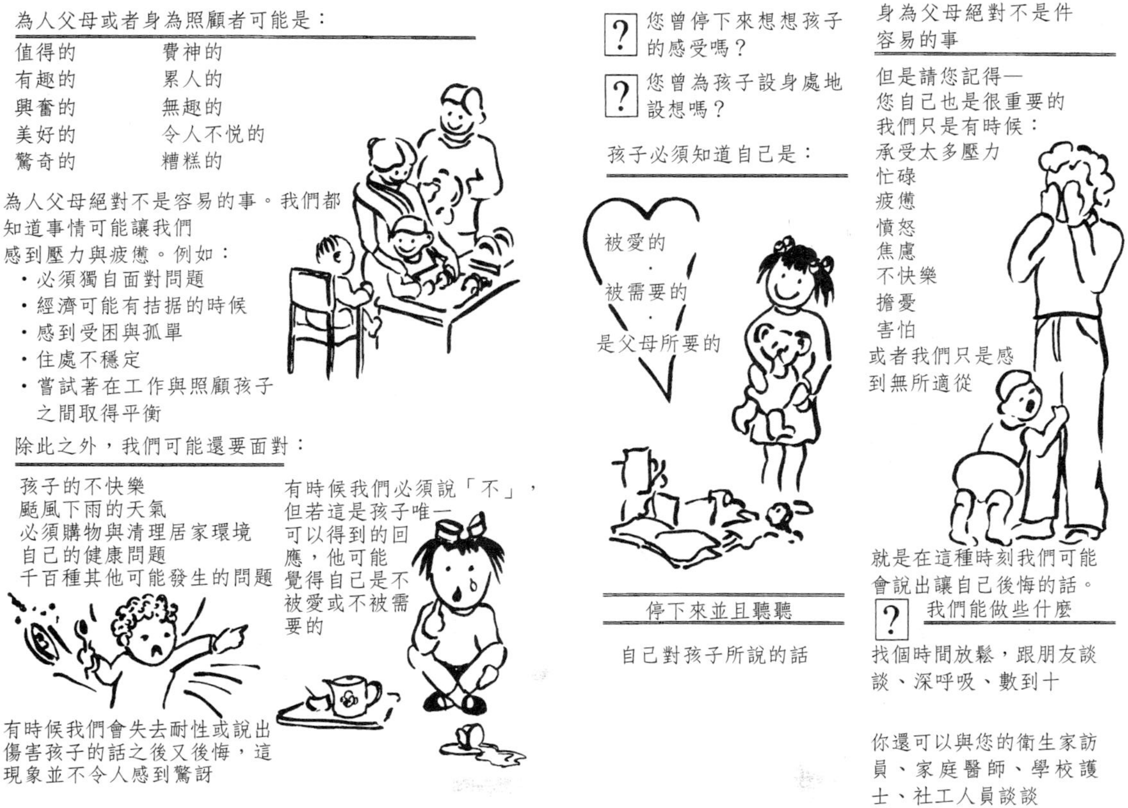

身為父母絕對不是件
容易的事

但是請您記得一
您自己也是很重要的
我們只是有時候
承受太多壓力
　忙碌
　疲憊
　憤怒
　焦慮
　不快樂
　擔憂
　害怕
或者我們只是感
到無所適從

就是在這種時刻我們可能
會說出日後悔做些什麼

? 我們能做些什麼

找個時間放鬆、跟朋友談
談、深呼吸、數到十

你還可以與您的衛生訪護
員、家庭醫師、學校訪護
士、社工人員談談

? 您曾停下來想想孩子
的感受嗎？

? 您曾為孩子設身處地
設想嗎？

孩子必須知道自己是：
　被愛的
　被需要的
　是父母所要的

停下來並且聆聽
自己對孩子所說的話

為人父母或者身為照顧者可能是：
　值得的
　有趣的
　興奮的
　美好的
　驚人的

為人父母絕對不是容易的事。我們都
知道事情可能有起起落落的時候，例如：
　累人的
　無趣的
　令人不悅的
　糟糕的

為人父母絕對不是容易的事。我們
知道壓力可能會讓我們
感到難以面對問題。例如：
· 必須獨自面對問題
· 經濟可能有拮据的時候
· 感到受困與孤單
· 試著在工作與照顧孩子
　之間取得平衡

除此之外，我們可能還要面對：
孩子的不快樂
颳風下雨的天氣
必須購買的日常環境
自己的健康問題
千百種其他可能發生的問題

有時候我們必須說「不」
但若這是得到孩子的回
應，他可能是不
覺得自己是不被需
要的被愛的

有時候我們會失去耐性或說出
傷害孩子的話之後又後悔，這
現象並不令人感到驚訝

圖 6.6　給所有父母的宣傳單（Lincolnshire Area Child Protection Committee, 1990）

　　針對心理虐待的大眾宣導會牽涉到大部分的父母，很少有父母可以說這些廣告與他們無關。因此這樣的初級預防措施可能比其他針對少數肢體或性虐待的宣導來的有效。

　　如宣傳內容「兒童性虐待往往離家近得超乎你想像」（*New South Wales, Government Child Protection Council, 1989*）大概只能提升大眾對這個問題的意識。透過教育父母的初級預防措施必須針對父母對教養問題的了解，並同時提供積極的建議。

　　一項在芝加哥的研究顯示，這樣的大眾宣導影響了看過廣告的父母所自陳的行為、態度以及觀念（*Daro, 1989,1991*）。初級預防策略對停止那些不被政府機構認為是虐待的行為是相當重要的，這些行為嚴重影響到孩子對自己以及對父母的看法。而且情緒爆發及言語虐待與對孩子施加肢體或性虐待的父母有相當大的關聯，因此可能會演變成孩子嚴重傷害的潛在因子。

　　的確，Belsky和Vondra（*1987*）提出，這種對所有父母所提供的廣泛且基本的措施在減少兒童虐待與忽視比率上來說是最有效的。他們建議，以現有的機構推動「迷你方案」，來改善父母對孩子的知識與態度。學校方面可以定期地教導學生，關於教育孩子的技巧以及為人父母時對孩子應有的合理期待。產前課程是另一個教育準爸媽的理想機會。可以將現行著重健康護理的產前課程擴展，納入育兒的心理層面，以及面對家庭壓力與面對為人父母之後種種轉變的適當處理技巧。

　　長期說來，工作環境也可以被改造，可以放一塊張貼員工孩子出生情形、生日、保姆資訊及育兒文章的「家庭公佈欄」。這種增進父母動力在東歐依然可見，在日本（大機構）也相當常見。政府立法可以促進社會更廣泛且一致的改變（*Frude, 1991*）——例如：禁止父母與教師使用體罰（*EPOCH, 1990*），並提供父母規範孩子的替代方式。

　　在教育方面也可以針對學齡兒童，使可能變成受害者的孩子能夠防範潛在的性侵害罪犯，避免受到傷害（*例如：KIDSCAPE-Elliot, 1985*）。

由於家庭和諧的考量，訓練課程傾向於強調家庭外的性侵害，像是性攻擊以及惡霸欺凌，但是根據電話支援專線的反應，家庭內的性侵害可能是個更嚴重的問題。

電話支援專線

英國兒童專線的數據（*Browne and Griffiths, 1988*）顯示出，這些電話交談討論過各式各樣的話題。家庭內虐待（包括「有風險」的）佔了所有電話的 47.6%。撥電話要求對遭遇到非關虐待問題的孩子與青少年在家庭內問題佔了 24.8%，而家庭外的則佔了 11.5%。如果是家庭外虐待的案件（10.3%的電話），這通電話可能對孩子有重大的影響。當然，在外遭到虐待的孩子會被建議，對自己的父母談論自己的問題，以便得到進一步的幫助。

但是電話支援專線對家庭內發生的虐待所產生的用處卻令人質疑。大部分的虐待與忽視發生在十歲以下的孩子身上，他們要不是不能就是不願意尋求這項協助。的確，兒童專線所接到90%是來自十歲以上的兒童。那些拿起電話並承認自己被虐待的很少留下自己的姓名與地址。因此，兒童專線實施後的第一年共接獲約兩萬八千通要求特定幫助的電話，其中只有兩百七十名兒童（1%）交付給其他機構處理。這顯示了電話支援專線充其量只是個非常有限的預防方式，尤其是有些被介紹到其他機構的孩子已經在衛生或社會服務機構登記有案。

義工團體認為能更有效減少與社會之間隔絕、預防兒童虐待的方法就是直接接觸並且幫助有困擾的父母。例如：NEWPIN（*Pound and Mills, 1985*）在倫敦較落後的地區成立輔導團體來幫助有憂鬱症的母親。而HOMESTART則是全國性的團體，由有經驗的義工媽媽們以過來人的角色幫助比較沒有經驗的父母（*Van der Eyken, 1982*）。

但是由於缺乏有效的初級預防計畫來防治家庭內發生的兒童虐待，並且從估計的家庭內虐待普及率來看，一個以客觀且系統性的家

庭評估來辨認風險最高的一群父母可能是短期內最有益的作法。

　　許多研究者認為，潛在的施虐父母與孩子之間互動不佳正代表了他們缺乏一般的人際關係技巧。虐待孩子的父母共有的一項特徵便是與世隔絕、歷來工作不順以及缺乏友誼。這樣的孤立代表了虐待孩子的父母不願意或者不能向外面那些可以提供基本援助或精神支持的個人或團體尋求幫助。如果他們真的向他人尋求幫助，虐待孩子的父母最有可能選擇跟他們處境相似的，所以他們無法得知其他教育方式與處理技巧，對孩子一再管教無方。因此已經顯示出不良教育技巧的父母可能無法從初級預防技巧中得到幫助，他們最好能夠接受二級預防協助。

👥 二級預防

　　二級預防是被設計來預防早期不當教育方式造成的兒童虐待與忽視。透過篩檢而被認為是兒童不當對待高風險群的家庭可以在孩子遭到嚴重傷害之前接受治療，因而減少孩子被安排到社會福利機構與家庭破碎的機率。再者，當資源不足的時候，高風險群家庭可以優先接受初級預防服務，像是衛生訪問、社工訪問、自助團體、家庭援助、托兒服務等等。當然，所有的家庭都應該得到這些服務，但在現實當中，大部分家庭無法得到這些福利。地方與中央服務機構的裁減對衛生及社會福利的全面性本質造成極大的限制，專業人員必須根據需要支援的程度來安排這些家庭。

　　二級預防與初級預防的原則是建立在相同的基礎上，但二級預防更增加了專業人士與當事人的接觸上。家庭訪問可以促使餵食與照護進入適當的規律。家庭訪問人員可以示範非暴力的管教方式，並針對壓力管理與憤怒控制提出建議（見第七章）。如前所述，父母的知識與態度是可以透過運用小冊子、錄影帶以及附帶的與人相互討論得到

改善。

　　由於缺乏社區資源，家庭訪問的成果並不理想。Baker（1990）提出，有受過特別訓練家訪員在增進教養技巧及減少兒童虐待與忽視方面的成果。但是 Stevenson 等人（1988）並未在家庭訪問之後發現，高風險群家庭在教養方式及孩子行為問題方面有改善的跡象。然而在這裡必須強調的是，這項研究中的衛生家訪員只受過兩週的訓練。

　　Olds 等人（1986, 1989, 1994）的發現則較為正面。他們發現，有接受家訪的高風險群母親與對照組的高風險群母親之間有顯著的不同。接受家訪的母親對孩子有較正面的看法，也較少懲罰孩子，進而使得兒童虐待與忽視的發生率低於控制組。因此可看出親子關係應該是預防、治療及處置兒童虐待與忽視的焦點，參與治療兒童虐待家庭的工作人員應該留意親子之間「安全」關係的發展。在評估處置計畫時，光是以虐待是否於處理過後再度發生為指標是不夠的。僅僅是幫助父母停止對孩子暴力相向還是保留了虐待初次發生時的那個不當環境。

　　如果要達到預防功效，從家庭關係著手是必要的。目前在社會福利工作範圍內，社工們往往被迫作出錯誤的決定，暫緩對危險性最小但也可能是最能夠從二級預防得到改善的案例提供援助，反而必須不斷對連三級預防中的完整生理與心理重建都不能保證其成效的高度暴力家庭投注大量的心力。

三級預防

　　不幸的是，三級預防計畫（意指兒童已經受虐之後的處置，通常已隔一段時日）最常被提供給有此困擾的脫序家庭，置兒童於不必要的死亡或失能風險中。根據倫敦一個兒童保護機構的調查顯示，即使是這個階段也不能保證受虐兒能夠得到幫助。在倫敦，曾有八百六十個兒童在兒童保護紀錄之內，卻沒有被安排社工加以援助（*Social Services*

Inspectorate, 1990）。

　　要是沒有先篩檢高風險群家庭，適時給予二級預防，只能在虐待與忽視重複發生一段時間後給予處理；而暴力的處理模式在此之前已經牢牢根植在家庭關係當中。所以兒童受虐後才給予的家庭治療與處置並不能解決問題，對打破從受虐到施虐這種代代相傳的循環的影響也是微乎其微（見第十一章）。

　　由於四分之一被列入兒童保護紀錄的孩子都在寄養家庭，這似乎顯示了三級的處理與治療常常難有收效。研究顯示（*例如：Hyman, 1978*）兒童虐待案件中，40%到 70%之間的肢體虐待與忽視已經在相關機構有紀錄，若非本身曾因受傷而留待進一步審查，便是其兄弟姊妹曾經受傷而登記在案。在一項針對接受性虐待處遇的家庭的追蹤研究中也出現這樣的結果（*Bentovim et al., 1988; Bentovim, 1991*）。

　　有些孩子必須與父母分開，安排他們寄養家庭卻要付出額外的代價，包括對名譽的傷害、不知所措、被拋棄的感覺、轉學、家庭與朋友圈甚至是社會階級的改變。被安排寄養的孩子與親生父母的接觸會漸漸減少，雙方之間繼而有越來越大的距離（身體與心理）。再者，寄養環境往往缺乏延續性（每十個孩子中有一個會有多達十個以上的寄養家庭），而寄養家庭的瓦解亦高達 40%（*Berridge and Cleaver, 1987; Roberts, 1993*）。報紙媒體對 Leicestershire 郡社工及 Pindown 醜聞也突顯了一個事實：寄養的孩子仍然有被虐待的風險。

　　我們認清了，如果受虐兒的父母明顯不能負起責任並做適當的改變，受虐兒便必須能夠有新的家庭。他們需要長期的替代性照護，必要時應安排收養。必須提供輔導來幫助孩子處理失落感、罪惡感、失敗感、憤怒與失望。寄養或收養家庭的父母可能也需要特定的輔導來建立對自己教養技巧的信心，特別是在孩子已經心理受創的狀況下（*Roberts, 1993*）。

　　受虐兒需要幫助去重新學習非暴力及非高壓的人際社交技巧。不

幸的是,只有極少數長期寄養的孩子得到處理自己受虐經驗的實際幫助。因此寄養親戚的孩子在各方面,不論是生理或心理方面都復原得比較好,並且比較可能與親生父母保持聯繫(*Rowe et al., 1984*)。

 結論

　　所有從事改善兒童虐待工作的專業人士應該把目標放在預防家庭內的肢體與性暴力,而非只是對問題施加不當的控制。這表示,必須有受過訓練的衛生及社會服務專業人士以及適合的資源,在這些有嚴重問題的家庭出現兒童虐待與忽視之前便加以處理。甚至自己曾是受虐兒的父母在有效的處理與治療(見下一章)也可能有良好的預後。

第七章

治療虐待孩子的父母

　　當處理遭受父母情緒或身體虐待的兒童時，衛生與社會服務專業人士必須考慮到許多潛在的治療目的：父母對下一代的想法、他們的育兒觀念與歸因邏輯是評估工作中的一環；而管教孩子的技巧又是另一環。在具備社會與發展心理學知識並受過相關治療技巧的訓練後，上述因素對社會工作者及其他相關專業工作人員並不陌生（見 *Frude, 1991; Herbert, 1993; Hollin, Wilkie and Herbert, 1987*）。

約束孩子的方式

　　虐待孩子的父母常常抱怨自己經歷的強烈沮喪與憤怒（他們似乎常常是這樣），使得他們出手傷害自己的孩子（見第三章）。在這種情形下，增進管教孩子的技巧、改善自我控制及處理憤怒相關問題等等便成為處遇工作的首要目標。

　　從出生那一刻起，孩子便懷有極大的潛力去行使對父母的權力。不如意的時候，他們可以傳遞「嫌惡刺激」（aversive stimuli）給父母；有些難過與不適的表情只對父母造成痛苦，而其他則可能對任何人而

言都不愉快。例如：嬰兒的哭叫被證實是最尖銳多變也最不可能不理睬或者習慣的。這很顯然有其功能性，也就是說，對大部分孩子而言，它是有求生作用的。但在許多狀況下（如我們將會探討的），哭叫卻會帶來危險。許多（並不是大部分）父母會為了孩子的哭鬧而忙碌（甚至是不斷地起床，或為挑食的孩子重新做一頓飯），因為過去的經驗教他們這樣才能平息孩子的哭喊。而孩子則在成功地迫使父母在疲憊或不確定的狀況下去為自己做事之後意識到自己的權力，並且開始使用這個權力。發現孩子這種權力之大是為人父母最初也最「慘痛」的領悟。為人父母若有年齡大一點的孩子（特別是青少年——見第九章），便會體認到，某些孩子善於運用這種強迫力量，甚至是以恐嚇和／或肢體威脅，父母因而感到無力約束孩子。

對父母來說，未能約束孩子的代價非常高昂；孩子長期不受管教會造成父母情緒崩潰（*Herbert, 1989*）。不聽話與反抗在孩子成長過程中相當常見，照顧者會因而感到沮喪、厭煩甚至筋疲力盡。如果不聽話與反抗的情形持續並增強，便可能為孩子帶來危險（例如：在兒童虐待的高風險群家庭中），或者其他可能的嚴重後果。順從在複雜的社會化過程中是個關鍵，父母有責任將無助、非社會（asocial）、自我中心的嬰兒變成一個討人喜歡、有自制力的兒童，最後成為一個成熟、對社會有責任感的成人。如果要孩子學到能夠讓自己穩健地走向成熟之路的社會、智力及生理技能，那麼從出生到七八歲之間，對父母要求與教導合理的順從是必要的。學步期對社交訓練是否順利特別敏感、重要。

特別強調某些規則的理由是：

- 為了安全的理由——孩子必須學習避免危險。
- 家庭氣氛和諧——有侵略性、反抗的「搗蛋鬼」會使得家庭氣氛不快樂、父母不和諧。
- 家庭社交生活完整——不受管教、有破壞性的孩子是不受歡迎

的訪客，進而造成父母本身被自己的社交圈孤立。

父母通常得以身作則來使孩子學習順從，因為孩子因對父母的愛與尊敬，進而（往往）認同父母、尋求父母的贊同，並希望自己儘可能地與父母相像。父母也必須有意識地引導孩子上「正軌」。一個明確、堅定但充滿愛意以及關懷的管教方式能夠幫助孩子發展出自己的原則與規範，可說是象徵著我們的「良知」，所以他們可以進一步地預見每項行為的後果，然後約束自己。父母在社會生活中給予的外在叮嚀會漸漸變成發自內在的良知（*Herbert, 1987a*）。

兒童時期發展的自我控制是根據下列三個不同的階段：

- 透過口頭溝通來約束孩子的行為。
- 孩子的外顯語言（overt speech）開始規範自己的行為。
- 孩子的內隱語言（covert speech）[1]會管理自己的行為。

這個發展過程若是失敗便會導致沒有約束作用的自我談話（self-talk），術語上來說是自我陳述（self-statement）。接踵而來的將會是缺乏自我控制以及衝動行為──總而言之，一個某種程度上不能或不願意遵守所處社會的法則（*見 Herbert, 1987a*）。許多人發現，管教是為人父母的責任中最困難的一環。他們很可能問臨床專業人士一些怪異但有特定作用的問題。由於這方面的問題不能全然仰賴科學證據，往往是根據價值判斷與準則，而非「公式化」的處方可以解決，所以專業人士能夠提供的幫助也相當有限（*見 Herbert 1989, 1993*）。專業人員也可以透過教導父母如何解決問題，來幫助他們整理並訂定自己的處理方式。

---

1 又稱 implicit speech。只為發出聲音、在個人心中的語言，功能不在與別人溝通，而是與自己溝通。與本詞相對的是外顯語言（詳見張氏心理學辭典：東華書局）。

 兒童虐待的治療選擇

事實上，治療的選擇有許多，本書篇幅有限，因而無法在此討論所有的方法。但是一個治療計畫的潛在目標可能是：

- 父母的特質（例如：缺乏親子聯結以及教養孩子的技巧）
- 孩子的特質（例如：不順從的攻擊行為，缺乏自制）
- 親子互動（例如：強迫／嫌惡溝通方式；共同逃避；不適當、缺乏一致性〔可能〕的增強或懲罰）
- 家庭中重要他人的影響（祖父母對母親權威的干涉或顛覆；親戚／寄居者施加的性／肢體虐待）
- 環境因素（貧窮、過分擁擠、與社會隔絕）

相關專業人士可能必須面對下列任何一方面的問題：

過當的問題

1. 使用嫌惡（負面、強迫、懲罰性）的方式來影響或改變他人（批評／身體攻擊）
2. 父母對孩子吼叫、叨念、威脅與抱怨
3. 父母本身面臨的高度壓力（婚姻不和、收入不足、居住品質低落、缺乏心理／社會援助）
4. 酒精／藥物濫用
5. 發洩式、反社會行為及行為問題

缺陷

1. 缺乏技巧（不良的解決問題、溝通、增強技巧）
2. 與人隔絕

3.不給予注意力（不理睬）

4.無法察覺嚴重衝突之前的蛛絲馬跡（例如：肢體衝突）

5.無法辨認／注意到／酬賞利社會行為

6.少有家庭共同的休閒活動

7.低自尊／對自我效能（self-efficacy）[2]的評價不高

不適當的想法／態度／知識／行為

1.歸因（因果關係）錯誤

2.增強不恰當／偏差的行為

3.無法預測／不一致的行為

4.互相逃避

5.由於缺乏對兒童發展的基本知識所造成的錯誤期待

6.管教孩子時缺乏彈性調整的能力

發展自我控制（self-control）

不良的自制特徵就是衝動的行為，這被認為是在衝動與行動之間的思考被省略：無法停下來思考、同時學習有效的思考社交情形以及無法產生替代方案三個關鍵助長這種情形。這往往發生在突然的暴力的案例中。當然最重要的是要先釐清一些術語的意義，像是「憤怒」或「攻擊」。「憤怒」有一些不同的定義，但大部分認為它是一種強

---

2 指個人對自己從事某種工作所具的能力，以及對該工作能做到的地步的一種主觀評估（張氏心理學辭典：東華書局）。

度可以從輕微的不耐到極強烈的原始情緒，並且在人在達到目標或取得所需的過程中被阻撓的情形下發生。這可說是一種對惹人嫌惡的事件（例如：挑釁）所產生的壓力情緒反應。所以研究顯示，沮喪和／或憤怒增加攻擊性行為的可能性並不令人感到意外（*Patterson, 1976*）。

　　如本書緒論中所概述的，攻擊廣泛地包括了任何牽涉到針對他人的身體和／或心理傷害。在憤怒引起的攻擊中，受害者承擔了減輕嫌惡心理狀態的功能，這與有特定目的工具性或誘因動機引起的攻擊不同。暴力──一種極度的攻擊──包含了威脅或使用能夠造成身體傷害並且不被一般人所接受的武力。

　　有一些從不同理論模式衍生而來的廣泛治療方式，通常融合幾項或者全部的特定治療目標與前面所提過的技巧與方法。這其中有些治療方式已在第五章關於暴力婚姻關係與婚姻破裂的討論中提到過。

家庭治療

　　家庭治療師認為，兒童虐待是從一個複雜的個人與家庭脈絡中產生的，這個脈絡中任何可能一個與現有問題相關的層面都可以提供引發暴力發生的誘因。這樣的方式是系統而全面的，包括了循環交互、因果關係的概念。個人的行為可以是刺激物，也可以是回應。我們所面臨的是一組重複不斷發生的連續事件，這些事件中的每個行動都可以被看作是前一個事件的後果，同時也是下一個事件的起因。在這樣的連續事件中，由於每一個事件都同時主導著其他事件與被主導，所以沒有任何一個單獨的因素完全控制整個事件的進行。因此家庭中任何一個成員都會被其他成員的行動所影響，而他人的這些行動也繼而被自己的行為或決定所影響。

　　家庭治療師特別強調，不論是家庭整體或家人個體之間，甚至是

變動的「姻親」之間事情發生的「過程」（微妙的或是顯而易見的）。因此問題可以從令人不滿意的主導模式、成員角色與界限模糊、不良的溝通技巧與缺乏效率的決策來切入整合。治療師會藉由各種不同的治療技巧與「家庭作業」來鼓勵引導這些家庭成員用不同的方式去思考、感受與表現，並從一個全新的角度去看自己，嘗試以其他方式來解決自己的難題。

家庭治療包含下列幾個不同的階段：

1. *融合階段*：家庭成員與治療師原來是互不相干的陌生人，但治療師在此時必須透過適應的過程使自己被該家庭接受。這個過程創造了一個新的系統——家庭與治療師——可能必須要幾個課程之後才能產生。

2. *治療中途階段*：這期間包括了主要的重建工作。治療師在課程中進行重建處理，並且在課程與課程之間給予家庭作業來加強效果。

3. *終止階段*：這段期間會測試家庭「炒治療師魷魚」（fire the therapist）而後自己獨力處理問題的能力。促使家庭本身激發出解決各式新、舊（如果再度發生）問題的能力。

4. *追蹤階段*：三個月、六個月或一年之後的追蹤課程讓治療師得以評估治療的成效，並且測試該家庭是否成功地做到了二次（second order）改變——意即使規則與運作方式改變，使該家庭能自己形成解決問題的能力。

導引家庭到一個嶄新並且和諧的道路上所需要的技巧相當多樣化。

• *採取行動*：個案自己直接表達（與單純描述相反）他們之間所存在的問題。如果恰當的話，當事人會被鼓勵與家人直接談話，而非與治療師談（或透過治療施予他人溝通）。

• *釐清界限*：是在家人之間訂出或釐清份際，這是建構工作的其中一項特徵。一個把青春期女兒當嬰兒照顧寵愛的母親可能在

聽到女兒對以下問題的回答時感到十分驚訝：「你認為你母親對待你像幾歲的孩子——三歲或十三歲？」。

- *變換空間*——意指請診療室裡的當事人移動位置，這一來可以增強互動或突顯對於這個關係的解析。例如：假設夫妻從不直接面對對方，總是以孩子作為溝通的媒介或頻道，治療師便會透過確認孩子沒有坐在父母之間來阻止這個策略（稱為三角化，triangulation）的進行。他可能會說：「讓我們把克萊兒從中間挪開，好讓你們兩個自己處理問題。」

- *結構重建*（reframing）是達到以含蓄——較為間接——的方式來幫助當事人改變這個目標很重要的一個方法。這是透過改變兩性關係所經歷的特定情境中所產生的情緒或概念上的觀點。這種經歷會被放到另一個與現實情形相符（或較為溫和）的「框架」中，因而轉換了整體意義。讓當事人談談不同「故事」——牽涉較少自我失敗（self-defeating）[3]或自我破壞層面——中的自己與事件本身同時也是行為治療的一項特質。

對虐待孩子的父母使用結構重建可能是在改變負面基模（schema）[4]或歸因。有些父母在觀念上有障礙，他們的歸因邏輯堂而皇之地認定「沒有問題父母，只有問題兒童」這個原則。孩子的問題行為被具體化、被認為是孩子本身的某個實體所造成的（「他身體裡住了個小惡魔」；「他總是試著惹毛我」；「這是他爸爸的不良遺傳」）。父母在任何一方面都不肯共同分擔這個問題的「所有權」。將在孩子負面行為中的任何元素抽離對孩子都是危險的（懲罰性的態度會被鼓

---

3 自己造成自己失敗的不當行為。

4 指個人用以認識周圍世界的基本模式。此模式是由個體在遺傳的基礎上所學得的各種經驗、意識、概念所整合，構成一個與外在現實世界相對應的抽象認知結構，儲存在記憶之中。遇到外界刺激情境時就使用此一架構去核對、了解、認識環境。

勵）；也使得臨床上的處理更加困難。

也許可以透過結構重建（認知重建）來改變這樣的歸因方式——藉由鼓勵父母做「聯結」（「你有沒有在孩子的行為裡看到自己的影子？」「你在他那個年紀時跟他像不像？」），並以連續性或偶發性的方式去思考這些行為（我們稍後會再回到學習理論的核心——ABC功能解析：分離出行為的前因以及後果）。

在親子互動中，問題向來都不是單向而是雙向的——強而有力的互動影響。家庭治療觀點說明了這個事實，但是以一個非判斷性的方式來進行。事後分析雞生蛋蛋生雞（父母的不良影響或是孩子的行為問題先發生？）這種問題，在評估接受幫助可能性而訪談施虐、疑心、甚至挖苦孩子的父母時是沒有幫助的。如果他們想接受幫助，以便獲得或重新獲得教養孩子、與很多時候孩子對父母的敵意、排拒態度的洞察力，則需要經過敏銳細心安排的解釋（系統說明，形成）（見 Webster-Stratton and Herbert, 1994）。

心理動力治療法

如第五章所述，「心理動力」一詞是包含了若干陳述與解析內心層面（潛意識動機、衝突、自我防衛機制等等）方法的通稱，進而由這些不同的方式達到精神宣洩（catharsis）、領悟（insight）與一個可望解決問題的方式。這些方法之間有相當微妙的差異，強調不同的重點，心理分析學派確實在某些時候讓人很難理解這些方法到底是誰為誰做了什麼（意即特定當事人或特定問題）（見 Lee and Herbert, 1970）。所有動力學方法中常見的目標主題就是得到「領悟」。當然「領悟」包含了什麼層面仍有待商榷，正如同 Murgatroyd 和 Wolfe 在他們《幫助飽受困擾的家庭》（Helping Family in Distress）（1985）一書中所指出

的：

> ……我們很難知道當一個人有所領悟時應該怎麼做。許多從
> 不同專業背景出身的輔導者太熟悉受輔導家庭下列回應：「好，
> 我們現在對自己目前的問題已經有所領悟與認識；我們可以看見
> 自己太具攻擊性／太被動，或太壓抑／太放縱，或太嚴謹／太缺
> 乏秩序。如果我們可以邁向同一個連續體上一個不同的點將會很
> 有幫助，但我們應該怎麼進行？

Murgatroyd 和 Wolfe（1985）提出：「體認」並不只是心智上的活
動，更牽涉到「擁有」自己的感覺這樣的情緒過程。因此，如果是意
識（在心智層面）知道，但下意識卻有股強烈抗拒情緒（接受憤怒與
攻擊性就是自己的一部分──意即「擁有」它們）的情況下承認自己
的攻擊性所產生的影響便十分有限。問題在於幻想與（例如）攻擊衝
動可能被投射到其他家人身上。這樣的自我防衛策略需要進一步分
析，而導致這樣自我欺騙且可能相當危險的念頭產生的領悟種類會被
反映在行動（行為）當中。

 認知治療法

認知行為治療──認知與行為方法的綜合體（見第二章）──已
被證實在治療憤怒管理問題上有良好的成效：將憤怒這個概念看作是
一個取決於認知的情緒激發，及其行為後果。如第二章與第三章所
述，認知行為理論與社會學習理論（例如：Bandura, 1977）有密不可分的
關係。這個理論觀點強調環境的重要性，同時也是著重結合外在世界
與外顯行為的「內在」調和程序。

認知行為方法包含了相當廣泛的程序，但它們都有個共通的假設：孩子（以及它們的父母）可以透過教育以改變外在關聯與挑戰不合理觀念和錯誤邏輯，同時鼓勵他們以特定方式自我指導來去除他們的適應不良行為。

自我控制過程

　　為了訓練或改良自我控制，已有一些方法被發展來改變個人的內隱語言或自我陳述。

自我指導訓練（self-instructional training）

　　訓練過程會經過一連串不同階段：首先，治療師會示範一個特定行為的標準模式，並加以適當的外顯自我陳述；第二，當事人自己練習，慢慢地自己小聲地給予自己指導；最後，當事人進行內隱、安靜的自我指導。當事人會被鼓勵使用自我陳述來作自我觀察、自我評估與自我增強適當的外顯行為（Herbert, 1987b; Meichenbaum, 1985）。

憤怒控制（anger control）

　　自我控制過程的延伸是在治療計畫的發展中實現，治療計畫的目標是在達到憤怒的自我調節（例如：Novaco, 1975, 1985）。Novaco對憤怒的概念背後有兩個重要關鍵：

1. 認知程序影響個人看待與建構環境的方式；在這種情況下，一個人是具有自發性，而非一個只會對一個客觀外在世界做反應的被動的生物體。

2. 壓力，憤怒的形式之一，代表環境需求與個人達到這份需求能力之間的不平衡。如果一個人暴露在可承受範圍內——足以激

起情緒但不至於有壓倒性影響——的壓力源（嫌惡事件）下，處理能力可以被增加，且壓力可以被減輕。

在所謂*思想灌輸*（inoculation）過程中包含三個階段：*認知準備、技巧取得*以及*應用練習*。如果要看到治療成效，當事人會面對下列幾點要求：

- 心智能力，像是具有讀寫能力，能填表格、做紀錄。
- 能思考並且評估資訊（匯集邏輯思想）。
- 在角色扮演與練習上需要多樣、具想像力的思考。
- 生理狀態足以承受肌肉放鬆與呼吸控制的學習。
- 需要某些特定人格因素，像是某程度的外向，使他們能夠在治療師表達自己的想法。
- 幽默感與從他人角度看事情的能力。
- 有足夠動機與動力去做家庭作業、進行訪談並且完成課程。

Novaca 憤怒處理課程（Novaco's anger mangement）（*Novaco, 1975*）

階段一：認知準備

- 介紹憤怒的意義與功能，以及治療課程的原理（會發給當事人指導手冊）。
- 家庭作業——包含一份每日憤怒經歷的日記：幫助認識憤怒與自我陳述以及憤怒經驗的各個階段（為激怒人的事物、影響與衝突作準備，處理激起與激動的狀態，並在衝突過後進行反省）。
- 與當事人一同回顧可能挑起憤怒的情形，並教導他們分辨有理以及無理的憤怒。

階段二：技巧習得

- 教導當事人如何重新思考挑起憤怒的事件。
- 使當事人面對難題的方式從個人導向轉變為任務導向。
- 教導當事人在憤怒交換時使用自我指導——導向嘗試處理問題以及提供自我增強（self-reinforcement）的內容。
- 放鬆訓練。
- 教導行為技巧——以示範與角色扮演來教導溝通與果斷性。

階段三：應用練習

- 當事人可以在想像或角色扮演的情況下應用訓練後所發展的技巧，並測試在不同程度被激起的憤怒下能產生的作用。

這個方法的關鍵因素是改變具有攻擊性的人習以為常的不合理思考型態。研究結果指出，這種方法對長期憤怒特別有用；同時也對「憤怒相關的抑鬱」有幫助（*Novaca, 1985*）。

現有一份有助於針對青少年所發展的憤怒管理課程；它也同時提供了對所有年齡層暴力犯實施成效的證據（*見 Howells, 1989*）。

反制約（counter-conditioning）

憤怒反應的反制約可以產生積極的治療結果。例如：Smith（*1975*）發現，光是應用系統減敏法（systematic desensitization）[5] 在抑止憤怒反

---

5 行為治療法中一種技術。目的在幫助患者減低對某些刺激情境的敏感反應。此法先讓患者想像或根據經驗列出引起自己負面情緒的情境，並訂出嚴重程度，然後一邊教他放鬆情緒，另一方面將刺激情境由弱而強逐漸增加，使他在放鬆的心情下，不知不覺對原來引起負面情緒的情境能夠適應，原來對該刺激情境的敏感反應也能逐漸淡化（詳見張氏心理學辭典：東華書局）。

應方面效果並不顯著，但當不同的層次以幽默來修飾，治療便很成功。但是研究也指出，幽默所帶來的效果至少有部分是經由改善認知調節程序；例如：參與者被認為能夠從一個新的觀點來看待可能引起憤怒的情境。其他研究也顯示出，幽默能夠減低憤怒的特性（*見 Baron, 1976*）。其他不相容的回應已經被成功地用來減低憤怒的表達，像是送禮物與誘發同情心（*見 Baron, 1976*）。

放鬆（relaxation）

放鬆訓練也已經被應用在憤怒控制治療上。若干評論所做的結論是目前僅使用放鬆訓練的成效並沒有得到足夠的研究結果支持（*例如：Smith, 1975*）。這可能是由於憤怒的強度與爆發力使得放鬆訓練無法對暴怒或自發性憤怒反應產生影響。但是放鬆訓練在與其他方法一起使用時還是可以產生效用。

生活技巧訓練（人際問題的解決）（life skills training/ social problem-solving）

人際問題的解決是指在一個特定社交情況下，產生可行的舉動、考量各種不同可能隨之而來的結果，以及計畫如何達到較令人滿意目標的過程（*Hopson and Scully, 1980*）。這其中包含了使得所有相關人員的家庭生活（當然包括社交生活）愉快滿意的大部分的社交風度與微妙變化、溝通技巧與敏銳度（見表7.1）。

表 7.1 教養技巧

我與孩子	我與重要他人
與孩子有效互動所需的技巧：	與孩子相關的重要他人（例如：伴侶、學校老師、朋友等人）互動所需的技巧：
・清楚的溝通 ・仔細「傾聽」以便了解 ・發展與我的關係 ・給予適當的幫助、照顧與保護 ・教導與管教孩子 ・表現與接受情感 ・處理／解決衝突 ・給予並接受回饋 ・保持平衡（例如：付出愛但不佔有） ・與孩子協議並達成理性共識 ・訂出合理的規範，並嚴加遵守	・客觀地看待他人 ・學著降低佔有欲 ・堅定（但不干預侵入對方空間，或者顯得跋扈） ・對重要的人與社會系統（例如：學校）產生影響 ・參與團體（例如：父母團體、壓力團體） ・清楚並有建設性地表達自己的感覺 ・激發他人的自信與長處 ・試著了解孩子的朋友所抱持的想法 ・抵抗—處理嫉妒心

（資料來源：改編自 *Hopson and Scully, 1980*）

　　父母與孩子往往缺乏（由於性情與／或一連串的社交經驗剝奪、不足）信心、產生正確印象、溫和的與他人溝通的技巧。他們覺得，在人與人的相處時，在不同的行事方式中互換選擇是件困難的事。此外，他們對可以採取的社交行動（「解決方式」）缺乏了解，而且無法在不同的方法之間做選擇。於是他們陷入一種狹隘、拘泥而且可能有自毀傾向的行為模式，攻擊行為就是一個典型的例子。在這樣的案例中，治療目標是幫助兒童與照顧者學著增加在人與人的互動時可以選擇的行為方式，使他們與他人的關係更具有建設性、更具有智慧的親切寬容。

　　*社會問題解決模式*建立在一個假設上，認為某些人缺乏技巧或喪失技巧（意即在遇到問題時便喪失處理能力）是由於缺乏在各種不同

的社交情境中學習或練習的機會，或者是因為其他因素而喪失信心（*Shure, 1981*）。在問題解決技巧訓練中，認知技術（特別是自我指導訓練）與角色扮演以及討論等方式結合在一起，以期能訓練個案如何認清問題，如何一步步地解開並且界定問題核心，然後再談如何產生解決之道，並且預計可能的結果（*Spivak, Platt and Shure, 1976*）。

堅決果斷性的訓練

自我堅決特質的訓練是，幫助他人以控制帶有敵意或衝動的表達方式（例如：責怪或情緒發洩），達到能夠採取建設性的方式處理外來的挑釁與自己的憤怒。這應該是經過內心調整後，對自己真實感受堅定而冷靜地表達。由於生理刺激（激發，arousal）的降低，這種新建立的、比較能為他人接受的堅定行為會被增強，而非憤怒地回應。

社交技巧訓練

社交技巧訓練（SST）模式認為有效的社會性活動取決於個人的：
- 對特定人際互動的知識，以及如何將它們融合到不同人與人的互動情境中。
- 將人際互動間的微妙差異與變化上的了解加以應用，轉換成在各種不同互動的場合中，有技巧的社交或自我控制行為。
- 能夠正確地評估判斷出技巧性與不諳技巧的行為，並且也能根據判斷結果來調整個人行為。

如果兒童（以及他們的父母）能夠接受幫助，提升社交能力，便有希望能夠減少對暴力這樣的適應不良、反社會行為的依賴。這些技巧包括改善觀察與下正確判斷的能力；基本的交談技巧，像是傾聽、提問及談話；表達技巧，例如：使用身體語言；特殊場合的社交技巧

等等。

　　整體而言，社交技巧訓練結果僅有些微的收效。研究證據指出，現有的兒童社交技巧訓練課程對年紀較小、較不成熟或較具有攻擊性的孩子相對地較缺乏影響力。由於直接觀察攻擊或不順從行為的研究極少，因此並不可能分辨出那些在認知方面、社交技巧與社會計量評分上顯示出進步的孩子所表現出的行為問題是不是也跟著減少。歷來的研究都無法明確有力地顯示出，實驗室裡或相似情境中所展現的社交或認知技巧是否也被應用到真實生活中，以及兒童治療的成效是否能夠長期地維持下去。

親職訓練

　　無論是個人的或團體的親職訓練在家庭工作方面都被證實是相當具有成效的方法（見 *Patterson, 1982; Webster-Stratton and Herbert, 1994*）。為了因應（至少是部分的原因）數量龐大的行為偏差兒童，以及專業人員的不足，各機構已經漸漸對親職訓練賦予越來越多的期望，希望能藉此減輕或防止家庭分裂。

　　包含了同時改變前提（antecedent）事件與後果（consequence）事件的親職訓練課程似乎比較能夠被普及化（*Forehand and McMahon, 1981*）。由於 ABC 公式兩端的變數都會造成孩童的攻擊性以及不順從，這樣的結果也就不令人驚訝了。將注意同時放在前提與後果的方法提供了父母具有建設性的技巧（見 *Herbert, 1994; Callias, 1994*）。欲以改變前提事件裡的近因與遠因（見圖 7.1）來改變父母在管教孩子時（例如說）增加刺激（stimulus）[6]控制的方式有下列幾種：

---

6 本詞在心理學上含有多種意義，泛指引起個人內在生理、心理反應或活動的人、事、物（詳見張氏心理學辭典：東華書局）。

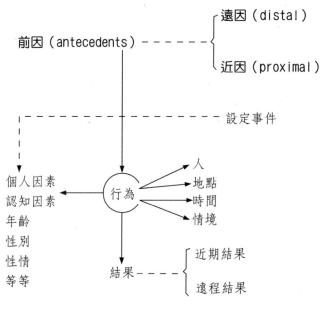

前因（antecedents）------{ 遠因（distal）
                          近因（proximal）

------ 設定事件

個人因素
認知因素
年齡 → 行為 → 人
性別   地點
性情   時間
等等   情境

結果 ----{ 近期結果
           遠程結果

圖 7.1　一般衡鑑指導原則

1. 檢視家庭規則與期望。

2. 衡量並改變設定的事件情境。

3. 注意照顧者所做的命令、只是與要求的本質。

4. 訓練照顧者如何作出指示。

「育兒智慧」（Child-Wise）親職訓練課程（*Herbert and Wookey, 1997*）中，針對培養順從這堂課融合了建立家庭規則、作出有效要求、對順從行為給予正面肯定結果、對不聽話的行為給予否定結果（失去權利或外出時間）以及特殊時間與地點的處理過程等等環節的指導。

遠因或近因

前提中的近因與遠因在任何針對叛逆與／或具有攻擊性的兒童的處理方法中都必須列入考慮。

近因

父母的要求、指示以及命令是照顧與教育孩子的過程中重要的基本前提。立即或近程的命令在實驗與治療研究中都曾被探討。這方面的研究顯示，孩子順從與否取決於父母所作出的命令的本質與方式（父母所作出的命令的本質在影響孩子順從度上所佔有的重要性）（見 *Forehand and McMahon, 1981*）。例如：相較於聽話的孩子，父母對愛唱反調的孩子明顯地給予較多的指示或命令，且不能給予他們足夠的時間去服從這些命令。相反地，父母以重複的命令、較軟化的命令，甚至是誘哄的方式打斷孩子。

Forehand 和 McMahon（*1981*）區分出五種常見的二級（beta）命令：連鎖（chain）命令，模糊（vague）命令，問題（question）命令，「一同」（let's）命令，以及附帶理由或其他言語表達的命令。相對地，一級（alpha）命令的特徵往往是特定且直接的，一次只給一項命令，而且每次命令後會有大約五秒鐘的等待。正常兒童的父母通常給予較多的限時以及限定事項（alpha）的命令，但叛逆兒童的父母往往給予較多的模糊（beta）命令以及半途終止之前所做的命令。所以二級命令是孩子不聽話最好的預測指標。然而，即使叛逆孩童的母親知道，二級命令較缺乏效力，她們表示自己無法控制給予這種命令的頻率。

上述研究發現顯示，訓練父母使用一級命令應該能夠改善孩子的順從度。的確，McMahon 和 Forehand 研究團隊已經發現，當母親接受以特定單一命令取代模糊、半途終止命令的訓練之後，順從率從 35.2% 增加到 63.9%。命令所引導出孩子順從的「品質」也相當顯著。Hudson 和 Blane（*1985*）針對下列非語言層面做研究：

1. 與孩子的距離

2. 母親的身體方位

3.母親與孩子間的眼神接觸

4.音調

5.母親對指示中物體的身體方位

他們發現上述所有因素都與孩子的順從率有關。

遠因：規則

　　McIndoe（1989）提出，在給予指示的，若在語言及非語言方面的表達方式給予了相當的注意力，那麼在像是長期存在的規則與行為期望的不遵守這樣的遠因所能投入的注意力就十分有限。在針對父母對孩童的行為期望的試驗性研究中，研究者使用結構式訪談（structured interview）與問卷取得下列資訊：規則的種類、告知規則的方式、規則背後的理由、破壞規則的頻率以及遵守或破壞規則的後果。而後他們分出十二類規則，其中兩種是後設（meta）規則。其一是關於尊敬與配合（後設規則一），另一項是關於禮貌（manner）、家事、禁止的行為、安全與責任。後設規則一──關於個人責任與家事──是父母最常感到關切的部分。規則通常是以口頭告知，其中又分出三個等級（指示、提醒、討論）。規則被破壞的頻率方面的資料並不足以歸納出許多有力的結論。但是最常被提出的規則往往就是那些最常被破壞的。而破壞規則的後果正如傳遞規則的方式：多數是口頭方式（提醒、指責、討論）。當孩子遵守規則，父母最常做的事讚美孩子，或者沒有任何表示；整體說來，正面的結果比「中性」（沒有任何表示）的頻率多出兩倍。

改變結果

　　大多數早期在行為問題方面的行為研究將重點放在 ABC 公式裡後果的部分（見表 7.1），以訓練父母使用移除正增強物（time-out）

與差別注意（DA）改變（特別是）父母對孩子反抗或攻擊常見的反應。現已有許多研究顯示，這類型的處遇相當具有成效（*文獻回顧，見 Herbert, 1987a , 1995*），但若僅僅使用 DA，效果並不顯著。值得注意的是，附帶地使用 DA 通常便足以產生正面的結果。

　　不幸的是，移除正增強物對孩子會產生若干反效果。使用時，孩子就好像在聚光燈下，可能像個小丑在台上表演，因而仍是所有人焦點。或者孩子可能藉此逃避學校裡某些自己不喜歡的功課或任務，甚至是逃避某位對孩子冷嘲熱諷、令孩子畏懼的老師。如果確是如此，老師應該仔細檢視自己的教學與／或自己與孩童之間的互動。像是移除正增強物這樣的行為技巧是設計來消除不恰當或不受人歡迎的行為，但若不能藉由增強另一個更恰當的行為模式來輔助，這樣的方法是不可能得到成效的。

　　移除正增強物效果的重要決定因素在於孩子實際上有多喜歡自己所失去的部分。如果情況確實是相當嚇人、令人恐慌或者無趣，移除正增強物這個方法可能事實上是將孩子帶到一個較不令人反感的情境，因此便增加、而非減少孩子表現出不恰當行為的頻率。

治療模式的意涵

　　Webster-Stratton 和 Herbert（*1993*）提出一個論點，不同的治療模式源自於對下列重點的不同假設：治療師處理個案時的角色、問題的起因、家庭暴力、治療師與個案當事人對解決問題這個責任的認定程度。例如：在像是心理分析治療法這樣的類醫療模式中，個案本身並不被看作是需要對自己問題負責任的一方，父母本身也不需要負責找出解決之道。治療師，被視為專家的關係人，以漸進的方式去揭開隱藏在個案心靈中、過去的經驗裡、與／或家庭生活互動之間的問題。

以心理動力家庭療法而言，治療師對當事人或整個家庭詮釋出這些問題。相形之下，當事人本身是被動地接收治療師的分析與詮釋。

醫療模式的好處是，可以讓父母試著解決問題時能夠接受他人幫助，而不感到被責難；而它的缺點則是，當事人可能長期地培養出對治療師的依賴。在兒童遊戲治療中，父母甚至被孤立於整個治療過程之外。

其他處理家庭問題的模式顯得似乎對父母有所責難——最常見於兒童虐待的社會個案工作上。在專業的個案討論會中，經常可見悲劇性的兒童虐待個案被解釋為母子間依附的失敗、缺乏或者扭曲。母親無法發展對孩子的聯結曾被視為情緒與生理虐待的原因之一（*Iwaniec, 1995*）。這些假設可能會造成心懷罪惡感的父母「屈服」於接受治療，而非在懷有負面自我印象及感到缺乏自我控制能力的狀況下尋求幫助。

相反地，認知行為治療師認為，行為是同時由內在與外在因素決定的，所以他們鼓勵父母不要把焦點放在過去，而應該著眼現在與未來，將精力放在處理自己的問題以及學習新方法上。父母能夠因自己的改變與進步得到讚許與獎勵，故而漸漸感到自己較為稱職。這樣的方法與表現技巧訓練的提供能夠幫助父母感到自我效能的提升（*Bandura, 1977*）。Webster-Stratton 和 Herbert（*1993*）指出，這樣的方法可能有若干缺失：(1)這可能意味著一種解決孩子問題的萬靈丹（快速解決之道）。(2)如果剛開始高度成功，但後來已得改善逆轉而導致失敗，整個過程中隨之起伏的期待最後可能會產生挫敗感與罪惡感。(3)治療師可能會用一種指導甚至規定的方式進行親職訓練，這不僅可能養成父母的依賴及缺乏倚賴自己的心理，也可能給予一種因為孩子的問題而責怪父母、使父母成為代罪羔羊的訊息。

上述模式的另一端是人本存在模式（*例如：Rogers, 1957*）。這個模式不以匱乏動機（deficit motivation）[7] 為進行治療的基礎。相反地，它的假設是人們自己能夠找到解決與改變之道。Rogers 理論，典型的人

本方式，是以當事人本身為中心，不指導、不干涉，而且採取支持的態度。Rogers 理論治療師本著對當事人無條件的正面關懷，幫助人們自己為自己尋找答案、邁向自我實現與成熟。這項方法的好處是正面提升了當事人的自尊心與自我導向（self-direction）[8] 的能力；但另一方面，這可能會是一段很長的過程，而且不適合缺乏實際溝通與解決問題技巧的當事人。

 合作模式

Webster-Stratton 和 Herbert（*1993, 1994*）處理強迫式家庭中的父母時，援用認知社會學習模式作為基本理論架構，並融合某些人本模式的重要特質。他們選擇不稱自己的方式為「親職訓練」，因為這項專有名詞可能意味著，治療師與個案中的父母之間一種上對下的關係，在此結構下，治療師彷彿是在「填補這些父母內在的不足」。類似「親職輔導」（parent coaching）被視為比較理想的名詞。無論採用何種專有名詞，他們在幫助這些父母時所採取的基本方法是一個合作的模式。

合作意指平等地將治療師的知識與當事人本身特有的長處與看法同時加以應用，以建立非責難、互相交流的關係。這意味著，對每個人的貢獻都賦予尊重，以及一份建立在信任與開放溝通的關係。父母

---

7 人本理論認為，人類的動機有匱乏動機與享有動機（abundancy motive）的區別。匱乏動機指個體因內在的缺乏而失去均衡時所產生的動機。舉凡有關個人生存基本需求，例如缺水而口渴等等均屬匱乏動機。享有動機則是基本需求滿足後衍生的高一層的動機。經濟條件較差的人多半追求匱乏動機的滿足，富裕之後則多屬享有動機的滿足（張氏心理學辭典：東華書局）。

8 又稱自決（self-determination）。指個體在目標下不受他人支配，但憑自己信念所決定的行為活動（張氏心理學辭典：東華書局）。

主動積極地參與訂定目標與治療的預定進度。合作也意味著，父母自己評價進行中的每個治療時段，所以治療師可以這些評價來琢磨、調整處理方式，盡力確保一切都能符合當事人的需求。

在合作的關係裡，治療師透過徵求這些父母的想法與感受，了解他們的文化背景，並使他們一同參與經驗的共享、討論想法與問題解決之道，來與這些父母共同努力。治療師並不認為，自己是給予這群父母建議，或教他們「應當如何為人父母」這門課程的「專家」；相反地，他們邀請這些父母寫下課程的「底稿」。而後治療師的角色就是與他們合作的人，試著由當事人的角度去了解他們的看法、釐清問題，總結其他父母提出的重要想法與主題，在傳遞與詮釋訊息時採取使他們覺得自己有能力的方式。下列描述的是行為家庭治療中心如何在處理情緒虐待問題應用合作模式的方式。

非官能性的發展失敗（non-organic failure to thrive）是指，嬰兒或兒童在接受檢查時無法看出任何生理傷害的狀況下，生長與發展的程度卻顯著地低於同齡的正常標準。這些不正常的現象往往和情緒虐待與忽略、以及家庭混亂（disorganisation）有關。而問題本身與肢體虐待有著明顯的重疊。

遭受忽視或虐待的兒童之間並沒有明顯的差別；事實上，許多原先被認為是肢體虐待受害者的兒童之後被發現也被嚴重地忽視。由於清晰可辨的肢體傷害，肢體虐待相對之下比較容易辨認（如果程度嚴重）；但忽視可能被長期忽略，特別是情緒上的忽略（*Iwaniec, Herbert and McNeish, 1985a; Iwaniec, 1995*）。

餵食困難及其後果

有些父母花費過長的時間、掙扎地餵食孩子，而結果卻不盡理想。這引起了親子雙方的焦慮、沮喪與憤怒。有些父母就這麼放棄、

退縮而不積極嘗試——被動忽視與情緒麻木（無差別，indifference）。
兒童的嚴重營養不良、退縮與冷漠便意味著，忽視與父母不良的養育
能力。父母經常面對由衛生與兒童照護機構，甚至伴侶、家庭、朋
友、鄰居，有時候是陌生人的批評與譴責。父母經常感到，自己因為
孩子的情形而遭受不公平的責難，有些將憤怒移轉到造成他們如此不
堪的孩子身上。有些照顧者在餵食與照料孩子的時候變得相當強勢、
帶有敵意與虐待傾向，進而使孩子變得更焦慮、害怕與退縮，他們主
動地迴避被餵食，而惡性循環就此開始。

　　有些兒童的發育不良與不甚理想的外表，與情緒需求匱乏及情緒
虐待引起的拒絕食物並無關聯。他們是父母對適當兒童營養知識不足
的受害者；通常是由於不恰當的熱量提供、不良的照顧與關注。

主動拒絕

　　任何孩子都會感到難以面對父母明顯的、持續的拒絕（rejection）。
有些父親與母親原本就不希望有孩子。其他父母拒絕孩子則有不同的
理由：父母認為孩子反應遲鈍，而孩子的某些特質也的確是相當「不
可愛」。因此僅僅是嬰兒在場就可能引起母親與她嫉妒的伴侶之間的
衝突。

　　當然，拒絕不是一種固定不變（fixed）的特質——感覺可能也確
實會改變。要了解父母是否「無情」（affectionless），需要對所謂的
無情人格，也就是常常被形容為精神病態（psychopathic），有更廣泛
的了解。那些只能與其他人（例如：配偶）維持表面、剝削或帶有敵
意關係的成人也會與他們的孩子發展出類似的關係（*Gil, 1970*）。

孩子對父母的依附

　　唯有在孩子認為自己與懲罰他們的父母在同一陣線（意即對父母的認同）時，懲罰才可能帶來自我控制，這個泛論可說是相當可靠。這意味著，對父母的依附包含著尊敬與感情。如上一章所強調，孩子對父母的依附在絕大多數虐待兒童的家庭中是破碎的。研究調查（見 *Belsky, 1988*）發現了，早期不安全依附與日後行為問題的明確關聯，這將依附研究帶進了實際臨床與社會工作的領域（見第十二章）。一般假設是，許多「行為問題事實上是吸引對孩子的利社會溝通缺乏反應的照顧者注意力與親近自己的方式」。

　　需要注意的要點是：前述行為模式不一定持續，而且不一定代表著親子關係有著嚴重的裂痕。然而，這些行為在評鑑時相當值得追蹤（衡鑑標準程序內容、問卷與量表：詳見 *Herbert, 1991, 1992*）。如果一個孩子不被愛，他將變得不能愛人，而這個孩子與他的父母將變得互相敵視。這個情形相當令人憂心。

處理方式

　　家庭行為研究中心所發展出來的心理處遇（*Iwaniec, Herbert and McNeish, 1985b*）由兩個階段組成：

第一階段：危機處理

・確保兒童安全。
・針對較嚴重的個案舉行個案研討，並將這些個案登入申請兒童保護紀錄，使政府機構能夠介入。

- 安排兒童上能夠：⑴提供孩子一個可以在一天中大部分的時間都被監護的機會；⑵提供母親一個「休息時間」以及讓社工人員能夠說明並處理當事人與其家人之間問題，以及⑶提供孩子可能非常需要的社交刺激（social stimulation）的托兒所或幼稚園。
- 在適當的情況下安排衛生家訪人員、義工、家庭支援組織與鄰居來幫助母親餵食與照顧孩子（在治療課程開始之後），尤其是提供道德上的支援。
- 在適當的情況下幫助父母處理住宿、財務、福利等等問題。
- 藉由規律的家訪與電話追蹤來提供適當的監督。
- 開始並支援父母自助團體，並在開始時介紹新加入的成員（父母）。

第二階段：治療課程

家庭導向的處理技巧包含了幾個重要成分：
- 輔導父母（他們原本就具有的權力）。
- 認知重建（cognitive restructuring）。
- 發展輔導（developmental counselling）。
- 對母親在孩子在場時的緊張、憤怒與不滿進行減敏感法（desensitizing）（必要的時候）。這群孩子的母親幾乎總是需要學習控制敵意，並處理高度的焦慮。這是藉由放鬆訓練、壓力處理與自我控制來處理（在正式開始處理餵食孩子的問題之前）。
- 處理混亂的餵食模式。

　　家庭行為研究中心的方法不斷演進，以期能改善照顧者與兒童之間的互動與關係（*Herbert, 1987a, 1987b, 1994; Iwaniec, Herbert and McNeish, 1985a, 1985b*），也在焦慮、恐慌與不滿（並非拒絕與敵意）影響到孩子的信心、親子關係與父母餵食技巧的問題上，切合父母的需要。以直接觀察親子互動的方式研究十七個非官能性發展失敗的孩子（包括對每個

家庭進行十二小時用餐時間觀察）發現了照顧者有四種不同的互動與處理模式（*Iwaniec, 1995*）：

- 強勢、焦慮與不耐煩。
- 疏忽、混亂與漠不關心。
- 憤怒、敵意但本質上無差別（不關心）。
- 堅持、誘哄，但焦慮。

此一分類（約略並且有時互相重疊）在解釋問題發生過程的發展相當有幫助，並且能夠根據個人的餵食方式與它的分佈來選擇治療策略（見表 7.2）。

表 7.2　餵食型態與根據型態所選擇的治療方式

餵食型態	餵食過程	孩子的反應	治療方式
1. 強勢、焦慮、不耐煩	強迫餵食； 尖叫與吼叫； 催促； 惶恐不安； 困惑的態度；	逃避食物的行為	改變為冷靜自由的餵食與其他活動型態； 自我控制技巧； 系統減敏法
2. 疏忽、混亂與漠不關心	不規律的餵食； 不恰當的熱量供給； 錯過餵食； 錯誤的食物； 飢餓跡象被忽略或被誤解； 漠不關心的態度	浪費食物； 挨餓； 被動的退縮	改善照顧品質； 提供均衡飲食的資訊； 增加食物分量； 提供刺激
3. 憤怒、敵意、無差別	早期忽略與缺乏反應，而後經常以收回食物為懲罰； 限制性的提供食物； 懷有敵意與排絕的態度	起初攝食狀況不良； 上吐下瀉； 當可以自己進食時便進食過量，並且表現出異常的進食行為	減少明顯的敵意與排拒式互動以及親子關係

4.堅定、誘哄但焦慮	鼓勵在例行模式與食物類型中給予一些彈性；處理困難時的耐性；關懷的態度	餵食時間長、挑食；將食物吐出；將食物含在嘴裡；打嗝；不良的咀嚼	針對餵食與進食提供支援與建議；幫助照顧者處理的焦慮

　　為了使父母與孩子能夠更親近、對對方感到更自在，一項根據遊戲及其他活動而建構的漸進式互動便應運而生。這個階段總是經過與父母詳細的討論，並以淺顯的方式詳細地解釋原理與方法。其中一項定律是，提供父母課程內容的文稿，以便日後重新喚起他們的記憶。當親子互動是充滿反感（有時是雙方面的）──一項常見的發現──照顧者被要求每個晚上在伴侶下班回家後、或者方便的時間，專門與孩子遊戲。第一個星期內，遊戲時間持續十五分鐘；第二與第三個星期增加到大約二十分鐘；如果最後進行順利，第四星期以後便可增加到三十分鐘左右。在每個遊戲時間過後，其他的家庭成員一起加入，形成一段家庭共同的遊戲時間，或者其他的共同活動時間。

　　開始的時候，遊戲時間先由工作人員示範，而後照顧者親身參與遊戲，工作人員便做觀察工作，並在有困難的時候給予協助。玩具與遊戲是事先仔細挑選的，而第一節也會事先充分討論，甚至有時候會先與照顧者先行排練。在雙方互相的反感與迴避非常極端的狀況下，避免在遊戲時間開始時就讓雙方靠得太近、保持適當距離（例如：將兩個玩具電話放在房間內不同的角落裡）是非常重要的。遊戲時的身體接近程度可以隨著時間慢慢增加。照顧者總是被鼓勵以柔和且令人安心鼓舞的方式對孩子說話，鼓勵孩子參與遊戲。他會被鼓勵或暗示（如果必要）去對孩子微笑、注視孩子、牽孩子的手、撫摸他的頭髮並在他回應時給予讚美。如果孩子的行為非常怯懦，課程便可能需要非常仔細地規畫。對照顧者所採取的實驗性方式則經過一連串的漸進嘗試而具體化；鼓勵照顧者同時具備主動反應與配合反應的特質。一

且孩子與照顧者表現出對對方感到較為輕鬆的訊息，他們便可以進入下一個階段，促使他們更親近。

工作人員會鼓勵照顧者讓孩子坐在自己大腿上的時間加長，抱著孩子的時候緊緊地但溫和地摟摟孩子。如果鮮少見面、或者唯有在衝突的狀況下互動，則人們是很難開始就愛對方的。當雙方互相迴避時，父母與孩子將藉由稱為系統減敏法（systematic sensitization／exposure training）的方式被帶進沒有威脅性的接觸方式當中。照顧者會被要求在遊戲時間裡念一個故事、描述圖畫或看電視節目。目標是希望能達到愉悅感、安全感與被鼓舞的感覺——被需要以及被愛的。有些拒絕孩子的照顧者對此不只感到困難，而且不是出自自己的喜好。最極端的反感可能在孩子開始報以微笑、尋找照顧者的身影及以其他方式回應母親提議之後逐漸減少。不需要強調的是，這並不是對所有個案都奏效。然而，將父母從積極的厭惡改變到不情願的接受也是種進步（*Iwaniec, Herbert and McNeish, 1985b*）。這份工作需要時間，而且進步不是一蹴可幾。主要工作人員可以將這份工作讓受過訓練的義工或家庭援助單位一同參與。應該進行經常性的拜訪與電話訪談來監控整個課程。對增強者進行增強在這份工作裡是絕對的關鍵。

最後是鞏固的階段，計畫性的特別包含兩個星期密集的親子互動。照顧者將被要求讓孩子大部分的時間都能緊跟著他，用溫和且充滿愛意的說話方式，對孩子微笑，自然地擁抱，讚美孩子，並鼓勵孩子主動尋求幫助。個案工作在這個階段非常重要的部分是改善個案中的孩子與其他兄弟姊妹的關係。這些個案中的孩子有時候是兄弟姊妹敵意的代罪羔羊（見第八章）。

工作人員會要求父母花時間與所有的孩子進行遊戲，對他們念睡前故事（如果當時之前這麼做）。在與父母討論後，正式的課程將漸漸功成身退（以幾個星期的時間，視個案個別情況而定）。當有證據顯示，該兒童持續在平均範圍內發育（在診所接受檢查），家庭互動、

進食表現的改善，以及對孩子態度的改變，以明顯行為標準（explicit behaviour criteria）為原則進行仔細的監督與評鑑（見 *Herbert, 1991*）。

　　上述經由 Iwaniec（*1995*）與雷斯特郡社會局、衛生局（Leicester DHA）與雷斯特大學共同合作，以及日間托兒機構、家庭支援單位與義工協助下，不斷演進的方法的產生了令人振奮的高成功率（這將機構之間緊密地在處理兒童虐待時的合作這門哲學合理化），這可從體重增加（特別是這個項目）（見圖 7.2）、親子關係與兒童行為問題有效或者合理的改善（見表 7.3(a)與 7.3(b)）。

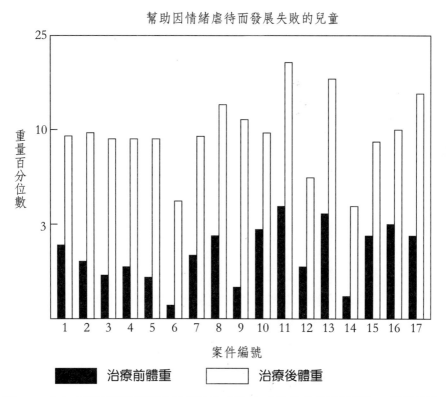

圖 7.2　十七名非官能性發展失敗兒童在行為家庭治療後的體重增加。柱狀圖上
　　　　的寬度代表治療時間，與本章目前的討論並不相關。

（*改編自 Iwaniec, Herbert and McNeish, 1988*）

表 7.3(a)　母子互動（n = 12）

令人滿意的改善	些許改善	無改善
6（50%）	4（33%）	2（17%）

（資料來源：*Iwaniec, Herbert and Sluckin, 1988*）

表 7.3(b)　十二名兒童行為問題改變的評量（例如：不順從、強迫行為等等）

令人滿意的改善	些許改善	無改善
11（44%）	11（44%）	3（12%）

（資料來源：*Iwaniec, Herbert and Sluckin, 1988*）

團體治療

　　值得一提的是，以對孩子情緒虐待的父母為主的治療團體價值。以團體治療同時處理類似問題的個案有幾項好處，包含了下列功能：

- 經驗分享
- 充滿活動力
- 社交互動
- 教導

　　許多成人認為，自己是非常失敗的父母，而他們孩子的問題是獨一無二、不容易了解與處理。與其他父母分享經驗可以帶來安慰甚至是踏實感。如果團體治療主持者能夠細心處理，讓父母在團體治療中表達憂慮、不滿與憤怒的感受（最後一項常常是針對輔導機構），對他們可能相當有益處。

 合作團體治療

　　Webster-Stratton 和 Herbert（*1993*）曾出版一篇論文描述輔導行為偏差孩子———一群特別可能被照顧者虐待的孩子———的父母的過程。他們所闡述的過程與親子系列錄影帶（Parents and Children Videotape Series）中的內容與方法相輔相成。親子系列錄影帶是一組被製作來提供輔導父母的治療師使用的課程錄影帶。這組示範由治療師所主導的團體討論治療課程的錄影帶已顯示，在促進父母更正面的態度與親子互動行為、以及減少兒童行為偏差上，與並未接受治療的對照組家庭、以及只參與團體討論治療的父母比較之下有較好的成效（*Webster-Stratton, 1982, 1984*）。放映這些錄影帶只佔用 20%的團體或個別課程時間（二十分鐘）；其餘時間則用來共同討論。對親職訓練的了解以及對錄影帶內容的熟悉是必要的，但卻仍不足以在輔導行為偏差兒童的父母上帶來成功。要達到正面效果的第二項必備條件是輔導父母時的高度臨床技巧，不僅是個別輔導（*Herbert, 1987b*），在團體輔導（Webster-Stratton）時這項條件也同樣不可或缺。

　　例如：治療師理性而技巧地扮演不同的角色，像是合作夥伴、授權者、支持者、教導者、翻譯者、領導者、預言者等等，能夠幫助父母改變行為與態度，改變對過去及現在行為的歸因邏輯。最重要的是，能夠增加他們自己所感受認定的自我效能與使用有效處理技巧的持續性。某方面來說，治療師與父母的關係正是 Webster-Stratton 和 Herbert鼓勵父母去與孩子建立的一種關係。再者，就如同父母對養育孩子感到疲憊一般，治療師也可能對扮演這些角色感到困乏。在面對一群父母時落實這些角色，有時候可能是一份艱鉅的工作，尤其是在面對當事人的挑戰與抵抗的情況下。

　　因此一個治療師的支援系統也相當重要，能讓治療師與其他同事分析困難的情形與團體問題，以及排練最符合成本效益的角色使用方法。透過與其他治療師討論，可能產生腦力激盪，並決定如何用另一種方式重新建構、演繹或解釋，讓父母能夠了解。另一個個體所帶來的附加支援與客觀性可能提供非常可觀的幫助，讓治療師得以重拾熱情，並不斷嘗試著面對高度反抗的家庭。總而言之，治療師能夠將自己放在一個處理模式中是必要的——能夠在處理個案時犯錯、從錯誤中學習、訂定切合實際的治療目標、不期待神蹟式的解決之道，並能從每個家庭的逐漸進步中重拾熱情與動力。除了減低家庭對治療師的依賴，合作模式鼓勵治療師在見到個案中的父母能夠獨立處理問題時感到滿意與欣慰。

結論

　　關於肢體與性虐待重疊的個案（見第一章），治療師一定要同時考慮如何預防性虐待與肢體虐待的多重傷害、以及家庭中的兒童不當對待。如果性虐待發生在委託家庭中，家庭仍舊維持完整的預後相當不樂觀。Bentovim（1991）發表了輔導性虐待家庭的臨床工作。他提出，只有15%的家庭能夠完全配合治療過程，並在孩子沒有再度受害的情況下維持完整。絕大多數的個案家庭終究分散。有30%的個案是母親選擇了孩子，他們繼續住在一起而不再與父親同住。其餘55%的個案中，母親並不支持孩子，以致孩子離開家（30%）或被安排寄養（20%）。針對家庭中兒童性虐待的衡鑑與治療方法超越本書討論範圍，但可詳見於 Bentovim 等人（1988）的研究。

第八章

預測孩子之間的虐待

　　Gelles 和 Cornell 二位學者在他們的書《家庭中的親密暴力》（*Intimate Violence in Families*）（*1990*）中提到，由於對兒童與配偶虐待強大的大眾與專業檢視，意外地造成許多人認為男性對女性與兒童的暴力是家庭中最常見也最令人憂心的暴力問題。然而，女性與兒童卻不是家庭暴力下唯一、或者最常見的受害者。例如：手足之間的暴力（兄弟姊妹也往往有相同的受虐遭遇）是如此頻繁，以致於社會大眾鮮少將這類事件認為是家庭暴力。社會大眾對來自兒童、特別是青少年在街頭與學校的暴力所投注的關切如潮水般日漸高漲，所以對家庭內兒童暴力的缺乏關心實在令人不解。雖然本書內容有關家庭暴力，但忽略在家中以及學校養成的攻擊行為模式所帶來的影響是流於短視的。兒童學習與表現行為的社會系統之間並非相互隔絕。

　　媒體所呈現的校園暴力（欺凌與寄黑函給同儕、攻擊老師），一般人與法律對街頭上破壞物品及不良少年的蔑視，看起來近乎歇斯底里與道德驚恐。Patricia Morgan 在一九七〇年代描繪出一幅陰暗的畫面表達越來越多社會化不良的人，這群人幾乎無法學習最基本的人類文化。他認為，最令人擔憂的層面是犯罪、暴力、對所有東西漫無目的破壞以及犯罪者年齡層的逐漸下降（*Morgan, 1975*）。這類誇張華麗卻

無具體意義的災難預告式文章仍延續到一九九〇年代的媒體報導中。

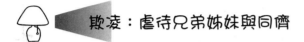 **欺凌：虐待兄弟姊妹與同儕**

　　雖然預告災難的思想體系也許將實際情形誇張化，但確有引起關切的原因，特別是家庭與學校內被欺凌的受害者人數日漸增加。手足之間的暴力包含了一名兒童對兄弟姊妹之一表現出攻擊或暴力行為。Frude（*1991*）指出，除了兒童之間推擠、拉扯頭髮這類相當常見的攻擊行為，有些牽涉到極端攻擊行為——嬰兒被丟進馬桶、以刀或剪刀攻擊——也被披露。發生攻擊的兄弟姊妹之間的年齡差距越大，攻擊的方式與後果越可能類似發生在大人與兒童之間的情形。的確，手足之間的暴力常常出現在父母對孩子施以肢體虐待、性虐待與情緒虐待（*Bolton and Bolton, 1987*），或者被兄弟姊妹性虐待的家庭中（*Finkelhor, 1980a, 1980b; Johnson, 1988, 1989; De Long, 1989*）。

　　許多家庭中的肢體攻擊是偶發、未加控制以及（以這方面來說）是對在充滿負面情緒時對發出的挑釁或沮喪僅僅一次的回應，特別是在被認為是管教的情形下（*Wolfe, 1987*）或者同胞爭寵（sibling rivalry）時帶有敵意的表現（*Herbert, 1989*）。以統計而言，這樣的攻擊性爆發是「正常」的，是家庭生活中固有摩擦的副作用。討論大多數童年時期的爭吵時，稱這樣的行為表現為家庭「暴力」似乎帶有誇張的意味。Frude（*1991*）提出了一個疑問：恨意在攻擊性當中扮演的角色。這兩者之間的關聯並不清楚：兒童可能／或並不會對他們懷恨的對象懷有攻擊性，而攻擊性可能是也可能不是形之於外、清晰可見具有的恨意徵兆。的確，兄弟姊妹間互相的強烈嫉妒感，或者再婚家庭中繼兄弟姊妹之間的競爭可能給人充滿恨意的印象。然而行為強度與頻率可以被稱為欺凌的情況便應該被指為「暴力」。

欺凌

欺凌，帶有傷害受害者意圖的行為，傾向於一種系統性而且重複的行為活動，包含了肢體與／或心理（常為言語上的）傷害，由一人或一人以上開始、對付另一個人——缺乏權力、體力或意志力去抵抗的一方。長時間毫不留情的辱罵與嘲笑可能與肢體攻擊所造成的損害相當。

因此，Lane（1989）多次將欺凌定義為：「任何意圖造成恐懼或憂愁的行為或暗示，像是威脅或暴力。」

要取得家中發生欺凌的普及率可靠數據並不容易，但根據調查，這樣的行為在學校的數據之高令人憂心。一份針對在南約克郡數所中學裡兩千名學生的調查（Ahmad and Smith, 1989）顯示，被欺凌的發生率是每五名兒童中有一名受害者，而每十名兒童中有一名欺負其他孩子。這應和了那些在家中沈默的受虐兒童。Smith 以「沈默的夢魘」來形容一個事實：半數被欺凌的受害者對自己的痛苦保持沈默。

欺凌是攻擊行為中的一類。作者僅以一個家庭外的攻擊性行為作為例子來表達人際之間的暴力的普遍性。但在家庭中兒童所製造的暴力呢？認為所有（或大部分）的惡霸只將攻擊（在若干個案中達到虐待狂的程度）侷限在校園及校園周圍是天真的想法。在學校具有攻擊性的兒童在家中也有類似傾向。除了不順從（藐視權力）之外，必須養育、照顧或教育問題兒童的成人最常見的抱怨就是攻擊（Herbert, 1987a）。

當兒童行為(1)失去控制、(2)無法預測、或(3)缺乏理由或意義時，父母（與老師）便可能擔心他們所照顧的孩子。如果這些傾向是極端與／或持續的，孩子便可能被認為是「有問題」或「不正常」的，而它們所帶來的關切若不斷升高，便可能要照會社工或家庭醫生，甚至

可能是臨床兒童心理學家或兒童精神科醫生。特別符合攻擊的行為包括破壞、肢體攻擊以及言語攻擊。

👥 手足間的衝突

手足之間的競爭可能以破壞行為、肢體與口頭攻擊呈現，這被認為是手足關係「正常」的一部分（*Dunn and Kendrick, 1982*）。的確，許多父母相信，這樣的競爭為成功地處理現實世界裡的攻擊行為提供了一個良好的訓練場所。美國的父母一般覺得，暴露在攻擊中是正面的經驗，這應該從人生早期便開始；十個美國父母中有七個同意以下陳述：「男孩成長過程裡有些許拳腳衝突是相當重要的。」（*Stark and McEvoy, 1970*）

還有一種被廣為接受且受到尊重（雖然未經證實）看法是：童年的肢體衝突與謀殺傷人的遊戲以及觀看螢幕中的暴力情節可能透過「宣洩」而產生正面影響。情緒（根據這種理論）將會因為在兄弟姊妹間爭吵中或對暴力事件當事人的認同之下所產生的張力被釋放而被洗滌。憤怒是被「抽乾」，好比「經歷」（在想像中）或「演出」這些情形。有些父母主張，這是為了能夠讓孩子在父母（或兄弟姊妹）讓他們感到憤怒沮喪之後得以對父母或兄弟姊妹表現攻擊性。這種直接而有所導向的憤怒表達應該是比壓抑更「健康」的方式。這是本能性能量模式——壓力鍋隱喻（*Lorenz, 1966*）。

發展心理學家 McCandless（*1967*）找到至少兩個理由來質疑前述看法背後的基本假設：(1)在文明、合作共生的地方，幾乎沒有空間可以容納直接而原始攻擊性表現，不論是肢體或言語攻擊。某些「隱藏」的言語攻擊，像是道人長短或不加修飾的實話或許比肢體攻擊或直接言語攻擊更能被原諒；但隱藏著敵意的流言蜚語與刺耳的實話可能增加人與人之間關係的複雜性，而非緩和或促進人際互動。(2)學習

理論認為，攻擊性的表達與其所帶來的片刻壓力釋放會加強而非減低攻擊行為的傾向。McCandless 提出證據支持這樣的預測。相反地，並沒有證據顯示，攻擊性的行為能夠降低攻擊傾向——其實可取得資訊的研究指出相反的情形。無論證據為何，公眾意見似乎非常「樂觀」，對兒童的攻擊性表現感到相當自滿。

社會學家 Suzanne Steinmetz（1977a）曾完成一份手足間衝突的研究，研究對象是五十七個在美國德拉瓦的完整家庭所形成的代表性樣本。研究發現，有時要求父母討論自己孩子之間的暴力並不容易，這並不是因為他們對承認孩子有這樣的行為感到羞恥或難為情，而只是因為大部分時候他們並不認為孩子的舉動是虐待或者值得監督。他發現了家庭中孩子之間頻繁的衝突。四十九個家庭中的父母記錄一個星期內，孩子之間攻擊性互動的頻率與型態。他發現到，手足間的衝突在那段期間內總共有一百三十一件，從簡短的爭吵到更為嚴重的衝突。這個數據雖然高，但可能還嚴重低估了手足間攻擊的真實程度。他提到，許多依賴父母記錄孩子間衝突頻率不可避免的問題。例如：在Steinmetz的樣本裡，大多數的家庭，父母二人都在工作，他們與孩子相處的時間便因而減少，這繼而減少父母觀察與記錄孩子之間攻擊行為的機會。Steinmetz 也發現，父母常常將一連串的事件記錄為一件，因為這些都是起因於同一個事件、互相有關聯。而父母選擇記錄衝突的方式也會影響觀察到的事件總數。最後，父母有時太過忙碌，以致於無法記錄孩子的行為，稍後再回頭做紀錄就比較可能忘記某些曾經發生的衝突。

大多數的父母將自己孩子之間的衝突視為成長過程中不可避免的一部分，因此很少全心地阻止孩子之間攻擊行為的表現。當Steinmetz問受訪的父母：「請問您的孩子相處情形如何？」他可能得到像這樣的答案：

很糟！他們一天到晚爭吵打鬧。

喔！這種事從不間斷，但我知道這是正常的。

我跟其他人談過，他們的孩子也是一樣。（*Steinmetz, 1977a: 43*）

Steinmetz（*1982*）發現，在他的研究對象中，63%至68%之間的青少年曾經在家裡以身體的武力來解決與兄弟姊妹之間的衝突。研究手足之間攻擊性的社會學家指出，父母覺得讓孩子學習如何處理暴力狀況是相當重要的。他們並不積極地阻止自己的孩子捲入兄弟姊妹間的挑釁爭執。事實上，父母可能試圖忽視攻擊式的互動，唯有在他們認為事情可能從輕微的狀況演變成嚴重衝突時才可能介入。證據顯示，某種程度來說，這可能是一項不良的政策。

Dunn（*1984, 1988*）在英格蘭以直接觀察法研究兒童與他們的兄弟姊妹在家中的互動情形。四十三對兄弟姊妹中，每一對裡面年紀較小的都是十八個月大，研究者在六個月之後再次進行觀察。研究過程中，母親的回應行動也同樣被記錄下來。他們發現：

- 爭吵非常多——平均每小時八次。
- 母親在爭吵中的介入往往導致接下來更長時間裡更多的衝突。與較不介入的母親相比，在母親傾向於在第一次觀察就介入的家庭中，孩子爭吵的時間較長，而且在第二次觀察較常打架（六個月後）。
- 若母親建立與孩子在他們爭吵時討論規則與感受，他們則較可能引導孩子以成熟的方式處理衝突。這包括了安撫調和的行動，像是表達關切、安慰、幫助孩子或對另一個孩子道歉。因此他們的孩子比較傾向於訴諸規則（「我們要輪流，這是媽媽說的」）。

有人會認為，如果孩子看到對方被嚴厲斥責，或者能讓父母——即使是暫時的——站在自己這邊，那麼爭吵的頻率很可能升高。相反

的論點則是，父母的處理對教導孩子公平原則、分享與妥協是必要的。許多父母覺得如果他們不處理，較小或較弱勢的孩子可能會受傷與／或遭受不公平待遇。他們也不希望因為不採取行動而姑息鬥毆或欺凌。

Dunn（1984, 1993）回顧了若干關於父母介入與否的研究。在父母被教導要在孩子爭吵時置身事外的研究中似乎顯示出，孩子之間的爭吵減少——特別是在對爭吵置之不理，同時鼓勵孩子停止爭吵的狀況下。但另一方面，其他研究則指出，如果父母希望培養孩子關心別人的能力，他們必須在孩子年幼時就對孩子明白而有力地指出對人冷酷與暴力的後果。Dunn 認為，手足間的爭吵對這樣的教育提供了理想的訓練場——這可能是一項艱困的任務。對較年幼的孩子所做的訪談顯示，他們在形容兄姊時使用比形容朋友甚至父母時多出許多情緒化的字眼——他們選擇的形容詞往往是負面的。

許多令人不愉快的事件（嫌惡刺激）都可能使衝突進入發展與爭吵行為連鎖反應的階段——例如：令人感到痛苦、受到威脅或侮辱的欺凌與嘲笑，剝削弱勢一方的所有物、權利與機會。Dunn（1984）發現，兩歲、排行第二的孩子與兄姊同樣可能引起爭端、嘲笑或打人。但母親責罵較年長孩子、要求他們停止爭吵的可能性是責備較年幼一方的兩倍。對較年幼的孩子，父母傾向於不責罵他們，但分散他們的注意力，並試圖以衝突來源以外的事物引起他們的興趣（將他們的興趣導向衝突來源以外的事物）。

Straus、Gelles 和 Steinmetz（1980, 1988）在一份以國家代表性樣本進行的研究顯示，手足間的衝突是若干隱藏性家庭暴力形式中的一種（表 8.1）。超過五分之四年齡介於三到十七歲之間、居住在美國、家中有一個以上兄弟姊妹的兒童在一年裡至少對一位兄弟姊妹作出一次暴力行為——這些行為包括推擠、掌摑與丟擲物品。甚至當研究者專門檢視較嚴重攻擊型態時（踢、咬、以物品毆打與拳打腳踢），手足間的暴力仍舊高得令人擔憂（見表 8.1）。Straus 與其研究團隊估

計，大約有超過一千九百萬的美國兒童在一年內會對兄弟姊妹施以虐待式暴力行為。

表 8.1　隱藏的家庭暴力形式發生率（以百分比計）

暴力行為	對兄弟姊妹	父母對青少年	青少年對父母
任何暴力	82	46	10
推或擠	74	25	6
掌摑	48	28	3
丟擲物品	43	4	4
踢、咬或拳擊	42	2	2
以物品毆打或試圖毆打	40	7	2
拳打腳踢	16	1.3	0.7
以刀或槍威脅	0.8	0.2	0.3
使用刀或槍	0.3	0.2	0.2

衡鑑：發展層面

「暴力」這個名詞是傾向於觸動人們情緒，規避了在兒童行為上適用與否、是否與攻擊行為意義相同、或者是不是在某方面代表一種較嚴重的攻擊型態或攻擊「意味」。不論這些問題的答案為何，重要的是檢視事件的前提（意即：事件發生之前的情境或互動方式，或者造成事件發生的情境或互動）；言語或行動上觸發攻擊的真實本質；以及這些事件所導向的後果（互動、結果），以便推敲出攻擊事件的完整功能分析（functional analysis）（*Frude, 1991; Herbert, 1987b*）。

以外顯的行為為準，精確分析出特定攻擊行為是臨床與社工人員迫切需要的，因為發展與社會學派對什麼是可接受的、適當或不正常

的可能有不同的意見。社會與文化態度、以及發展（成長）的影響決定了哪些兒童行為或被視為「暴力」而非「攻擊性」，或較為人接受的「堅決的」行為。分析兒童的攻擊最有效的方式是在發展（成長）與社交接觸中進行，而非抽象地視其為存在於個人內在的實體。將攻擊性或暴力用為名詞是種誤導（例如：他內在有許多暴力），使用「攻擊行為」一詞比較可能提醒我們去深究孩子特定部分的攻擊行動（意即，在某特定年齡的孩子）。

絕大多數的人都聽過「可怕的兩歲期」（terrible twos）。父母傾向於對孩子認知上的不成熟、發展不足的自我控制稍微寬容些；他們會將孩子的行為與意圖加以區隔。在那樣稚嫩的年紀，孩子出手打人的時候「並不是真的存心傷害別人」。以帶有善惡批判意味的方式來解釋孩子行為的父母（那是他本身就壞，他裡面有個惡魔，他總是在對付我）很可能就是那些在孩子表現攻擊行為或不聽話時處罰過當的父母。

在兩歲之前，孩子多半無法分辨自己的行為與大人的行為；換句話說，他們不了解造成事情發生的原因。分辨自我及他人的認知能力發展會使孩子了解因果關係、轉換作用，進而將自己感興趣的事物同化成影響他人與事物的欲望，對自我統合也越是增長，通常到大約兩歲的時候會導致典型的「消極主義危機」──可怕的兩歲。從前在別人幫助下獨立完成某些事情而不小題大作、堅持獨立完成任務並展現自己能力的孩子，通常也會抗拒父母的要求與命令。

Patterson 等人（1975）曾追蹤強迫行為的發展歷史。研究顯示，強迫高壓的行為表現率在將近三歲的時候會從高降低，到入學的時候則是中等程度。兩歲兒童撒嬌、哭鬧、喊叫以及其他強迫行為的比例偏高。負面（否定）命令、破壞及試圖攻擊的情形則在四歲以前會大量減少。

五歲以前，大多數兒童採取消極主義、不順從或表現負面肢體行

動的情形會比弟妹少（*Reynolds, 1982*）。四到八歲之間，在學校的攻擊行為也會明顯地減少（*Hartup, 1974*）。年紀較大而具有攻擊性的兒童，男孩或女孩——則會被認為是「問題兒童」——近似或相當於三、四歲兒童的行為；就此而言，這樣的孩子是社會化停滯（arrested socialisation）的典型案例。隨著年齡增長，某些強迫行為不再為父母接受，而這些行為便成為正常家庭中仔細監督或制裁的目標，如此一來，便伴隨著行為頻率與強度的降低。所以，是什麼造成虐待式攻擊？

影響虐待手足程度的因素

許多因素都有可能影響手足之間攻擊行為的發生、嚴重性與程度——影響因素可能包括家庭因素、失能、年齡、性情（temperament）與同理心。

造成影響的因素

家庭因素

家庭因素確實會影響競爭與攻擊的發展。這些因素已經在欺凌行為的表現上被指出，在挪威的研究當中被探討的最詳細（*見 Olweus, 1979, 1989*）。手足之間的虐待在已知父母虐待孩子的家庭中較為可能發生。與暴力的父母相處以及處於一個大體上缺乏溫暖或正面情感交流的家庭都可能導致兒童經歷控制自己攻擊衝動的困難。在兒童欺凌他人（在家中或家庭以外）的個案中，似乎能夠發現欺凌與冷漠而非溫暖的教養方式、家庭中高度的衝突或暴力、缺乏分明的規範或對攻擊或

其他行為的監督等等因素互有關聯（*Loeber and Dishion, 1984*）。在這樣的家庭中長大的孩子往往模仿欺凌行為，而無法獲得補償性的溫情或自我約束的訓練。

Bolton和Bolton（*1987*）提出，手足之間有嚴重肢體虐待情形的家庭往往是混亂而缺乏組織的；往往缺乏照顧與關注之間的適當平衡。兒童加害者經常曾經是家中唯一的、但卻必須接受同父異母（或同母異父）兄弟姊妹半途侵入的孩子。欺負他人的孩子在家庭結構中經常是在處於劣勢的。父母比較可能抱著必須給予受其他兄弟姊妹傷害的孩子注意力的想法。在家中有許許多多的危機特別集中在母親身上，當母親的時間與精力必須用在其他地方的時候，加害的孩子往往被指派為受害孩子的「照顧者」。這正是攻擊可能發生的時刻（*Green, 1984*）。

不同孩子所接受的照顧品質之間差異對加害的孩子而言，是如此極端、明顯而且痛苦，所以可以合理假設：虐待看起來較為父母偏愛的兄弟姊妹是「報復」，表達針對母親的敵意、爭取注意力的一種方式，或是藉由扮演加害的角色來壓抑自己的受害感覺（*Green, 1984*）。

失能

虐待的可能性會因為孩子本身有學習問題、器官功能失常、或任何使孩子感到生理或心理上處於劣勢的特徵（*Green, 1984*）。這樣的障礙也使得孩子更容易成為手足間的虐待受害者。

性別

不論在哪個年齡，女孩總是比男孩較不具有攻擊性，但兩者之間的差異相對來說並不大（*Gelles and Cornell, 1990*）。與男孩相較，女孩傾向於在言語上的爭吵多於肢體上的衝突（*Herbert, 1987a*）。整體說來，83%的男孩與 74%的女孩會對兄弟姊妹施加肢體虐待（*Straus, Gelles and Steinmetz, 1980, 1988*）。

年齡

針對手足間攻擊行為的研究證實了，隨著年齡增長，孩子之間攻擊或使用較極端的暴力作為解決問題的比率會逐漸減少（*Steinmetz, 1977a, 1977b; Straus, Gelles and Steinmetz, 1980, 1988*）。這可能是由於孩子使用語言來解決爭端的技巧較為完備（幼年時期，女孩的語言發展一般比男孩好）。當然，年長一點的孩子確實比較可能不在家中，而這使他們避免了潛在的爭端。

Steinmetz發現，引起衝突的因素隨著年齡而改變。年紀較小的兒童比較可能為了所有物，特別是玩具而起衝突。某個家庭提到，「在一個星期當中，年幼的兒童會為了鞦韆、一個玩具卡車、一個三輪車、一個孩子將另一個的積木弄倒然後拿走積木等事情而爭吵；而青春期的衝突則集中在保護屬於自己的空間上，如果兄弟姊妹侵犯到個人領域便會感到不悅。」他們會小題大作，例如：他們會說「他坐了我的椅子」（*Steinmetz, 1977a*）。

氣質性情（temperament）

性情在欺凌他人的孩子身上有一體兩面的重要性：一方面是關於衝動性；另一方面是本質上暴躁的回應方式。與這相對的是受害者性情中的退縮與不夠堅定（*Herbert, 1991*）。

同理心

欺負他人的孩子可能對他人的感覺比較沒有同理心，特別是對潛在的受害者。Smith（*1990*）確實發現，不論是在典型問卷中的回答、或者深入訪談中，欺凌者在看到欺凌事件時傾向於有正面或中立的感受，但大部分的兒童會說自己對這些事件感到難過或不愉快。有人認為，欺凌他人的孩子並不見得是因為在訊息處理層面上缺乏社交技巧

（*Dodge et al., 1986*），而是由於所抱持價值觀與目標不同，造成他們在社交處理方面走上不同的方向（有人認為是缺乏方向）（*Smith and Bolton, 1990*）。

適應／適應不良的功能運作（functioning）

以 Crawford 和 Anderson（*1989*）的定義，欺凌行為可以被看作是「假性病態」（pseudopathological）。也就是說，個人在某個時期或某些狀況下所表現的適應行為不再為人所接受，或者在任何情況下都由於對他人可能造成的傷害而顯得不恰當。在與欺凌者的訪談中看到的例子指出，他們認為，遊戲場是一個無法無天的場所，一個人人必須支配或傷害他人自尊才不會被他人以相同方式對待的地方（*Smith, 1990*）。

認知與社交技巧缺陷

Dodge 等人（*1986*）將兒童的社交能力細分為下列五個階段的處理模式並加以描述：(1)將外在刺激編碼（encoding，意指轉換為另一種形式）；(2)闡釋；(3)尋找適當的回應方式；(4)評估最好的回應方式；並且(5)表現出自己最佳的選擇。任何社交能力的「缺陷」都會被歸因到上述一個或一個以上過程有問題。在美國的研究顯示，具有高度攻擊性的兒童在資訊處理上傾向於將情況轉換為敵意（意即：較可能認為他人懷有敵意），而產生較少不具敵意的回應（*Dodge and Frame, 1982; Guerra and Slaby, 1989*）。

行為障礙（conduct disorder）

　　一系列有行為障礙的孩子可能呈現的特質顯示出，為什麼這一類型的行為問題似乎多半出現在處理家庭暴力或虐待手足臨床工作者的檔案中。這也是為什麼了解這種障礙的分佈性在面對衡鑑、計畫與處理時非常重要（見表8.2）。

表 8.2　定義行為障礙時經常考慮的特質

爭吵、打架、具攻擊性
鬧脾氣
不順從、愛挑釁
對自己或他人所有物的破壞性
傲慢無禮、厚臉皮
不合作、反抗、考慮不周、不體貼他人
愛搗亂、打岔、干擾
愛否定、拒絕被教導（指揮）
浮躁
粗暴、吵鬧
易怒、容易發脾氣
支配、欺凌、威脅他人
過動
不可信任、不誠實、說謊
言語不敬、言語虐待
嫉妒
愛爭執、好辯
缺乏責任感、不可靠
注意力不集中
偷竊
容易分心
嘲笑他人
否認錯誤、責怪他人
愛鬧彆扭、生悶氣
自私

（資料來源：改編自 Quay, 1986）

行為障礙在兒童期與青春期相當常見，而男孩確實比女孩容易受到影響。其普遍性的數據雖然在許多傳染病學研究或社區調查中有所差異，但總體結果仍舊可以確認這是個常見的問題。研究數據在 4% 到 6% 之間（*Webster-Stratton and Herbert, 1994*）。從不同研究中所歸納建構出的一般概念是：行為障礙是個普遍的現象，它可見於不同國家，並且發生於童年早期，有時甚至可能發生在三歲這樣的年齡（*見 Richman, Stevenson and Graham, 1982*）。不幸的是，行為障礙的普遍性正在成長，造成對處理問題人員與資源的需求遠超過眼前可得程度；而事實上，真正需要精神衛生服務的兒童中只有 10% 得以享有這些資源（*Hobbs, 1982*）。在那些取得支援的兒童中，兒童行為障礙佔了大部分（三分之一至二分之一）。Richman、Stevenson 和 Graham（*1982*）針對年幼兒童進行了一份採取縱向研究法的傳染病學研究，他們發現，在三歲時出現臨床相關問題的兒童中，有 62% 在八歲時仍呈現嚴重的障礙，而只有 22% 兒童完全沒有問題。他們也發現，在八歲時有行為障礙的兒童在十三歲時較可能被認為浮躁、較不容易控制、以及同儕關係較差。

第九章將會回頭討論預後的重要性，以及行為障礙所牽涉到其他問題；它們在家庭暴力中扮演的角色、以及幫助這類型家庭的重要性。這些具攻擊性的孩子比較可能被同儕排拒（*Coie, 1990a, 1990b*）與／或被父母虐待（*Reid, Taplin and Loeber, 1981*）。

手足間的性虐待

雖然手足間的性虐待已超越本章討論範圍，但還是值得提出這個問題其實比一般想像中要來得普遍。某種程度來說，這樣的論點是重新評估，過去所謂兄弟姊妹間的性探索行為後的結果；目前認為，這樣的探索行為若發生在年齡差距超過五歲以上的兄弟姊妹之間應該被視為一種剝削（*Finkelhor, 1980a; De Long, 1989*）。

　　最近的一項研究顯示，將近 2%的英格蘭大學生報告，曾經被一位兄姊至少性虐待一次（*Browne and Hamilton, 1997*）。這類型的虐待常與肢體虐待有關，而這樣的發現也在若干美國對男孩與女孩所做的研究中得到確認（*Johnson, 1988; De Long, 1989*）。

　　與成人施加的肢體或性攻擊相似的是，手足間的性虐待往往是發生在青春期的兒童照顧弟妹的時候（*Margolin, 1990*）。的確，大多數的性虐待加害者在青春期開始利用自己年長的優勢而侵犯弟妹，而大部分的加害者過去都曾被在肢體上與／或性方面被其他青少年或成人攻擊過（*Elliot, Browne and Kilcoyne, 1995*）。然而，手足間肢體與性方面的不當對待也曾經被發現出現在非常年幼的孩子之間（*Cantwell, 1988*）。整體看來，Johnson（*1988*）指出，在四十七位性虐待他人的男孩中，有46%曾經虐待自己的弟妹。相似的結果也出現在 Pierce 和 Pierce（*1987*）的研究中，在總共三十七位少年性虐待加害者所犯下的五十九件案件中，其中有 40%是加害姊妹，而 20%是針對兄弟。

結論

　　總而言之，在手足間肢體與性虐待方面的研究頗為有限，而預防措施的發展才起步。以它的普遍性與嚴重性，更大量的研究是非常必要的（*Tooley, 1977; Gibbens, 1978; Laviola, 1989*）。有關受害兒童的同儕關係方面所做的研究整理可見於 Mueller 和 Silverman（*1989*）。

第九章

預測與預防虐待父母

在本書作者從事研究或臨床工作時所遇到的父母中，有許多覺得自己被兒童期或青春期的子女傷害與虐待（實際上或作為一種比喻；身體上或心理上）。而其他保持沈默的，根據我們推測，很有可能是不好意思承認遭到傷害，甚至是恐懼曾經是他們日常生活經驗的一部分。本書其中一位作者（賀伯）曾經輔導過對自己父母的恨意強烈到經常且規律地對父母加以言語虐待（猥褻、羞辱、批評與威脅）以及肢體攻擊（從「輕微」的掌摑到嚴重的暴力）。

我們是在討論「虐待父母」？還是把「虐待」這個觀念延伸到荒謬可笑、必須先對其意義辯論一番的地步？Gelles 和 Cornell（1990）對這個用法的價值毫不質疑。如他們所發現：

初次聽見「虐待父母」一詞的人幾乎都會認為，這是個幽默的玩笑。研究父母虐待的研究者被嘲笑為已將所有受害者都用盡，或者被質問「寵物虐待」是不是他們的下一個目標。絕大多數的受害父母對自己的受害經驗往往感到非常羞恥，以致於除非是最嚴重的狀況，否則非常不願意談論自己這方面的遭遇。而當他們真的陳述時，他們就像青春期的受害者一樣為自己的被傷害

而受指責。

　　這兩位作者指出一個非常重要的概念，那就是子女控制與攻擊自己的父母對我們平日所認為親子之間的權力關係是如此陌生遙遠，而要相信這樣完全相反、顛覆既定想法的狀況事實上可能發生是相當困難的。要提出我們所愛、平日可能很可愛（或曾經如此）的孩子內在可能藏有冷淡、殘酷與恨意這樣常伴隨施加於父母的暴力種子似乎是件褻瀆神聖的事（見 Herbert, 1993）。

　　為了完成本章的寫作，我們採取對「虐待」這個名詞採取一個比較廣義的解釋。它將包含足以使一般所接受的親子關係以及互動態度與行為失效的語言與行為（無論是什麼理由）。社會賦予父母對子女的法律權與控制權；同時要求子女尊敬自己的父母。看見為數如此眾多的年輕孩子強勢地堅持自己的欲求、自我意志、不肯順從、與／或運用身體的力量，以奪取社會賦予父母對他們的控制，並對父母表現出不尊敬、甚至輕蔑，Bolton 和 Bolton（1987）認為，放任子女威脅整個家庭到失控程度的家庭是正式放棄了對下一代的責任與權力。如他們所述：「子女就是父母。真正的父母在情緒上缺乏適當的能力，並且承受超過能夠負荷的程度；而孩子長久以來被要求去接受超過自己能力範圍的責任。最後的結果就是情緒爆發。」

普及率與前景

肢體暴力

　　子女對父母施加的暴力已經難以評估，而父母的失落更是不可能

加以衡鑑。前者與父母對子女的虐待相比雖然較為少見（見第八章，表 8.1），但已經到了值得審慎投入研究與專業工作的程度（*Gelles and Cornell, 1990; Straus, Gelles and Steinmetz, 1988*）。而最重要的事實卻是在定義上的問題——虐待與暴力由何構成——將所有的統計估計變成了「有根據的猜測」。專業人士知道，許多年幼兒童可能傷害父母的方式，諸如：踢脛骨、拉頭髮或掐手臂的方式來傷害自己的父母。年齡稍大的兒童有時候威脅，甚至突然攻擊父母。但這構成虐待嗎？關於這個行為的定義始終沒有定論，而這造成進行評論上的困難。

當然，某些攻擊行為的嚴重性是毋庸置疑的。某些，幸好是相對少數的案例中，暴力不受限到了導致重傷甚至謀殺父母（parricide）。這通常是極度不安定家庭中，運作最不正常的家庭關係所能夠得到的最終結果（*Harbin and Madden, 1979; Mones, 1993; Heide, 1995*）。不只是握有權力的（意即父母）會使用極端的暴力，青少年（漸漸成長強壯）甚至兒童，雖然身型較小、體力較弱，也可能使用極端的暴力。表 9.1 顯示，母親比較可能成為子女嚴重虐待暴力下的受害者，而父親則較有可能成為年紀稍長的兒子的暴力受害者（*Cornell and Gelles, 1982; Agnew and Huguley, 1989*）。雖然曾有研究宣稱，25%有青春期子女的單親媽媽曾經被孩子攻擊（*Livingstone, 1986*）；整體說來，父母承受任何暴力形式普遍率估計約為 7%至 8%的父親，以及 6%至 11%的母親（*Cornell and Gelles, 1982; Peek, Fisher and Kidwell, 1985*）。

表 9.1　不同性別子女對父母所施暴力的嚴重程度

子女性別	父母性別	總體暴力	嚴重暴力
兒子	母親	11%（157）	4%（166）
	父親	8%（153）	2%（159）
女兒	母親	9%（130）	5%（127）
	父親	4%（115）	0%（118）

Harbin 和 Madden（*1979*）發現，雖然也有年紀僅僅十歲的兒童對父母作出傷害，但大多數攻擊父母的年輕人年齡介於十三歲至二十四歲之間。研究者大致同意，兒子比女兒使用暴力與虐待父母的可能性稍微高出一些。兒子對父母使用嚴重暴力的比率隨著年齡增加，而女兒使用極端暴力的比率似乎隨著年齡減少（*Agnew and Huguley, 1989*）。

大部分研究者指出，兒童「虐待」父母的比率範圍在 5%至 12%之間（*Agnew and Huguley, 1989; Cornell and Gelles, 1982; Peek, Fisher and Kidwell, 1985; Straus, Gelles and Steinmetz, 1980*）。美國司法部（*1980*）指出，在一百二十萬件發生於親人之間的暴力事件中，有四萬七千件牽涉子女對父母的攻擊行為。

Cornell 和 Gelles（*1982*）分析一個國家代表性樣本，樣本中的家庭都有一個年齡介於十歲到十七歲之間青春期的子女住在家裡。9%的父母陳述至少一次暴力行為。也就是說，若以此數據外推（exploration）到全美人口，大約有兩百五十萬名父母一年中至少被子女攻擊過一次。另一份統計資料針對較嚴重的暴力形式計算，大約 3%青春期子女曾踢、咬、拳擊、毆打或對父母以刀槍相向。這個百分比看似不高，但若反映到所有十歲到十七歲之間與雙親同住的青少年，大約可推測出每年有九十萬名父母被子女「虐待」。

Straus、Gelles 和 Steinmetz（*1988*）發現，在他們的樣本中，有10%年齡介於三歲到十七歲的兒童一年中至少曾對父母其中一位施加暴力。Agnew 和 Huguley（*1989*）分析一九七二年全國青年普查資料後指出，在這份調查中，大約有 5%的青少年曾經在前一年中毆打父母。這樣的暴力行為，特別是持續發生的，並不一定意味著父母完全放棄自己的權力或影響力。但整體看來，父母常常會屈服。

在英國，青春期兒童與青少年對父母施加的暴力在總體的估計中大約有 6%的普及率（*Parentline, 1990; Smith et al., 1992*）。最近全英國第一項深入的研究（*Browne and Hamilton, 1997*）也顯示了與美國調查中相近的

普及率。大致說來，9%的青少年陳述曾經對自己的母親，而 6%曾對自己的父親暴力相向。大約有 2%的青少年陳述對母親，而 3%的青少年曾對父親施以嚴重的「虐待式暴力」。

必須要注意的是定義上模稜兩可的專有名詞，像是「暴力」與「虐待」，以及統計的不確定性，然而我們仍舊能夠說這是個值得研究與臨床工作者密切注意的問題。如果我們對虐待採取較廣泛的定義，涵蓋那些由於子女在通常應該由父母行使權力的情況下奪取控制權感到被威脅、為此感到羞恥與無力（確實為「虐待」）的父母，這個問題就更加明確了。

父母控制力的喪失

透過臨床觀察那些對父母持續且極度的違逆、甚至威脅（包含肢體攻擊）的兒童與青少年發現，大部分這樣的家庭在權力結構上有些許的障礙。這些兒童可能發展出膨脹的自我意識，認為自己是萬能的，並期望所有人都如此看待他們（*Herbert, 1987a*）。學者認為，他們是在缺乏規範的家庭環境中尋找規範，但他們往往無法理性地為自己提供規範。於是結果就是缺乏安全感，以及對一連串沒有家庭規則可循的狀況爆發不滿（*Bolton and Bolton, 1987; Paulson et al., 1990*）。

當兒童接近青春期並較為強壯、堅決叛逆時，過去僅被父母視為困難的情況可能變得具有威脅性，在若干案例中，甚至可能是危險的——特別是年幼時就對決定擁有過多控制權的孩子。這樣的負擔——在不成熟時就奪得控制權——被認為是焦慮與極度沮喪的起因（*Harbin and Madden, 1979*）。對父母的身體攻擊經常被認為是青少年試圖控制家庭，或懲罰父母在自己仍不成熟時就強迫自己必須做重要決定（ibid）。

當然，許多孩子是不順從、或者正經歷不聽話的階段；有些則對父母的要求與命令極度地反抗。最強烈的是當抵抗清楚地變成孩子不

僅僅不肯順從，而是作出與父母要求完全相反的事——被稱為「反對癖性」的行為模式。

 ## 發展層面

　　社工與衛生工作人員長年以來在評鑑不順從行為嚴重程度所遭遇到的問題是，童年時期的不順從是相當普遍的問題。某方面來說，這是社會化過程中展現活力的一種「正常」回應方式，也是一種兒童發展過程中在特定年齡會達到高峰的回應方式，特別是在學步期與青春期這樣意欲變得獨立的時期（*Herbert, 1974*）。確實，某程度來說，不順從無疑是適應性的表現，若缺乏這類回應方式，或表現得卑躬屈膝，則反而令人擔心。但要到什麼程度的不順從才被認為是過度、反生產取向[1]、而適應不良的？Forehand 和 McMahon（*1981*）在他們關於不順從行為的著作書籍中指出，在非臨床樣本裡，學齡前兒童的順從與父母命令的比例約在 60% 至 80% 之間。

　　常見的一種情形是，父母或老師可能對孩子的不順從讓步——通常是孩子對父母的堅持作出強迫行為（例如：暴怒）之後的結果。雖然爆發的怒氣頗為驚人，但他們比較傾向是自我懲罰（intropunitive）而非懲罰他人（extrapunitive）的——也就是說，孩子傾向於傷害自己而非他人。對孩子的不順從讓步（如第三章所述）並不會每次都發生，這便造成增強強迫、不順從行為的一個間歇過程，父母的讓步會被孩子停止發脾氣而增強，之後就變成習慣。這個由於厭惡刺激被移除而產生的交互增強被稱為「負增強圈套」（negative reinforcer trap）（*Wahler and Dumas, 1985*）。

---

1 依 Fromm 的理論，生產性格的特徵是喜愛工作、創作、奉獻、合作與人群，是最能實現自我的一種健康人格（張氏心理學辭典：東華書局）。

一個孩子唱反調的行為常常是由持續地施以社交正增強而維持，這是透過獲得自我滿足（得到自己所要的）、或父母的注意力而達成。這樣的注意力可能以幾種形式出現，包括口頭責備（斥責、叨念）、告訴孩子理由、或僅是嘗試著花較長時間合理地與孩子討論這個不當的行為。孩子對父母這類行為的回應可能是合作，如此一來便交互增強了父母的處置方式。這個程序（如前所述）稱為「正增強圈套」（positive reinforcer trap）。

　　在大多數的案例中，反抗行為可能是由正增強與負增強兩種過程所維持。若這樣的模式出現得頻率高、強度大而且持續一段時間，那麼家庭生活功能不良的模式就可能變得根深柢固。

過去的學習經驗

　　從許多不同的研究中似乎可以得到下列共識：兒童的攻擊行為可能與廣泛（長期）的態度與教養方式有關。從研究結果的總結來看，鬆散的管教（特別是針對子女的攻擊行為）與父母本身懷有敵意的態度兩個因素的綜合將會產生出下一代非常具有攻擊性、缺乏控制的行為（見 Herbert, 1987a）。父母可能由於表現出排斥、不認同孩子的行為而顯示出自己懷有敵意的態度。他們無法給予子女關愛、了解或解釋，而傾向於大量的體罰，卻不給予行使如此權力的解釋——一種反覆無常而且獨斷的方式。這種方法通常被稱為威權獨斷（power-assertive）（見第 210 頁）：成人透過體罰、嚴厲的言語虐待、憤怒的威脅與權利的剝奪，行使支配與威權式的控制。家中大量使用的體罰與父母對子女所表現出來的攻擊性兩者之間有正向的關係（Herbert, 1987a）。

　　Mary Main 和 Carol George 針對受虐與非受虐兒童與這些兒童的母親進行一項研究。年僅一至兩歲的受虐兒便已經開始模仿父母破壞式

的行為。Main 和 George（*1985*）指出，年幼的受虐兒比非受虐兒更常在托兒所會對同伴作出毆打、掌摑、踢以及推擠的行為。同樣地，受虐兒會在未受挑釁的情形下對父母或照顧者作出類似的行為。70%的受虐兒會攻擊自己的照顧者，而僅有 20%的非受虐兒有相同的行為。

暴力產生暴力，孩子所學到的可能說明這是正確的。更有甚者，不良少年可能比一般孩子更可能是成人攻擊下的犧牲者——通常具有惡性、持續甚至經過計畫特質（*Herbert, 1987a*）。從受害者變成加害者的過程將在第十章做探討。

與前述負面生活所造成的影響相反的是，能夠促成社交知覺能力與適應行為的因素（*見Hoffman, 1970; Wright, 1971; Staub, 1975*），其中包括：

- 親子間強烈的關愛。
- 父母對子女堅定的道德要求。
- 採取心理上而非身體上的處罰方式（意即代表認同感撤回的行為或給予可能失去認同感的威脅），進而引起焦慮或罪惡感，而非憤怒。
- 高度使用講理與解釋（歸納、誘導的方式）。
- 賦予責任。

對上述因素的平衡最好的闡述或許是Baumrind（*1971*）所謂的「主權式」（authoritative）父母的哲學（根據他的研究）。這類型的父母會嘗試著將子女的活動導向合理的規範，取決於特定管教情形所牽涉的層面。他們也會鼓勵口頭上的施與受，並與孩子分享規則背後的理由；重視孩子的表達以及所謂的「工具屬性」（instrumental attributes）（對權力、工作的尊敬），能夠同時讚許獨立自主以及受教順從的表現。因此這類父母在子女與他們之間有歧見時能夠作出堅決的控制，卻又不以限制來壓抑孩子。父母能夠體認自己作為大人的特殊權力，而也能夠體認到子女的個人興趣與特質。

良心與自我約束

從焦慮制約的研究所得到的原則以及工具性學習兩個立足點不同的理論，往往被用來解釋自我約束與對誘惑的抵抗力（*例如：Mowrer, 1960*）。學習理論學者認為，象徵罪惡感的行為，例如：自動告白（和盤托出事實）、自我批判與道歉是兒童違背父母所定的規則後，為降低焦慮而操作性習得的回應方式。罪惡感是許多道德行為中的一個層面，而觸犯規則時情緒上的不適或懊悔被歸為良心。

在大約五歲之前，兒童的確在觸犯規則時感到「不舒服」，但主要是因為害怕外來的懲罰或不認同。但大約在四歲到五歲時，焦慮或恐懼的觀念是發自孩子內在，此時孩子會在觸犯規則時感到罪惡。Hoffman（*1970*）觀察到：

> ……多數道德發展研究所遵循的觀念是將社會所接受的禁止與命令內化的過程。Freud 與社會學家 Durkheim 其中一項影響後人深遠的、成為現在社會科學家普遍接受的假設就是：人經歷一生的過程中，並不將整個社會所認定的常態看作是外來且強加於人、使人不得不從的壓力。但是常態對每個人而言，最初確實都是陌生的，最後個人透過早年的社會化推手──父母──而學習接受這些常態，而這些觀念成為個人內在的指導原則，使個人能夠在即使是沒有外在監督的狀況下仍能據此行動。換言之，來自他人的控制最後被自我控制替換。

威權式父母相當不一致的表現方式如果不是病態的，至少也被認為是對兒童的正常發展是有害的；他們的教養方式可能一方面極度威權，但另一方面又極度地縱容（毫無限制的自由，laissez-faire）（*Herbert,*

1974）。不循常規可能是鬆散、縱容教育方式的結果（*Herbert, 1987a*）；最極端的情況便是阻礙個人產生良好的適應。拒絕調適或限制自私衝動、或不肯遵循團體標準的孩子可能會被同伴排斥。這對社交人際發展來說相當嚴重，因為兒童對團體的歸屬感、由此歸屬感衍生而來的學習經驗以及同伴情誼被剝奪。

管教衝突

Hoffman（*1970*）提出一個觀點：所有促成社交與道德發展的管教方式之間，不論所採取的技巧為何，都有很大的共通點。這些管教方式特別重要，因為為數如此龐大的虐待事件就發生在被視為是管教行為的背景之下（見第 44 頁）。而管教技巧有三個部分，其中任何一樣都可能是管教方式的主軸：

- *威權獨斷（power assertion）*：Hoffman 認為，在親子關係研究中最可靠的發現就是威權獨斷與各種不同道德行為之間的負向關係。這可見於男孩與女孩，以及童年期中不同的年齡階段。

- *撤回認同感（withdrawal of approval）*：對父母收回愛與認同的威脅所產生的焦慮並非（根據與「學到的智慧」相反的證據）兒童將父母所教導的價值內化的主要促成因素。但仍有證據顯示，愛的抽離可能造成對憤怒的抑制（*見 Herbert, 1974*）。這產生了焦慮，而焦慮便造成對敵意與其他可能衝動的放棄。這可能使孩子變得較有可能接受成人的影響，但並不一定對道德發展（意指罪惡感與內在道德判斷）具有意義。當然最有趣的問題是：「若是根本就沒有愛與認同可以被威脅時將該如何？」父母拒絕孩子這個課題在第 175 頁已經詳盡討論。

- *誘導（induction）*：這是對道德發展最有利的一種管教方式。包括對孩子指出行為的後果、給予理由與解釋（攻擊行為的認

知建構在第 50 頁有更詳盡的討論）。

許多不同的社會與家庭狀況阻礙了某些孩子生活中前述因素的進行與作用。不和諧、互相排拒的家庭背景、管教方式的瓦解、失去雙親以及家庭破碎是兒童行為障礙常見成因中典型生活變項的例子；這當中的暴力行為便是本章的主題（*Herbert, 1987a*）。當家庭破碎，孩子似乎特別容易發展出行為障礙或出現偏差行為──一個實證研究所反映出的事實（*例如：West and Farrington, 1973; Farrington, 1995*）。

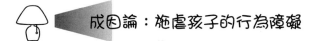

成因論：施虐孩子的行為障礙

兒童虐待與配偶虐待已被發現與許多社會、家庭與情境因素相關。但兒童與青少年的攻擊與暴力則不能僅以形成成人暴力的社會因素來解釋。被認為是造成兒童行為障礙（disorders of conduct）如此普遍的重要影響因素，其實與造成虐待兒童各個層面的因素相當類似。研究透露出，虐待父母的頻率與其他形式家庭暴力的出現頻率相關（*Herbert, 1987a*）。兒童經歷或目擊的暴力越多，他們就越有可能攻擊父母。若有同儕攻擊父母、在特定情境中贊同偏差行為、認為被逮捕的機率不高、或與父母依附不深的青春期兒童被發現是最有可能對父母暴力相向的（*Agnew and huguley, 1989*）。

在最近一份針對青少年與父母之間衝突、以及此類衝突與兒童虐待的研究（*Browne and Hamilton, 1997*）中，有四百六十九位英格蘭大學生完成衝突策略量表（CTS）與童年期經歷問卷（Childhood History Questionnaire），以便詳細分析過去他們用來解決衝突的技巧、以及童年的相關資訊。此研究顯示出，受訪者使用的技巧與父母所使用的技巧、以及早年父母虐待之間有顯著的關聯（見圖 9.1）。例如：Browne 和 Hamilton（*1997*）提到，對父母使用暴力的學生佔總數的 14%（有

4%使用嚴重的暴力），而這其中五分之四曾在童年被父母虐待。

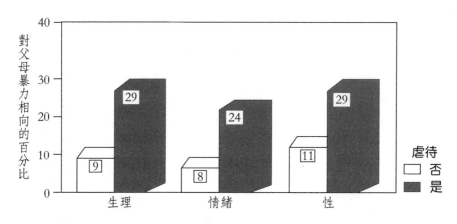

圖 9.1 對父母使用暴力的學生過去在不同類型早期虐待所佔的百分比（數值已經四捨五入）

（*取自 Browne and Hamilton, 1977*）

此外，Browne 和 Hamilton（*1997*）發現，被非家庭成員虐待並不會顯著地增加子女虐待父母的可能性。這些研究發現支持一個觀點：家庭所表現出的暴力對攻擊行為發展有相當深遠的影響（*Agnew and Huguley, 1989*）；也與下列假設契合，那便是：視暴力為解決衝突合理方法的家庭比較可能承擔各種形式家庭暴力出現的風險，其中也包括虐待父母。代代相傳的不利條件不斷循環是毋庸置疑的。施虐的父母可能教養出會虐待他人的孩子，而些孩子將變成虐待自己下一代的父母——等等現象不斷交替。令人不解的是為什麼有些人能夠打破這個循環？而有些卻不能？重點在於我們是否能（以及如何）將代代相傳的轉移過程停止（見第十一章）。

這並不是說，所有虐待父母的孩子都會被診斷為患有行為障礙，但行為障礙的判斷確實將父母的受虐狀況列入重要考量。考量兒童其行為障礙時，我們著眼的是遠超過正常範圍的不順從、反抗——許多

兒童「成長痛苦」中的一個特徵，以及到達使父母承受高壓的教養困難。在強度與頻率皆高於常態的狀況下，被認為有行為障礙的兒童是無法預測、好與大人爭辯、愛發脾氣、說髒話且暴力、心懷不滿且易為他人激怒的。他們經常主動地否定大人的要求或規則，並有意激怒他人（見 *Webster-Stratton and Herbert, 1994*）。而這些條件一般被定義為行為障礙的特徵。

Patterson（*1982*）的觀點是，不同形式的兒童行為問題有極大的重疊部分（在不同情形下被定義為反抗叛逆症〔oppositional-defiant〕、活動過度〔hyperactivity〕、注意缺失〔attention deficit〕或行為障礙），故深入了解該行為發生的社會與其他背景相當重要。了解造成問題的狀況比陷入以診斷條件狹隘地去定義行為更有意義。Patterson（*1976*）曾在不同家庭中進行自然觀察，此項研究的結論是：有些兒童的社會經驗受限嚴重，以致無法習得足以使他們能夠在家中或與同儕有效互動的技巧。這可能使十到十二歲的孩子發展遲緩到僅有三歲以下兒童的程度。這些兒童受同儕懲罰的機會高於非暴力兒童三倍。Frude（*1991*）指出，除了攻擊以外的因素——社會化不足、缺乏社交技巧、不成熟、冒犯他人的行為——都是與受同儕排擠高風險群的常見相關因素。這些特徵也經常與行為障礙相關，而上述各種問題無法不經處理而自動改善。

預後與篩檢

一般兒童的暴力、反社會行為通常會隨著年齡增長而遞減，但有嚴重行為障礙的兒童卻恰恰相反，類似的行為模式非常可能延續到青春期與成年期（見 *Herbert, 1989, 1991 最近的評論*）。最早探討這個問題的研究之一（*Morris et al., 1956*）是一份追蹤六十六名因為攻擊行為而有

臨床紀錄的兒童直到他們十八歲以上的研究。這份研究發現，其中只有14%的兒童可以被認為適應良好，其他則有幾種型態的嚴重適應不良，包括七名日後犯下刑案的孩子。過去的歷史顯示出，有些兒童遵循著攻擊式的路徑，有些則選擇非暴力的途徑，而其他則選擇濫用藥物。這些路徑的區別在不同型態的反社會行為、開始年齡的差異以及不同的結果。例如：走上暴力途徑的行為問題出現得早（有時在學齡前），並表現出許多不同的反社會行為，特別是暴力型態。非暴力型態的特徵則相反，行為問題開始年齡相對地較遲（青春期或兒童期晚期），並無攻擊性行為或反社會行為，像是逃學、偷竊或說謊。

　　若干反社會行為都被包括在行為障礙這個問題類型中，因此值得探討的是，其中是否有特定幾種型態的反社會行為比其他行為更能預測出未來適應不良的可能性？像攻擊這樣的行為，並不只是青春期與成年期不同類型人際上或心理上適應不良的良好預測指標，它們往往也顯示出未來長時間的穩定性與持續性。Olweus（1979）集合評論了十六份在一九三五年到一九七八年間主要在英美針對暴力所做的研究，這篇評論提出頗為適切的例證說明。他發現，這方面的研究從受訪者數目與年齡、評鑑攻擊行為的方法、最初與最終的測量或觀察時間間隔來分析，在在顯示出相當高的異質性。他重新計算並調整穩定係數（stability coefficients）後發現，暴力程度分數在時間一與時間二之間的關聯平均而言是0.60，如他所言，這個係數與智商的穩定性數值非常相近。

　　經過一連串研究，Loeber 與其團隊（見 Loeber and Dishion, 1983）分析過去的追蹤資料與回溯、縱向研究後發現，最好的指標是父母處理子女早期反社會行為時缺乏一致性、家庭中有反社會或偏差行為歷史以及學業方面表現不良。同時有過動與行為障礙問題的兒童改善的程度比起僅有行為障礙的兒童是較不理想的。

　　除此之外，個人也可能具有使攻擊性難以處理的固定內在特質。

Patterson（*1982*）對於能夠區分具攻擊性與不具攻擊性的男孩的歸因特質，亦即在模稜兩可情況下認為同儕懷有敵意的傾向提出了看法。如果孩子本身是具有攻擊性的，他們就比較可能將模稜兩可的情形認定是對自己有敵意的。由於他們難以對周遭情境投入注意力，或者通常無法仔細地分辨，家庭或遊戲場中複雜的互動情形自然提供了足以導致衝突的場所，其中很可能發生的便是將外來刺激曲解或作出錯誤歸因。幾項研究（*見 Patterson, 1982*）指出了，具有攻擊性的兒童對家人與同儕給予的社交互動訊息解碼（decoding）[2]時所經歷的困難，以及他們將對自己攻擊性的認知程度減到最低，而將他人的（特別是同儕的）攻擊性放到最大的傾向。

 ## 反社會、攻擊問題有關聯的家庭因素

已有為數不少的橫向與縱向研究探討影響兒童反社會行為的家庭因素（*見 Sines, 1987 的評論*）。例如：研究提出，父母婚姻問題與兒童反社會行為之間有重要的關聯。有些研究著重個人和社會人口方面的變項，像是家庭大小、兄弟姊妹人數、社經地位、父母是否一同生活、父母的犯罪紀錄或其他異常的個人特質。通常這些變項與反社會行為之間都有顯著的關聯，然而這些因素如何產生作用則尚待釐清。

對臨床工作者而言，更有趣的是推演出足以決定處理方法的問題形成過程。Patterson 及其團隊在奧瑞岡社會學習中心（*Patterson, 1982*）已經著手研究在這些家庭中互動的特徵。透過對具有攻擊性的兒童在家中行為仔細的觀察，他們發現，接受研究的家庭與正常兒童的家庭在許多方面都不相同，其中一項便是具有暴力性兒童的父母在管教上缺乏一致性。雖然他們經常使用懲罰，但由於懲罰並不是清楚地與犯

---

2 指對長期記憶中儲存的訊息，在應用時經檢索提出並予以還原的過程（張氏心理學辭典：東華書局）。

規相關，或者因為父母最後會在孩子反擊時放棄自己的要求，以致於懲罰無法奏效（詳見第三章）。

這類家庭的另一個特徵便是缺乏監督。具攻擊性的兒童比一般兒童更常被放任獨自一人。此外，具攻擊性兒童的父母通常是缺乏溫暖、無法愉快地參與與孩子共有的活動。他們傾向於不明白地告訴子女什麼是對、什麼是錯，或者在社交情形中應該如何表現。

Webster-Stratton（*引自 Webster-Stratton and Herbert, 1994*）發現，具攻擊性兒童的母親往往可能認為，她們自己才是孩子攻擊下的受害者。因此我們可以合理地假設，如果孩子經常遭受家人的批判，便可能產生不良的自我形象，導致表現出攻擊的傾向，特別是在具有威脅性的人際互動中。在這樣的情境裡，孩童可能以攻擊行為來終止來自父母或其他家庭成員令人反感的互動方式。事實上，這個過程正如 Patterson（*1982*）所形容的「強迫式的家庭過程」（見第三章）。此理論主張：具攻擊性、有行為障礙的兒童表現出過度的行為使父母反感，父母因而也採使用同樣過度的行為回敬孩子，最後進入一個吵鬧與憤怒不斷升高的螺旋中。這樣的互動對具攻擊性的兒童以及他們的父母來說，都是有增強作用的。父母最後的讓步提供孩子攻擊行為的正增強作用。在這種情形下要了解兩者之間的因果關係有其困難。以反社會行為的發展而言，這些過程可以被看作是一連串的正向回饋環節。不適當的教養方式會養成兒童反社會行為以及缺乏技巧，這些特質繼而使得父母教育子女時遭遇更多困難。

 **處理方式**

被指定要經過心理評估的兒童裡，大約有三分之二表現出行為障礙或反抗叛逆症（*見 Herbert, 1995*）。Olweus（*1979*）提出一項警訊：並

沒有證據支持「問題不經過處理就能隨著年齡增長而消失」這個看法，他們可能需要大量的治療輔導，不然成年後可能會有嚴重的潛在問題。

令人憂心的是，證據顯示，只有 20% 至 33% 有嚴重心理問題的英美兒童接受他們所需的治療。此外，問題較不嚴重的兒童比有長期嚴重問題的更可能接受資源不足的治療（見 *Herbert, 1995*）。

一份預防或治療性的工作計畫可能必須著重在兒童（或青少年）的家庭上。方法上包含三個處理工作可視為目標的階段：全面、雙向以及個人（見表 9.2）。

表 9.2　預防工作計畫：可能的處理策略

1. **全面層次**
・書面契約
・協調訓練
・解決差異
・後效契約（交換理論）[3]
・增進溝通
・釐清角色與規則
・改善實體環境資源（例如：兒童照顧）
2. **雙向層次：互動／關係**
・增進正面互動
・操作制約應用（增加正增強──「提出孩子良好的表現」）
・減少威脅與批評
・與孩子一起遊戲
・協調公平／為數不過多／清楚的規則
・善加經營婚姻

---

3 治療師與當事人事先簽訂一種契約，詳細定下當事人在行為上必須進步到什麼程度才能獲得某種酬賞。其用意是讓當事人自己的行為後果（是否達到契約所定的程度）來約束自己以後的行為（張氏心理學辭典：東華書局）。

3.個人層次：父母
- 增強更有效教養方式的訓練（例如：使用有效的處罰方式）
- 接受發展輔導，以增進知識／減少錯誤的期待與歸因
- 認知重建
- 減少不適當的焦慮／憤怒反應：
  —放鬆
  —自我對話
  —自我控制訓練
- 技巧改善

子女
- 遊戲治療
- 行為治療
- 技巧訓練

　　針對全面的工作，例如：家庭治療在第七章加以描述。可能必須提出的重點可能是必須找出：

- 如何以兒童發展方面的知識為基礎，產生更有效的管教（意即社會化）方式。
- 如何找出可能造成孩子反社會行為的家庭因素（包括自身的行為）。
- 如何改變具攻擊性兒童家中常見的強迫互動模式。

發展輔導

　　在管教問題上的發展輔導——根據第七章評論的文獻——同時有預防以及治療的功能。這可以在個人或（更經濟的）團體模式（見 *Webster-Stratton and Herbert, 1994*）下進行。育兒智慧親職訓練課程（Child-Wise Parenting Programme）（*Herbert and Wookey, 1997*）發現，透過發展輔導以及認知行為課程的幫助，這些父母幫助自己以及子女走出各種難

題的能力是相當令人振奮的。Patterson 和 Fleischman（1979）也發現同樣的結果。

　　不論是在家庭或在團體時間，針對管教以及其他兒童管理問題的討論所帶來特別的重要價值似乎提升父母的信心。父母之間討論錄影帶內容，做家庭作業，並可取得講義。在育兒智慧親職團體中，許多不同的問題被提出，值得辯論與釐清（表 9.3）。這個課程是根據兒童發展與心理病態研究文獻，並在特定的實務內容融入Webster-Straoon 和 Herbert 所設計的課程與教材（見 *Webster-Stratton, 1988; Webster-Stratton and Herbert, 1994; Herbert, 1987b, 1992*）。一個合作模式提供了課程中的治療層面所需資訊（見第 173 頁）。

表 9.3　值得討論與釐清的論點

- 管教程序最好從一開始就使用
- 找出管教時大致的策略
- 有清楚的順序
- 訂出「家庭規則」
- 僅作出合理且公平、適合孩子年齡與能力的要求與命令
- 僅是給予快樂與愛並不夠，仔細的訓練仍是必要的
- 表現出愛，並培養孩子的愛與尊敬
- 對孩子設下應有的限制
- 試著有足夠的時間陪孩子，鼓勵他們靠自己的力量學著怎麼處理生活
- 解釋管教行為背後的理由
- 仔細地聽孩子想說什麼
- 透過鼓勵個人習慣與必要例行工作的養成，使孩子準備好面對生活
- 問孩子在做什麼，而不要問他為什麼這麼做
- 使孩子覺得表現良好是值得的——也就是說，強調正面的部分
- 判斷何時必須不理會孩子的不當行為
- 後果（正面或負面）應該在父母決定要鼓勵或不鼓勵的行為後即刻發生
- 試著在不當行為萌芽的時候就剪除它
- 一致性
- 以明白、堅定與自信的方式作出要求／命令

- 告訴孩子什麼該做與什麼不該做
- 透過交付孩子責任給孩子機會學習負責
- 告訴年長一點的孩子別人的感受
- 不可為年輕孩子的性格貼上負面的標籤
- 持續地作出堅定的道德與社會要求
- 教導孩子妥協的藝術
- 鼓勵（透過舉例）孩子與他人協調
- 時時注意孩子：監督（如果不是監視）不是骯髒的字眼

行為親職訓練（Behavioural Parenting Training, BPT）

這個共通的名詞涵蓋了各種不同被設計來增進父母處理策略、技巧以及自我所認定的效能（信心）的方法。其目標是減少家人互動之間的衝突與反抗，增加正面互動的效力，以及減少暴力（在虐待發生的情形下）。

Webster-Stratton 和 Herbert（1994）比較偏好「與家庭共同合作」這個名詞，而不傾向採用「親職訓練」；因為後者似乎意指，課程是建立在治療師與父母間單向的交流，而不是真正一起發展處理家庭難題技巧的合作關係。無論如何，我們還是必須簡短地了解行為親職訓練（BPT）的演進過程，以了解其理論根據以及歷來所宣稱的效度。

一九六○年間，學者開始主張，父母可以學習使用行為原則與技巧來處理孩子的行為問題，並改進自己的行為缺陷。在一項典型的早期個人訓練課程中，Zeiberger、Sampen 和 Sloane（1968）探討教導父母使用後果控制方法，像是移除正增強物（time-out）、消弱作用（extinction）[4]、與差別增強（differential reinforcment）來減少一名四歲男

---

[4] 指制約反應形成後，個體對制約刺激反應強度逐漸減弱、終而消失的現象（張氏心理學辭典：東華書局）。

孩的攻擊行為，並增加他遵照指示的意願。他們成功地改善了他嚴重的哭喊、打架、反抗、嘲笑與支配他人的行為。

治療是在家中進行，由母親擔任治療師。作者訓練父母在家中每天運用一個小時，示範如何應用差別增強。過程包含不理會不恰當的行為、將可能對男孩產生正增強行為的物品移除、並將食物或特別的玩具與順從行為配對的方式給予社會酬賞。父母並不需要負責觀察記錄，觀察記錄是由兩名觀察員在家中進行。訓練侷限於特定的處理問題技巧，而非廣泛的討論、辯證、角色扮演與教導生活技巧（例如：溝通）以及能夠提供家庭導向行為課程的課程表。

行為親職訓練主要是應用在有嚴重行為障礙的兒童，特別是親子關係有障礙的。行為親職訓練使用三方治療模式，其中治療師透過被委託兒童的照顧者間接改善問題，而非（如雙向模式）治療師主要且直接地輔導兒童。在這個模式中，父母的行為改變被視為孩子行為改變的先決條件，因此重要的是直接對父母產生影響，而非被委託的個案——兒童或青少年。三方模式的另一個理論根據是，父母與這些兒童之間的接觸比心理師或社工更長久深遠。由於任何行為最重要的就是一致性，以及課程早期對細節必須投入大量的注意力，因此訓練父母成為自己治療師的好處似乎是不言而諭的。當然，有些照顧者是教師或兒童之家裡的社福工作人員，但大部分的照顧者都是孩童的親生父母或養父母。

社會學習理論學家認為，雖然孩子可能有在遭受挑釁的情形下暴力相向的傾向，但攻擊行為的本質、頻率與強度則取決於社交背景，若非由自身直接經驗，便是透過觀察他人養成。攻擊行為的維持被認為，大部分是取決於攻擊行為所帶來的後果。具攻擊性兒童的父母往往不懲罰攻擊行為，反而酬賞這樣的行為。

以個人或團體輔導為主的行為親職訓練已經被證實，在處理攻擊與其他反社會行為上有良好的成效。Patterson 一份早期的研究（*引自*

Patterson, 1982）評鑑了二十七名由於兒子在「社交情境中具有攻擊性」
而參加奧瑞岡社會學習中心所提供行為親職訓練課程的父母。他提到，
這項課程在所有兒童中的 75%可以見到偏差行為上平均減少 60%（基
線比對治療後）。所以如果有效地訓練家庭各項處理技巧能夠減少家
庭的「強迫性程度」，那麼我們或許可以期待治療成效能夠持續。Pat-
terson 和 Fleischman（*1979*）的研究顯示出這樣的結果（見圖 9.2）。

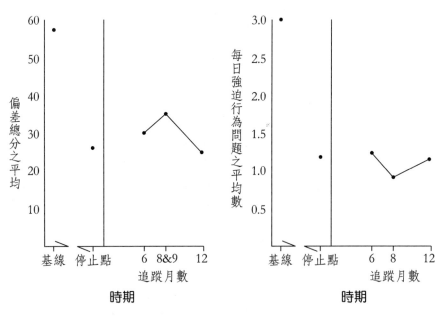

圖 9.2　接受治療兒童的追蹤資料（*取自 Patterson and Fleischman, 1979: 179*）

　　Patterson（*1982*）指出，治療後問題會再度浮現，而如果父母能重
新恢復家庭管理程序，應該能夠再次奏效。事實上，每個成功都是一
個負增強的例證，增加了父母未來應用家庭管理程序的可能性。某方
面來說，持久的機制已經被「植入」。由於還有其他生活因素可能導
致（正如節食一般）已定下的規則與限制漸漸「鬆散」，繼而失去控
制，所以 Herbert（*1987b*）主張，使用後援課程時段來鞏固並維持已得

到的改善。

Patterson（1982）根據超過兩百個具有極度攻擊性與反社會行為兒童的家庭的經驗，目前可以肯定地說，改變家庭管理風格能夠改變反社會行為。這項治療中的焦點是，鼓勵（與監督）有效的家庭管理技巧。這樣的工作被認為是必要（但仍舊不足）的構成要素。第二個要素就是：治療師必須在面對家庭對改變的反抗時有良好的處理技巧，這樣的反抗是絕大多數被委託治療家庭的共同特徵。一般而言，這個程度的臨床技巧需要經過幾年接受指導下的臨床經驗才得以養成（見 *Hollin, Wilkie and Herbert, 1986 在應用社會學習理論方面的討論*）。

最近針對不同臨床樣本的研究（見 *Callias, 1995*）著眼於五個問題：

- 訓練能夠普及化的程度
- 認知／態度／人口因素間接改變訓練效能的角色
- 以理論或以技巧為課程根據
- 有行為問題的家庭中有哪些特徵可以預測訓練結果
- 治療的可接受度與受輔者的滿意度

Scott 和 Stradling（1987）對 Scott 課程進行了評估；這項課程是為典型的社會福利機構服務對象，像是單親、低收入或以國家福利金為生的家庭所發展的課程。這項課程可以由社工或熟悉課程手冊內容的社工助理進行。其中包括六個九十分鐘的課程，每星期進行一次。這段時間裡會教導家庭各種不同的行為技巧（例如：經過設計的不理會、社交增強〔social reinforcement〕、移除正增強〔time-out〕、回應的後果、新技巧），大部分是透過角色扮演。一個月之後進行追蹤。每個團體則由五到八位母親組成。

總共有七十七位母親接受處理子女（年齡在二歲到四歲之間，平均年齡三點一四歲）行為問題的訓練。他們的進步情形則透過對治療組與對照組在治療前與治療後的測量作出比較評估。

治療成效的維持則是在課程結束後三個月再度測量，某些測量則

是在六個月後進行。結果顯示,這項課程顯著地減少了母親所認定的子女行為問題次數與強度、母親本身的憂鬱程度、向內或向外的易怒程度,以及父母所認定的兒童行為障礙問題程度、衝動程度與焦慮程度。這也明顯地改善了母親的子女管理技巧。這些改變在六個月後依然能夠維持。

所有新的治療方式都需要積極的評估(不幸的是,許多評估效度並未建立),所以我們確實無法證明行為親職訓練是問題的萬靈丹。研究對是否所有有行為問題兒童的家庭都能從純粹的行為親職訓練中得到一樣的收效提出了質疑。然而為了因應大量具有攻擊性、行為障礙的兒童與專業人才短缺,各機構越來越可能採取的部分措施就是改良的親職訓練。使用較廣泛的合作模式,加上有效輔助學習(例如:親子錄影帶系列)的成果足以顯示,這類課程是項成本效益頗高的投資(*Webster-Stratton and Herbert, 1994*)。

課程內容

評估親職訓練時主要的困難之一就是,這項專有名詞已被用來形容各種不同、種類多到令人困惑的治療課程。若這些課程都是根據學習原理、發展原理與父母行為,共同的要素便成立。若干研究裡,心理師或社工個別與一對父母進行輔導,而其他課程卻是兩人對最多可達十人的團體方式進行。如第 220 頁所述,行為親職訓練採用過去曾經使用過各種不同的方法,若非以個別方式,便是混和使用不同方式來教導父母(特別是)後效處理與契約建立、解決衝突技巧、親子互動與家庭組織。

有些甚至全部的訓練可能在診所、家中或家庭中心進行。目前比較少強調的是,針對特定行為的後效處理,以及兒童管理方面的大原則、家人之間的互動、婚姻關係(這在問題兒童的家庭中頗為常見)、

與其他人際方面與技巧相關的問題。問題複雜性的差異、家庭價值觀、態度、兒童氣質性情方面的個別差異等因素，在設計個別課程時都需要彈性處理。

　　Webster-Stratton（1988）為有行為障礙的年幼兒童所設計的親職訓練課程就是相當完整，並且已被仔細地評鑑過的課程良好範例之一。其內容是為有三到八歲之間孩童的父母所設計。此研究最令人感興趣的是，它發展出能最有效訓練父母的方法——成本效益高、應用範圍與維持性廣的方法。此課程使用錄影帶示範方式。所示範的親子互動是正面多於負面的，呈現負面或矛盾的例子背後的用意是去除對「完美的管教方式」的憧憬，並顯示出，我們如何從彼此的錯誤中學習。另一方面就是嘗試經由營造對錄影帶內示範角色的正面情感，以提升父母的模仿效應。錄影帶中的角色有不同性別、各種年齡層、文化背景、社經背景與氣質，所以父母會認為這些角色與自己以及自己的孩子相仿。

　　基本的親職訓練課程包括了一系列十個示範教養技巧的錄影帶（二百五十個短篇，每一篇長度約一到兩分鐘），這些短篇由治療師播放給一組父母（一組約八到十二個人）觀看。在每個短篇之後，治療師針對相關的反應主導團體討論，並鼓勵父母提供想法、解決問題的技巧以及角色示範與複誦。這項課程目前已經讓超過八十個有行為障礙孩子的父母完全自我學習（父母在沒有治療師給予意見或團體支持的情況下自己完成所有錄影帶課程與家庭作業）。而後有一份以六個錄影帶課程為基礎的課程（ENHANCE），是針對教養技巧以外家庭問題而設計，著重於像是憤怒管理、抑鬱的處理、婚姻溝通技巧、問題解決技巧、以及如何教導孩子解決問題與更有效地處理自己的憤怒。這兩個課程中，雖然父母都必須在家與孩子練習各項技巧，但孩子本身並不參與治療課程。

 **訓練結構**

　　研究已嘗試著找出，促使治療結果成功特定的組成要素，以及如何最有效地訓練父母。以下是三個廣泛的親職訓練方法：

　　1. 在個別輔導當中，對父母在特定問題方面的抱怨，會給予他們如何表現以及不同行為後效的指導。個別指導包括使父母能夠在後效管理時給予簡單的指導，到如同治療師一樣完全參與，進行各層面的觀察、記錄、課程計畫與實施。

　　2. 控制下的學習環境是親職訓練另一個型態，諮詢涵蓋高度計畫性的個別指導，由諮詢人員直接決定或示範親子互動方式。在父母與孩子互動後會給予詳細的意見。

　　3. 另一個訓練父母的方法是教育團體。課程的長短、密集程度與結構不盡相同。不同的學習輔助方式，像是講座、指導、手冊、角色扮演、對錄影帶示範提出想法、模仿示範、討論與家庭作業等等都可以應用。

　　父母接受建議與閱讀材料的輔導架構以及個別訓練方式都有良好的收效（見 Herbert, 1987b）。父母也成功地以團體的方式被訓練（見 Webster-Stratton and Herbert, 1993）。這個方法自然被拿來與其他訓練模式作成本效益上的比較。Christensen 等人（1980）直接比較這三種架構。雖然三種方法中的父母都認為，自己的孩子在治療結束時有顯著的進步；但是由父母所記錄的行為觀察顯示，個人與團體架構比「僅使用諮詢方式」來的有效。父母認為，個別治療方式最令人滿意，但這種架構在探討親職訓練課程內容的比較研究中卻被發現是最昂貴的。治療師會區別，著重於教導一般行為原則以及改變孩子某些行為問題的技巧的廣泛型訓練，與只針對所提出問題而給予的技巧訓練這樣的特定式訓練。

評估

　　針對廣泛型課程內容所做的研究（*例如：Christensen et al., 1980*）指出，雖然個別與團體訓練似乎都會幫助父母實地應用所學技巧，但父母只要閱讀手冊就能夠學會一般的行為改變技巧。Ollendick 和 Cerny（*1981*）對親職訓練內容與架構方面提出評論，他們的結論是，雖然行為原則的訓練可能無法明顯地增加父母在行為理論對孩子管理技巧上知識上的理解，或改變他們對親職訓練的態度，但建立這些基本原則的知識基礎似乎能夠在未經訓練的情形下增進新學技巧的落實與應用。

　　重要的是行為親職訓練與社交技巧訓練到最後被視為萬靈丹的命運不同。並不是所有的個案都能從這個方法得到幫助。當然，負面的結果可能反映的是，錯誤的臨床形成過程推演，或者是治療師本身缺乏足夠的能力，也可能是父母無法將學習原則概念化或抗拒去察覺孩子行為上的改變。有些臨床工作者主張，失敗有時候是反映出高度壓力（社會經濟、婚姻與個人），造成父母在疲憊不堪與絕望的情形下而無法盡全力（*見 Webster-Stratton and Herbert, 1994*）。令人失望的結果可能與父母過去被養育的方式、育兒管教概念與「訓練者」的觀念格格不入有關。應用社會學習方法中，社經地位較低、有強烈個人想法的父母或單親父母所呈現的較不理想的結果，可能是由於他們缺乏對訓練關聯性的認知與表面效度。也許這種已經花費許多年嘗試著處理自己難以駕馭的孩子的父母只是在尋找「更好」（更有效）的懲罰方式，而非一個需要長期投入、強調酬賞與子女光明面──許多課程的特徵──的計畫。換言之，這是觀念上的差異；他們有時候尋找的是較為迅速可見（懲罰導向）的成果。

結論

　　雖然提出這些警示性的意見，但仍必須強調，親職訓練是處理有高度攻擊性兒童與採取不良管教方式家庭的主要希望。Webster-Stratton 和 Herbert（1993）對這方面工作所做評論的總結是，短期治療的成功與否，必須由親子雙方行為上顯著的改變以及父母明顯地意識到孩子的調整來證明。同時，家庭觀察顯示出，父母成功減少孩子攻擊性程度的百分比在合理的追蹤期間裡是 20%到 60%之間（一至四年間）。但是評鑑兒童如何將在診所內的表現應用到學校生活方面的研究結果則不見得一致。

　　比較研究方面發現，以 Patterson 親職訓練為基礎的課程比以家庭為主的心理治療、注意力安慰劑（僅提供討論）與未接受治療更有成效（Patterson, Chamberlain and Reid, 1982）。從 Forehand 和 McMahon（1981）規畫所衍生出的課程比家庭系統治療顯得更有成效，而團體課程則比實效親職系統訓練（Systematic Training for Effective Parenting, STEP）為基礎的團體討論成效更佳（詳見 Webseter-Stratton and Herbert, 1994）。

　　對青少年虐待父母這個問題早期處理的需求不應該被低估。青春期之後，強迫式的親子關係可能持續，甚至惡化。這可能演變成虐待老人。當父母年老、越加依賴之後，可能會被已經成年並握有「權力」的孩子虐待和／或忽視。因此，虐待老人的概念、預測與預防便是下一章的主題。

第十章

預測與預防虐待老人

　　雖然「毆打祖母」早在一九七五年被提出（*Baker, 1975; Burston, 1975, 1977*），但是老人虐待與忽視這個普遍的問題最近才被正視。在這個主題上可尋得的文獻數量反映出，這個問題仍是家庭暴力研究中最少被觸及的領域。然而，已逐漸有些許評論問世，其中總結了當前對這個問題的了解（*例：Pillemer and Wolf, 1986; Quinn and Tomita, 1986; Steinmetz, 1988; Breckman and Adelman, 1988; Bennett and Kinston, 1993; Decalmer and Glendenning, 1993; Eastman, 1994; Biggs, Phillipson and Kingston, 1995; Pritchard, 1995*）。

　　如其他型態的家庭虐待一般，對老人的虐待涵蓋相當廣泛多樣的現象，其中包括肢體傷害與痛苦、精神傷害與極度的痛苦、孤立、不提供生活基本需求：食物、住所、醫療與個人照顧、以及經濟上的剝削（見第一章，表 1.2）。

高齡化社會

　　西方社會主要的人口結構改變使得老人虐待漸漸受到關注：(1)二十世紀以來人類的平均壽命增加了 50%；(2)英國六十五歲以上的人口

數目於一九八九年佔總人口 15.6%（八百九十萬），而可以預期的是到二○○一年會增加到16%（九百二十萬）；而到二○三○年更可望增加到 19%（*Field, 1992*）。特別是八十歲以上的人口，會從一九八九年的兩百萬急速地增加到二○○一年的兩百五十萬，佔英國人口總數的 4%（*op. cit.*）。

需要幫助的老年人口也會因為老化與精神、生理障礙之間的正向關聯而增加。七十五歲以上老人帶有某種失能的比例是 63%的女性以及 53%的男性，所有失能的成年人裡大約有 70%年齡在六十歲以上（*Central Statistical Office, 1989*）。大多數的支援都是來自老人們自己的家庭，通常是配偶或已成年的子女（*Henwood and Wicks, 1984*）。根據一九八六年的普查，只有非常少數六十五歲以上的老人（約 5%）永久居住在安養機構（*Field, 1992*）。大多數的老人（79%）居住在一般社區中，若非獨居（34%）便是與配偶（43%）同住。大約19%的老人與成年的子女共同擁有房產，但是僅有 5%是離開自己的房子而搬去與成年子女同住（*Dale, Evandrou and Arber, 1987*），所以大多數老人是與成年子女共享他們自己的房子。

人口結構改變與目前強調「社區照顧」責任（*DHSS, 1981; Griffiths, 1988*）兩者的聯合效應，可能造成為數更多的老人承受在家中受虐待與忽視的風險，特別是在「非正式照顧人員」的支援服務有限的情況下（*Armstrong-Esther, Browne and Esther, 1997*）。

因此被發現在老人虐待方面文獻提出受虐風險最高的是「虛弱」的老人，他們通常是七十五歲以上，或有生理與／或精神上的障礙。因此，大部分家庭中老人虐待與忽視的加害者是那些承擔照顧責任與壓力的中年親人（*Kosberg, 1988*）。Pierce 和 Trotta（*1986*）提出，照顧年長親戚所帶來的壓力可能是大多數案例中暴力的導火線（63%）。

虐待老人的型態

美國國會裡的高齡化特別委員會（U. S. Congress Select Committee on Aging）（*1981*）對虐待老人所下的定義是：「刻意造成生理上的疼痛、傷害或精神方面的衰弱、痛苦、不合理的禁錮，或照顧者蓄意剝奪個人維持精神與生理健康所需的照顧。」當然，這樣廣泛的描述並不限於家庭，可能包括政府本身推動的政策直接或間接造成的後果。

關於家庭中的老人不當對待（maltreatment），Eastman（*1989, 1994*）識別出下列不當對待的例子，並加以提出：肢體暴力，包括受肢體暴力虐待的威脅；性虐待，包括強暴與色情圖片；忽視，像是將年長親人鎖在房間裡、拒絕提供食物、物質或精神上的支持；遺棄，在醫院、老人之家甚至街頭；心理虐待，包括恐嚇、羞辱或威脅要遺棄他們；剝削，像是照顧者以老人的經濟資源作為個人利得。

有些研究者主張，心理虐待與忽視不應該被包含在不當對待的定義中，不當對待應該著重在導致傷害的肢體暴力或施加肢體暴力的意圖（*Crystal, 1986; Johnson, 1986; Pillmer and Suitor, 1988*）。但是如此一來便沒有考慮到，忽視也可能威脅到一個脆弱且必須依賴他人的老人的生命安全（*Douglas, 1983*）。有人也曾提出，害怕被毆打或懲罰的心理虐待對受害者造成的傷害與真正的肢體虐待相等（*Pedrick-Cornell and Gelles, 1982; Giordano and Giordano, 1984*）。虐待與忽視在成因與概念上可能有所區別，但是任何虐待老人的定義都必須考慮這兩者。Valentine 和 Cash（*1986: 22*）試著將兩種型式合併成一個與第一章對一般家庭暴力所做定義相似的實用定義。

作為一個概括性的名詞，不當對待老人（elder maltreatment）

意指，在非意外的情形下，由於照顧者、監護者或親戚的行為（虐待）或忽略（忽視）而造成老人遭受生理傷害、生理需求被剝奪或精神上的傷害。

　　過去，老人虐待的定義經常不一致。但是目前對於構成老人虐待與忽視的要素已有共識。Douglas（*1983*）和 Eastman（*1989*）所提出的老人不當對待定義已漸漸被其他研究者接受（*例如：Hudson and Johnson, 1986; McCreadie, 1994; Pritchard, 1995*），並反映第一章（表）概述的一般家庭暴力定義：生理、性、心理與情緒虐待，蓄意或無意的忽視。若干學者（*例如：Wolf, 1986*）特別強調，其中一種老人虐待——那就是物質／經濟上的虐待，牽涉到違法或不當的剝削與／或使用其金錢或其他物資。此外，照顧者假裝生病求醫（Munchausen's syndrome by proxy）也被歸類為老人虐待的一種（*Simth and Ardern, 1989*），與兒童的照顧者持續偽造病歷以及刻意造成傷害的方式相似（*例如：Meadow, 1982*），這造成了依賴者接受有害的醫療檢驗與診治。然而，肢體虐待仍被認為是最常見的虐待型式（*Haviland and O'Brien, 198*9）。

　　Pillemer 和 Finkelhor（*1988*）進行的一項調查顯示，絕大多數曾遭受不當對待的老年人陳述自己曾經歷肢體虐待：其中45%曾遭丟擲物品；63%曾被抓或被推擠；42%曾被掌摑；而 10%曾經被拳揍、被咬或踢。Lau 和 Kosberg（*1979*）早期所做的研究也有相近的結論。但是有些研究（*Steinmetz, 1978; Douglas, 1983; Hudson, 1986*）發現，忽視才是最常見的不當對待，肢體虐待反而比較不普遍。例如：做家事或購物時將需要持續看護的老人綁在床上或椅子上，或為了使老人更容易照料而過度使用安眠藥或酒類。重要的是，必須了解到這類的忽視並不一定都是刻意要傷害老人，可能是因為缺乏如何照顧老人的知識，所以某些案例中的虐待並不是蓄意造成的。

　　在美國，Block（*1983*）指出，照顧者使用各種不同的方式來控制

自己的年長親人：40%對老人吼叫；6%施以身體上的束縛限制；6%強迫餵食或用藥；6%威脅要送他們進老人院；4%威脅要使用肢體暴力；以及 3%施加肢體暴力。美國警察部門報告發現，所有針對老人的攻擊中有 62.7%是來自平日照顧他們、配偶以外的親人（*Baltimore Police Department, 1978*）。

其他研究者認為，心理虐待是最普遍的老人不當對待（*Pratt, Koval and Lloyd, 1983; Wolf, 1986; Eastman, 1994*）。如前面章節所述，不同型態的不當對待同時存在，而且相關的比較可能反映出的是，每個研究所要尋找的答案並不相同。所以造成比較的效度令人質疑。例如：一份對衛生專業人員的訪談研究發現，大部分不當對待的案件本質是肢體方面的不當對待（*Lau and Kosberg, 1979*）；但另一份針對社會局所處理案件進行的研究發現，大多數受害者遭受的是心理虐待（*Block and Sinnott, 1979*）；而另一份針對法務單位的研究則發現，最常見的虐待案件是經濟上的虐待（*Sengstock and Barrett, 1986*）。

無論如何，實證研究文獻的評論（*例如：Rathbone-McCuan, 1980; Taler and Ansello, 1985; Zdorkowski and Galbraith, 1985*）注意到，兩個不斷被提出的發現：老人不當對待鮮少只侷限於單一時段或單一類型的虐待或忽視。研究證據指出，許多牽涉到老年人的虐待式關係已經持續許多年（*O' Malley et al., 1984*），而一種虐待型態的發生似乎能夠促成其他類型的發生。

老人虐待的程度

在家中遭受虐待與忽視的老人數目大約是所有六十五歲以上人口的 4%到 10%之間（*Pierce and Trotta, 1986, 1986; Hudson and Johnson, 1986; Pillemer and Suitor, 1988; Ballantyne, 1989; Ogg and Bennett, 1992*），但是由於缺乏統一的報

告、紀錄保存與實證研究方法，所以並沒有確切的統計數字可供記載老人不當虐待的範圍（*Salend et al., 1984; Crystal, 1987*）。

Lau 和 Kosberg（*1979*）以及 Block 和 Sinnott（*1979*）早期曾嘗試估計老人虐待與忽視發生率。他們報告發生率分別是 9.6%與 4%。這些數據後來被英美其他研究者與決策者廣泛地應用（*Pillemer and Finkelhor, 1988*）。不幸的是，這兩份調查都有回收率低、樣本小、與地理上只侷限於美國某些地方等問題。

一份在老人虐待方面較為完整的調查是 Pepper 和 Oaker（*1981*）在全美五十州所進行的，他們試著以外推法找出全國性的發生率。他們提出，老人虐待與忽視的案件有兩萬八千八百六十九件，發生率是 4%，確認了 Block 和 Sinnott（*1979*）的估計。

一九八八年，Pillemer 和 Finkelhor 進行了一項大型的老人隨機取樣調查（n = 2020），針對他們遭受肢體暴力、言語攻擊與忽視的經歷。他們提出的普及率是每一千個老人裡有三十二個曾被不當對待，而發生率則是每一千個老人中有二十六個。但是有人主張，這份估計可能趨於保守，老人虐待與忽視真正的程度仍舊被隱藏（*Quinn and Tomita, 1986; Kosberg, 1988*）。曾有人提出，只有六分之一老人不當對待案例被提報到政府機構（*Pepper and Oaker, 1981*）。老人不當對待無法被發現有幾個可能的解釋。第一，家庭成員，包括施虐者與受虐者可能是沈默的共謀（*Council on Scientific Affairs, 1987*）。Lau 和 Kosberg（*1979*）發現，三分之一被認為應該曾經受虐的老人否認任何問題，與 Chen 等人（*1981*）的發現相似。年長的受害者否認受虐的可能原因是害怕施虐者的報復手段（*Kosberg, 1988*），也可能是對於承認受自家人虐待感到羞恥與尷尬（*Quinn and Tomita, 1986*）。老人可能不願意對親人採取法律或刑事訴訟，因為害怕最後的解決方案比原先的問題還糟，例如：被送進安養機構（*Fulmer and Cahill, 1984*）。他們也可能對受虐感到自責，這與配偶虐待及兒童虐待受虐者其中一個特質相同。通常他們對施虐者的愛超越離

開的欲望（*Gelles and Cornell, 1990*）。

　　施虐親人也可能否認自己的虐待行為，因為他們害怕來自親友、鄰居的非官方懲戒，與來自警方和法庭的官方罰則（*Kosberg, 1988*）。他們也可能對於承認自己失控且訴諸虐待行為而感到羞恥與罪惡（*Chen et al., 1981*）。

　　第二，老人虐待不被發現的另一個原因可能是，專業人員在偵測問題上的失敗，或對老人虐待發生可能性缺乏認識（*British Geriatrics Society, 1988; Powills, 1988; Rathbone-McCuan, 1980*）。虐待最常發生在私人住宅範圍內，隔絕了來自外界的檢視。老人並不牽涉在像是受教育或工作這類社交網絡中。平均而言，他們比年輕人更被孤立隔絕在社會主流之外。社會並不要求老人必須離開住處而能夠被親人以外的人見到（*Browne, 1989c*）。事實上，個案—控制研究（*Phillips, 1983; Pillemer, 1986*）發現受虐老人的對外聯絡比控制組裡未受虐的老人少。

受害者特徵

　　絕大多數（70%到 80%）的個案牽涉到一位女性年長受害者，年紀在七十歲以上，與施虐者同住（*Hocking, 1982; Johnson, 1986; Eastman, 1994*）。有人宣稱，不當對待的風險會隨著年齡增加（*Filmer and Cahill, 1984*）。但是 Pillemer 和 Finkelhor（*1988*）提出，「年紀稍輕的老人」（六十五至七十四歲之間）的受虐風險是相等的，而這個年齡層中的男性比女性更可能受虐。

　　此外，有生理或精神上障礙的老人更可能遭受虐待或忽視（*Pillemer and Finkelhor, 1988; Eastman, 1994*）。有一個假設是，這樣的老人對照顧者依賴更深而造成這個結果（*Steinmetz, 1988*）。那些必須依賴他人的老人比較有可能成為忽視的受害者；而能夠獨立的則傾向於遭受肢體虐待

（*O'Malley et al., 1984; Wolf, 1986*）。

曾有人指出，某些家庭中的年長依賴者變成家庭中發洩緊張、憤怒、沮喪或不滿等情緒時的代罪羔羊（*Chen et al., 1981*）。年長受害者由於他們的依賴、被孤立、無力感、與不良的生理心理健康而變得更加脆弱（*Chen et al., 1981; Anetzberger, 1987*），而這些因素很可能日益加劇，因為它們可能也是暴力的後果，這使得受害的老人更脆弱、更可能再度受虐（*Mindel and Wright, 1982*）。一個惡性循環就此產生（見第二章）。

 ## 加害者特徵

最常見的老人虐待加害者是與受害者同住的親人（*Hudson, 1986*）。這些施虐者可能是同樣年長的配偶（*Pillemer and Finkelhor, 1988*）或已屆中年的子女（*Taler and Ansello, 1985*）。其他施虐親人可能包括老年人的兄弟姊妹、女婿或媳婦、孫子、姪兒或姪女（*Eastman, 1994*）。

若干研究指出，女性親人比較可能是施虐者（*Phillips, 1983; Eastman, 1994*）；另有研究發現，男性親人不當對待年長依賴親人佔較高的比例（*Chen et al., 1981; Giordano and Giordano, 1984*）。相反地，其他研究則發現，男性與女性成年人虐待年長親人的機率相等（*O'Malley et al., 1984*）。

常見的一個假設是，施虐親人通常是扮演照顧者的角色，並且在照顧年長親人時承受許多壓力（*Steinmetz, 1983; Eastman, 1994*）。但這個觀點並沒有得到一致的支持，Wolf（*1986*）和 Pillemer（*1986*）提出，施虐者更有可能是在經濟與住宿方面必須依賴自己年長親人的一群人。

Grafstrom、Nordberg和Wimblad（*1992*）主張，老人不當對待的發生原因是主要照顧者本身承受高度壓力，可能是來自照顧本身或照顧以外的事物。當壓力是來自照顧本身，它便與照顧必須依賴人的年長家人所帶來的緊繃狀態以及負擔相關；若壓力是來自照顧以外，它便

可能與家庭生活問題所造成的情境相關（*Phillips, 1986*）。

Burston（*1977*）提出，經過一段時間，壓力可能有累加效應，而我們可以區分出「急性壓力」與「慢性壓力」。長期而言，慢性壓力會導致各種問題，例如：生理或心理上的疾病，或照顧者與老人之間關係的惡化（*Anetzbergert, 1987*）。目前一項重要的共識就是，照顧失能、依賴的老人家對照顧者這個角色而言，可能意味著高度壓力或負擔（*Zarit, Rever and Bach-Peterson, 1980; Steinmetz, 1988; Cicirelli, 1986*），而且照顧任務的本質與頻率可能對照顧者同時造成急性與慢性壓力（*Anetzberger, 1987*）。雖然照顧可能是種帶來壓力的經驗，但是僅有少數的照顧者是經常承受嚴重壓力的（*Cicirelli, 1983, 1986*）。

有人主張，缺乏社會支援或與社會隔絕的照顧者遭受的痛苦越多（*Anetzberger, 1987*）。孤立強迫照顧者在缺乏支援或休息的情形下獨自處理照顧老人的負擔，而他們取得幫助的能力也嚴重地受限（*Burston, 1977; Kosberg, 1988*）。

目前已有相當的研究證據支持，施虐者個人本身病理以及對老人的不當對待之間的關聯（*Lau and Kosbert, 1979; Taler and Ansello, 1985; Wolf, 1986; Kosberg, 1988*）。Pillemer（*1986*）研究發現，79%的受害者指出，他們的親人在心理或情緒上有某程度問題，而控制組中的比例則僅有24%。受虐老人的親人也比控制組的較可能曾經住過精神病院（*op. cit.*）。

酒精與／或藥物濫用是另一個已被接受可以部分解釋老人虐待發生的特徵（*Chen et al., 1981; O'Malley et al., 1984; Pillemer, 1986; Wolf, 1986, 1988; Anetzberger, Korbin and Austin, 1994*）。

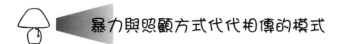

暴力與照顧方式代代相傳的模式

Anetzberger（*1987*）認為，有些人已經在童年目擊與學習使用暴力

社會化過程中學得對老人（與其他人）的虐待。這個解釋是根據社會學習理論，意指兒童在家中以暴力的父母為角色樣本而學會暴力。成年後，當沮喪或憤怒時便倚賴這種學來的行為，並訴諸虐待行動。這個理論也牽引出「暴力循環」這個概念（見第十一章），意指受虐兒童長大後變成自己下一代、配偶，甚至可能是年長親人的加害者（*Renvoize, 1978; Kosberg, 1988; Browne, 1993*）。代代相傳的暴力這個概念已獲得些許研究支持（*Lau and Kosberg, 1979; Chen et al., 1981*），但其他研究所發現的關聯則有限（*Pillemer, 1986; Wolf, 1986; Anetzbergert, 1987; Pillemer and Suitor, 1988*）。其他人則認為長久存在的虐待關係在年齡稍長時仍會持續（*Homer and Gilleard, 1990; Grafstrom, Nordberg and Wimblad, 1992*）。

的確，年長親人的暴力與破壞行為在現在或過去都可能增加照顧者也以暴力回應的機率（*Pillemer and Suitor, 1992*）。Suzanne Steinmetz（*1988*）在他的研究中發現，許多暴力是雙向的，有 18%的年長依賴者對自己的照顧者訴諸肢體暴力，而照顧者中有十分之一曾經對老人施以暴力。

將依附理論（attachment theory）延伸到整個人生，提供了幫助我們解釋虐待式親子關係可以持續到老年這個概念。依附是指兩個人之間情緒上或感情上的聯結，包括了對另一個人的認同與愛，以及希望與此人維持聯繫的願望（*Cicirelli, 1986*）。雖然通常是關於嬰兒與母親的關係，但是依附並不是在童年就終止，它會延續到人的一生，它所伴隨的尋求接近習性（proximity seeking）與保護行為系統也會跟著延續（*Holmes, 1993*）。成年期的依附行為是被用來維持心理與身體上的親近與聯繫，例如：拜訪與打電話（*Cicirelli, 1983*），而成年子女對年老父母的依附行為則是表現在子女對年長父母的幫助與照顧。

一個成年子女幫助行為的成因路徑模式已經被Cicirelli（*1983, 1986*）發展出來，其中包括網絡狀的各項因素，這些因素預測成年子女對年老父母的幫助行為以及在未來提供更多幫助的責任感（見圖10.1）。

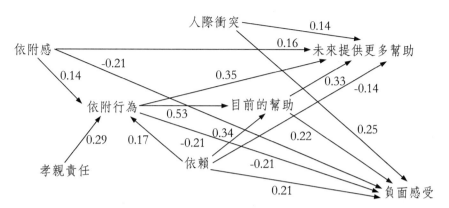

圖 10.1　子女成年後的對父母的幫助與忽視。成年子女對年老父母的幫助以及
未來提供幫助的可能性路徑圖（路徑的係數是標準）

（取自 Cicirelli, 1983, p.121；經同意後重繪）

　　Cicirelli宣稱，成年子女的幫助行為是對年老父母的依附功能之一。
因此成年子女未來幫助年老父母的責任主要是目前依附的功能之一。

　　依附也被視為抵擋負面感受的一個保護因子（例如：沮喪、懷
恨、不滿與憤怒），因為幫助行為與依賴增加了導致年老父母與成年
子女間的衝突。當成年子女的依附感強烈且依附行為增加時，負面感
受便會減少。

　　另一個主張是成年子女與年老父母或某個正經歷強烈負面感受的
人有衝突時，成年子女可能產生下列四種可能的回應（Cicirelli, 1986）：

　1. 持續照顧並忍受高度壓力與負面感受直到超載，因而導致虐待
　　行為或到最後開始逃避。

　2. 完全逃避整個情形，導致生理或情緒上的忽視。

　3. 提供一陣子的照顧，而當衝突或負面感受升起便從這個情形抽
　　離。這有可能產生時段性（間歇性）的不當對待。

　4. 體認到問題的存在，並採取積極的步驟來解決衝突，且因為對
　　父母強烈的依附聯結而繼續照顧的過程。

雖然相對於其他理論，依附理論在老人虐待與忽視的領域是個新

的看法，探討照顧關係與壓力本質的研究已經提供了實證理論支持。研究認為，大多數的照顧者因為強烈的情緒聯結而在面對負面情況時仍繼續照顧的行為（*Horowitz and Shindelman, 1983; Lewis and Meredith, 1988*）。

　　如第二章裡的概述，家庭暴力的多重因素模式認為情境壓力的影響被年老依賴者與其親人的積極互動關係調節。老人與親人間「安全／良好」的關係可以「緩衝」（buffer）壓力造成的影響，並有助於親人的處理技巧（*Browne, 1989c*）。相反地，「不安全／不良」的關係無法在壓力與導火線存在的情形中產生緩衝作用。例如：在與老人的爭執當中，可能產生「短暫超載」與一個虐待式的回應方式。這可能會對現有的人際關係產生負面影響，並減少任何未來「緩衝」的影響力，使壓力在系統中更容易再度超載。因此一個（正向回饋）惡性循環便產生，這可能導致「系統超載」，也就是長久持續的壓力導致重複的不當對待這種情形，若不加以處理便會漸進式地惡化，這也被稱為「暴力循環」（見圖 2.2）。

預防與治療

初級預防：從根本改變

　　家中的老人虐待與忽視大體上是一個隱藏的問題，而為了要能夠在初級程度便作出預防，大眾與專業人員必須知道它的存在（*Rathbone-McCuan, 1980; Kosberg, 1983; Homer and Gilleard, 1990*）。

　　一般大眾與專業人員必須了解，老人不當對待可能並且的確發生，他們必須被教導有關正常老化的過程，以及提供需要幫助的老人的可得資源（*Pierce and Trotta, 1986*）。有人認為，許多錯誤觀念是從對老

化過程的誤解產生，例如：所有老人都會變得衰老或者過分依賴等等通常是負面且普遍流傳的刻板印象（*Gray and Wilcock, 1981; Eastman, 1994*）。這些錯誤的觀念與刻板印象可能是造成老人不當對待的因素，因為它們將社會上的老人非人化且貶低他們的價值。因此為了在這個層面有效預防，社區教育應該被衛生與社會服務人員提供與進行。這樣的教育應該將目標鎖定所有的家庭，以及在照顧專業中的工作人員。

老人虐待成因與後果的綜論（*例如：Zdorkowski and Galbraith, 1985*）認為，初級處理方式應該重視老年人權利、安全與健康的維護，並重建社會關於「老化」的態度。此外，Giordano 和 Giordano（*1984*）強調，衛生與社會政策的改變可以減少老人虐待。

目前對老人提供的服務著重於那些獨居、缺乏家庭支援與在安養機構的對象。強調家庭對照顧老人以及提供福利機構幫助使其作用提升，同樣是必須的。這樣的服務機構包括暫時可以使照顧者稍感放鬆的家庭看護、日間看護中心以及老人之家。此類服務的提供對人口結構的改變越來越重要。家中老人的依賴情形已經導致老人虐待被拿來與兒童虐待相比較（*Bolton and Bolton, 1987*）。但是還是有若干截然不同的差異。

體認到孩子隨著年齡增長會漸漸變得較不依賴，對父母而言，可能會帶來輕鬆的感覺。對老年人的照顧卻恰恰相反：隨著他們日漸變老，他們的需求可能增加且變得更加依賴（*Galbraith and Davison, 1985*）。老人可能極端難以照料，但最常見的壓力和沮喪與照顧者缺乏全心為他們奉獻的意願有關。這經常發生在當一個女兒必須照顧年老父母時感到一種急迫的苦惱，也許自從她自己的孩子長大，她第一次想在家庭範圍以外尋求自我願望的實現。

家庭需要像是「日間看護中心」（day centres）與「家庭協助」這樣的外來資源，以減少每天對老人密切照顧的時數。同時若有安全且配偶雙方能互相支援的婚姻關係（本身對壓力就是一種緩衝，見第四

章），則老人虐待的可能性便會明顯地降低。

 **二級預防：預測與辨認**

已遭受虐待的老人常常因為肢體受傷住院，而對這些傷害給予的原因往往是跌倒。這樣的傷害往往被不帶任何懷疑的治療。因此我們確實需要以篩檢來分辨出潛在的或者實際受虐的老人（*Rathbone-McCuan and Voyles, 1982*）。這項工作可以由基層衛生醫療團體進行（*Bennett and Kingston, 1993*）。

描述老人虐待的個案歷史提到，危險因子與老人虐待與忽視之間的關聯。這些高危險因子被列在表 10.1。曾經有研究指出，家庭環境中出現的危險因子越多，不當對待的可能性也越高（*Pillemer and Finkelhor, 1988; Browne, 1989c*）。對可能造成虐待情形的衡鑑與認識可以幫助專業人士辨別出潛在的虐待情形。一旦被發現，便能夠針對最需要的提供援助（*British Geriatrics Society, 1988*），甚至可能在嚴重的不當對待發生前便作出處置（*Kosberg, 1988*）。由於還無法辨識出導致不當對待的特有情形，應該要記得的是，虐待與忽視並不一定在單一或多重危險因子出現時才發生（*Pillemer and Suitor, 1988*）。

表 10.1　老人虐待相關因素

高危險群老人
・生理與／或精神上依賴家庭中的「關鍵人物」──照顧者
・年老依賴者與照顧者之間不良或負面的溝通
・過分要求與／或具攻擊性的行為
・過去老人曾對照顧者不當對待（角色互換）
・年老依賴者作出引發虐待發生的行為（例如：大小便失禁、嘔吐），導火線可能是任何使照顧者感到憤怒的事情
・年老依賴者長期與照顧者居住

- 年老依賴者經常住院，有跌倒、臉部淤傷的病史
- 年老依賴者對自己受傷原因模糊的解釋

高危險群親人／照顧者
- 照顧者身體狀況不佳
- 照顧者缺乏經驗
- 對年老依賴者不實的期待
- 對年老依賴者的負面感受與歸因
- 照顧者同時負責對其他家庭成員的支援
- 照顧者對年老依賴者受傷原因的解釋含糊不清
- 照顧者的低自尊
- 老人的依賴被照顧者認為是「幼稚」並且過分的
- 照顧者正經歷多重壓力（例如：婚姻衝突、財務問題等等）
- 照顧者曾有精神方面疾病或障礙的病史
- 照顧者或家中其他重要成員失業
- 照顧者或家中重要成員有酗酒或藥物濫用的問題
- 照顧者缺乏意願但經濟上又依賴年長親人
- 照顧者年幼時被虐待或忽視

高風險群家庭
- 家中不良或不適當的健康照護
- 缺乏社區或社會福利支援
- 過分擁擠的居住環境
- 社交孤立的家庭
- 家人間有衝突
- 希望得到機構看護

　　為回應對一般指導方針的需求，若干篩檢工具已經被設計來幫助專業工作者認識並辨別危險因子（*Ferguson and Beck, 1983; Kosberg, 1988; Eastman, 1989*）。此外，老人與照顧者之間關係的衡鑑也有幫助。但是最重要的是衡鑑老年人的心智能力（*Bolton and Bolton, 1987*），因為這方面的障礙會嚴重影響與照顧者之間人際互動的質與量（*Armstrong-Esther and Browne,*

1986)。

雖然已經發現許多危險因子，它們的相對預測力尚未被系統性地
研究或評鑑。因此迫切需要更多的研究，這近似於第六章所描述兒童
虐待方面的研究需求。

三級預防：治療與控制

診斷與評估

治療或設法減輕不當對待的影響時的第一步就涉及如何發現家庭
中有老人不當對待發生的線索（*Feinmann, 1988*）。有人主張，不當對待
的受害者往往被內科醫生忽略，而社工在幾個月內，甚至幾年內，都
無法辨識出正在發生的虐待（*Cochrane and Petrone, 1987*）。

為了幫助臨床工作者達到這個任務，Rathbone-McCuan 和 Voyles
（*1982*）、Quinn 和 Tomita（*1986*）以及 Cochrane 和 Petrone（*1987*）已
經設計出檢查表；這些檢查表同時仰賴生理與行為方面的指標。並沒
有一項指標能單獨地辨別出不當對待，但是其中任何一個出現都足以
使專業人員警覺到不當對待的可能性，並且需要進行更深入的調查。

生理指標物被認為是「從老人身上可觀察到、範圍包含從生理忽
視到生理傷害的狀況」（*Council on Scientific Affairs, 1987*）；例如：

- 身體上可能處於各種不同療癒階段的淤傷與鞭痕
- 無法步行、移動的老人身上的骨折
- 肢體上有香煙或其他物體造成的燒傷
- 眼、唇或臉上其他部位的裂傷或擦傷
- 老人身上重複出現表皮傷痕或其他傷痕
- 嚴重營養不良與／或脫水的現象
- 不良的個人照顧，例如：嚴重的褥瘡

Cochrane 和 Petrone（*1987*）認為，其他四個線索也可能啟人疑竇：老年人有「意外傾向」病史，傷害本質與對起因給予的解釋之間有所矛盾，傷口出現在通常在衣物保護之下的身體部位，家人不願意老人接受檢查或個人訪談。

某些老人表現出的行為可以提供老人與照顧者之間關係的訊息；例如：某位成年子女在場時的過度恐懼可能意味著虐待的情況（*Quinn and Tomita, 1986*）。老人情緒上的改變可能意味著不當對待，例如：如果老人變得抑鬱、退縮、被動，甚至有自殺傾向。觀察老人與可疑的加害者可能顯示出，這名親人是否不願意談論、傾聽、回應或碰觸年長親人（*Rathbone-McCuan and Voyles, 1982*）。應該特別注意老人說了什麼，以及老人與「照顧」者之間的互動情形。

衛生專業工作者，特別是社區工作人員，可能在辨識老年不當對待時扮演重要角色，因為他們是老人最有可能見到並信任的人。因此衛生專業工作人員能夠仔細檢視老人，並對他們本身以及他們的家庭對於症狀或傷口提出問題。與照料老人的家庭相關的社工人員如果注意到危險因子以及行為與生理上的不當對待指標物，同樣能夠發現潛在的不當對待。

處理與控制

雖然老年忽視被警方或社會局忽視且並未報案，最常見的三級處理方式是將老人從家庭中帶走並給予家庭輔導（*Eastman, 1989; 1994*）。

在美國，衛生與社會局專業人員在強制提報法令下，依法有責任呈報據稱的老年不當對待案例（*Thobaben and Anderson, 1985*），而機構有責任在二十四至七十二小時之內對所有聲稱不當對待的個案進行基本的調查。在英國並沒有這類向政府機構提報自稱受虐待與忽視案例的法律義務。

在英國，親人並沒有必須照顧老年依賴者的法律責任（*Crystal, 1987*），而且地方機關與其他機構並無調查或介入疑似不當對待個案的法律責任，也沒有權力傳喚所有相關人士參與個案討論會（*Greengross, 1986; Stevenson, 1989*）。如此一來，老人不當對待個案的管理基本上便與兒童虐待不同。因此並沒有特定的介入或處理疑似老人不當對待個案的實務指導原則或部門政策。雖然近年來已有進展，但對宣稱的不當對待回應方式仍是由社會局工作人員個別處理，造成各地機關的處理方式可能不一致（*Pritchard, 1995*）。

管理

由於醫事與社會兩種衡鑑在決定採取其他行動之前是必須的，綜合多方專業的衡鑑方式應該被採用（*Ansello, King and Taler, 1986; Greengross, 1986*）。在美國，綜合多方專業的衡鑑團體已經成立來衡鑑老年不當對待的個案；例如：伯斯以色列醫院老人衡鑑團隊（Beth Israel Hospital Elder Assessment Team）（*1986*）。衡鑑過程中，老人、照顧者與整個家庭的需求都會被考慮，以決定是否需要採取其他行動（*Cicirelli, 1986*）。

目前，綜合專業個案討論會是提供最佳蒐集並評估資訊、整合不同機構提供服務時的功能與責任的場所（*Eastman, 1994*）。老人以及其家庭應該總是能夠親自或透過代表對任何這樣的機構會議表達自身意願（*Stevenson, 1989*）。根據 Eastman（*1994*），一個個案討論會的目標有四個層面：

1. 找出問題並對可能解決方案與處理方式提出建議。

2. 確定個案計畫與其他機構的參與。

3. 促使並整合服務的提供。

4. 透過規律的評估系統鑑定個案討論會所提建議的效力。

老人是得以行使同意權的個人，有權拒絕可能參與的任何機構或可能使用的處理方式。這不同於兒童個案：處理兒童個案時，政府機構能夠決定對兒童最好的方式；但老人則有權決定自己的生活，除非被判斷為「無行為能力」，而所有參與的臨床工作者都必須尊重老人的這項權力（*Stevenson, 1989*）。

　　受虐老人可能由於恐懼或羞恥而否認或不願意承認問題存在（*Kosberg, 1988*），並可能表現出嚴重的被動、低自尊、自責與猶豫不決等等所謂的「受虐徵候群」，這可能使嘗試幫助他們的專業人員感到沮喪（*Cochrane and Petrone, 1987*）。

治療

　　受虐老人的心理治療仍然在早期階段。家庭治療師著重於老年照顧的教育問題而非輔導問題。有人提出，老人不當對待的主要問題不是虐待而是忽視，這是由於不知道如何在情緒上或實際上處理年長依賴的親人（*Steinmetz, 1983*）。因此家庭必須接受承擔這些責任的訓練（*Hooyman, 1983; Bolton and Bolton, 1987*）。針對憤怒控制的研究正開始應用到有老人虐待情形的家庭（*Reay, 1996*）。認知方法可能有用處（例如：*Novaco, 1976*），因為許多親人宣稱，他們的年長依賴者「刻意」激怒他們（*Eastman, 1989*）。

　　McCuan 等人（*1986*）提出，以任務為中心的方式（task centred approach）在早期老人虐待顯得頗有效力。家庭必須簽訂合約，表明同意「停止虐待政策」。在家中採用的策略包括：移除正增強（timeout）、放鬆、暫停、實務支援與監督。在整個療程中，家庭必須每天在日記中記載任何虐待行為，以及它的前因與後果（ABC模式）。使用這份日記可以鼓勵家庭為自己的行為負責，並提供他們解決困難與家中虐待的方法。這個方法的優點是，包含了使照顧者感到有力量，

提出照顧者暫停照顧工作、尋求實際幫助與指導原則的需要（*Papadopoulos, 1990*）。

　　至於要修復一份虐待式的關係，復憶（reminiscence）療法在重新發展照顧者與年老親人之間的親密感與依附時是成效良好的方式。復憶療法包含重新喚起過去的記憶，將個人記憶再度帶進入意識。照片、老舊的紀錄、最愛的食物與味道，可能引發像是快樂、悲傷、憤怒、歡愉或悲痛等等情緒。復憶可能對年老依賴者有治療作用，因為它可以強調他們所擁有的，而非他們的失能，並提升自尊。對照顧者而言，復憶可以幫助他們將老人看作一個個體來欣賞，從老人的記憶中學習、分享他們的記憶，進而重新營造歸屬感與依附（*Norris, 1986*）。

　　幾乎沒有研究針對現有治療課程是否真的使接受的人受惠，或者對改變不當對待行為有幫助來探討（*Pillemer and Suitor, 1988*）。但是處理方式若兼顧受虐老人與其家人雙方的需求便比較可能成功（*Pratt, Koval and Lloyd, 1983; Eastman, 1994*）。因此，在可能的情況下，家庭導向的處理方式會被推薦與提供支持的輔導同時進行（*Edinberg, 1986; Smith, Smith and Toseland, 1991*）。

　　Pillemer和Suitor（*1988*）主張，有兩類可能的老人不當對待型態，這兩者基本上便需要不同的處理策略：(1)老人必須依賴他人，而不當對待的發生與照顧者的壓力有關；(2)能夠自立的老人被依賴他們或不需依賴他們的親人虐待。後者可能需要將老人與施虐親人分開，並不一定要將老人送進安養機構，但可以透過施虐親人獨自居住，或者幫助老人搬到新的居住環境（*Browne, 1989c*）。Melville（*1987*）針對利物浦老人暴力受害者收容所提出報告，這些收容所與婦女援助收容所的運作方式類似。然而未經計畫的緊急收容可能轉變成永久的安養照顧。因此牽涉到將家庭成員分開的處理方式應該經過詳盡的計畫並且有時間限制。

若個案牽涉依賴度更重的老人，絕大多數的處理方式包括能夠幫助照顧這些老人的家庭減輕壓力的衛生或社會福利（*Pillemer and Suitor, 1988*）。這是根據不當對待會隨著照顧者壓力下降而減輕的假設。表10.2列出若干在治療有老人虐待與忽視風險的家庭時可得的服務。

表 10.2　老人虐待與忽視治療服務與處理方式

家庭協助：對照顧者提供例行的家庭工作方面的協助。
日間看護：提供照顧者每天規律的休息。
替代看護：提供照顧者規律的休息時間，並給予專業人員機會來重新評估老人的需要。
永久看護：被視為最後的選擇，並且只在老人與家人雙方都有意願的情況下做安排。
地區護士或衛生家訪人員：協助提供個人例行性照顧，並提供資源、建議與資訊。
社區精神科護士：提供處理持續問題行為與精神問題的建議。
看護義工：提供照顧者短暫的休息時間。
親人支援團體：提供照顧者分享經驗、交換技巧與資訊的機會
放鬆訓練或憤怒管理技巧：幫助照顧者處理在不使用暴力方式處理老人時產生的沮喪。
輔導服務：提供老人與／或其家人討論整體情況、自身問題以及雙方關係等等話題的機會。
行為課程：改變老人任何適應不良的行為；例如：過度的吼叫或苛求的行為，或者幫助增進自助的技巧。

　　為了能夠有效地協助需要幫助的家庭，任何一種處理方式都必須立即地提供給需要的家庭，而這需要早期確認出特定的問題所在。而後處理方式應該被定期地整合、監督並評估，以確定適當性與成效（*Eastman, 1994*）。

結論

　　總而言之，老人虐待與忽視與照顧者的壓力以及沮喪有密切關係，特別是那些隨著老人年齡增長而持續在家庭中所帶來的壓力源。在這樣的家庭中，照顧者處於來自四面八方的強大壓力下。同時，他們可能缺乏可以緩衝壓力的處理技巧，進而促使他們對人際與實地環境採用暴力控制手法。

　　老人虐待與忽視以及配偶暴力之間有一項截然不同的差異。停止老人虐待必須牽涉到增進老人對家人採取安全適當的依賴方式，但要停止配偶虐待必須學習面對親密伴侶時安全適當的獨立性。

第十一章

預防暴力循環

從受害者到加害者

　　根據研究，行為偏差或有情緒障礙的兒童比無偏差行為的兒童更有可能因兒童虐待與忽視而被呈報相關單位（*Takii, 1992; Scudder et al., 1993*）。事實上，雖然絕大多數受虐兒童不會產生偏差行為（*Koski, 1987; O'Connell-Higgins, 1994*），但是仍有人認為，童年時期的不當對待與／或童年目擊[1]暴力可能是青春期偏差行為的主要成因（*Jaffe, Wolfe and Wilson, 1990; Widom, 1991*）。

　　在英國，過去兩年中，新聞媒體已經將焦點從視兒童為受害者，轉而將兒童視為加害者。新聞報導將兒童形容為謀殺犯、妨礙性自主罪犯、縱火犯，以及家庭內外肢體與性暴力加害者。這些兒童中，絕大多數年紀在十到十八歲之間，而有些甚至只有八歲。

---

1 根據本書作者，目擊在此並不侷限於當時眼睛所見，包括當時僅是聽見父母爭吵鬥毆、事後目睹一片狼藉、甚至聞到血腥味。

　　多數少年暴力行為的型態並不令人感到意外。如第九章所提到，在美國，估計約有 5% 到 12% 的青少年對父母使用肢體暴力（*Gelles, 1987b; Gelles and Cornell, 1990*），而在英國則大約是 6%（*Parentline, 1990; Smith et al., 1992*）。青少年暴力的預防並沒有簡單的解決之道，而成因與解釋相當複雜：這並非如某些英國政府首長以及道德改革者所認為的，僅僅是由觀看電視或色情暴力錄影帶所造成（*衛報，1993.3.20*）。眼前以及兒童發展過程中的生理、人際與文化環境都扮演著重要角色，而且可能需要心理治療的介入。

　　確認虐待與忽視在個人日後行為上所造成的後果已經挑戰偏差與反社會行為某程度是遺傳的這個假設（*例如：Eysenck, 1964*）。兒童期受害可能牽涉生理、心理與性等層面（*Groth and Burgess, 1979, 1980*），而且任何一項都可能對受害者的行為與認知造成久遠的影響（*Peters, 1988; Briere, 1992; Kilpatrick, 1992*）等等觀念已經越來越能夠被理解。這些影響包括感覺沮喪、低自尊、無力感、缺乏控制與對他人缺乏信心（*Peters, 1988; Jehu, 1988; Watkins and Bentovim, 1992*）。受害者可能在處理對他人情緒與感受方面有困難，並可能表現出不良的社會人際技巧（*Steele and Alexander, 1981*），甚至可能藉由藥物或酒精濫用來表達發洩自己的痛苦（*Watkins and Bentovim, 1992*）。

　　了解有些受害者可能經歷情緒表達方面的困難，並且難以產生信任感的這個事實相當重要，因為這個問題是導致成年後問題的根本因素。這些問題可能因為經歷生命中的關鍵事件而引發，例如：發展一段性關係、生兒育女等等。過去的痛苦可能影響現在的行為，有時導致受害者變成加害者（*Search, 1988*）。因此，早期負面經驗與性或暴力犯罪之間可能存在的某些關聯，是非常關鍵而且必須加以處理的問題（*Falshaw, Browne and Hollin, 1996*）。

　　以建立兒童虐待特徵，與受害者日後所表現出的創傷兩者之間的關聯為目標的研究主要是源於美國。例如，Finkelhor（*1986*）提供了一

個相當有幫助的模式，包含兒童性虐待的特徵。這些特徵可能導致長期的創傷：性創傷、背叛感、無力感、污名化。此外，這些因素的作用被較廣泛地應用到家庭暴力與兒童肢體虐待的領域（*Bentovim, 1992*）。

　　由於每個受害者的受虐經驗不盡相同，而這些經驗可能得到的回應則取決於受害者本身的個人資源與生活願景，因此可觀察到的長期效應涵蓋甚廣（見表11.1）。

表 11.1　受害者心理反應模式

情緒	生理
恐懼	生理高度激發
焦慮	生理障礙
受侵擾	
憂鬱	**行為**
自尊受損	攻擊行為
憤怒	自殺
罪惡與羞恥	藥物濫用
	社交功能障礙
認知	人格違常
知覺障礙：幻覺（hallucination）[2]、	
錯覺（illusion）[3]、瞬間經驗再現、	**人際**
自我感喪失（depersonalisation）[4]、	性向問題
現實感喪失（derealisation）[5]、解離	伴侶關係方面的問題
（dissociation）[6]	多重受害（re-victimization）
	受害者成為加害者

（資料來源：改編自 *McCann, Sakheim and Abrahamson, 1988: 538*）

---

2 患者不自主地無中生有，感受到不存在的事物（張氏心理學辭典：東華書局）。

3 錯誤或扭曲事實的知覺經驗。指感受到的與事實不符，這並非心理失常，而是正常現象。錯覺都由外在刺激引起，但幻覺卻可能無中生有（張氏心理學辭典：東華書局）。

Finkelhor（1986）仍然認為，某些效應可能是一種以上的因素所造成的結果。例如：憂鬱可能是因背叛感或無力感所產生。因此，去了解受害者心裡的受害經驗，與自己以及加害者之間與自身有什麼樣的關聯相當重要。這使得預測與兒童虐待和忽視有關的創傷成為一項艱鉅的工作，在判定受害特徵是如何造成創傷時則存在許多模糊地帶。

在兒童性虐待受害者方面，Rogers 和 Terry（1984）提出，某些行為回應方式似乎在男性受害者之間較為常見。包括：(1)性向混淆；(2)不當地強調男性氣概；以及(3)重演受害經驗。因此，遭受性虐待的男孩較有可能與同性發生性行為（*Finkelhor, 1984; Johnson and Shrier, 1987*），表現出具有攻擊性與反社會行為（*Summit, 1987*），或變成性虐待的加害者（*Cantwell, 1988; Watkins and Bentovim, 1992*）。

的確，已有報告指出，有兒童性虐待個人史的成人與遭受任何其他刑事兒童不當對待的成人相比會有比較多長期性的情緒、行為與人際問題（*Bagley and McDonald, 1984; Egeland, 1988; Freud, 1981*）。而女孩遭受性虐待的比率則是男孩的一點五到三倍左右（*Finkelhor, 1994; Pilkington and Kremer, 1995a, 1995b*）。但是男性因為侵犯他人而被判刑的數目明顯地比女性為多，這反映出一般兒童行為障礙、青少年偏差行為與成年犯罪行為上明顯的性別差異。

---

4 屬解離現象之一，指個人遇到生活困境時，忽然喪失自我存在的感覺，有如在夢中，自己不能支配自己身體，感到手腳不在身上。有時遭人辱罵卻不表現憤怒，反而冷漠麻木，彷彿被罵的不是自己。自我感喪失現象的形成多半是由於遭遇挫折過多，長期感到無助與無奈，便在困境中麻痺自己，而後成為習慣（張氏心理學辭典：東華書局）。

5 指個人在生活環境中缺乏真實感，覺得現實中的一切都是虛無飄渺的。依精神分析論，現實感喪失是個人潛意識中逃避現實困難的一種防衛作用。而這也是形成自我感喪失的原因之一（張氏心理學辭典：東華書局）。

6 由於個人在長期精神壓力下，人格失去統整的現象；思想、情感、行為三者間失去協調，各行其是。這被認為是無法承擔責任時的逃避方式；一種遭遇挫折時的變態適應，藉由解離以減輕痛苦（張氏心理學辭典：東華書局）。

　　Summit（*1983*）指出，男性的性虐待受害者比女性受害者更容易將內在憤怒以及敵意外化，因此傷害他人而非自己。這可能導致青少年時期的偏差行為與／或犯罪行為。最近一份針對遭性虐待男孩的追蹤研究所做的評論指出，這些男孩中有五分之一日後會侵害其他兒童（*Watkins and Bentovim, 1992*）；而另一份針對肢體受虐男孩的研究則指出，六個受虐兒中有一位在青少年時期會作出暴力攻擊（*Widom, 1989b*）。

　　針對成年性罪犯所做的回溯研究提供一個在受害者成為加害者循環本質方面更深入的證據。Groth 和 Burgess（*1979*）發現，在他們的樣本中（n=106）有三分之一對兒童性侵犯的成人陳述自己童年時曾遭受性侵害。Faller（*1989*）也發現，27%對子女性侵害的父親或繼父在童年時曾遭受性虐待。

　　受害者到加害者模式似乎與戀童者以及兒童性侵害加害者特別相關，有56%至57%陳述自己童年不愉快的性經驗；而相較之下，僅有5%至23%的強暴犯陳述這樣的經驗（*Pithers et al., 1988; Seghorn, Prentkey and Boucher, 1987*）。此外，回溯研究也顯示出，有 60%至 80%成年的兒童性侵害加害者在青少年時期便開始侵害兒童（*Groth, Longo and McFadin, 1982; Elliott, Browne and Kilcoyne, 1995*）；而根據估計，處於青春期的加害者大約犯下了 50%針對男孩、15%至 20%針對女孩的犯行（*Rogers and Terry, 1984*）。性虐待受害者成為加害者模式並不限於性犯罪，例如：14%處於青春期的男性縱火犯與 50%處於青春期的女性縱火犯，有童年期遭受性虐待的個案史（*Epps and Swaffer, 1997*）。

　　女性加害者通常將自己的憤怒導向家人，特別是自己的孩子。她們的孩子可能被看作是她們自己的一部分，支持了前述女性將憤怒內化的看法（*Summit, 1983*）。 Egeland 等人（*1987, 1988*）的研究為此提供了證據。在針對美國母親與她們的下一代所做的研究中發現，這些母親的童年經驗與她們養育自己孩子模式之間有一個循環存在。最糟的照顧方式顯示於曾遭受性虐待的母親身上，其次是遭受忽視與肢體虐

待的。然而，表11.2顯示，無論過去經歷為何，只有極少曾經遭受忽視與虐待的母親對孩子表現出和藹的教養方式，但大部分僅是給予不恰當的照顧方式，卻非重複自己受虐經驗的循環。

表11.2 第一代與第二代之間育兒方式的關聯

母親童年受教養的方式：第一代	母親教養兒女的方式：第二代				總數
	受虐	其他問題	邊緣型	適當教養方式	
嚴重肢體虐待	16（38%）	3（6%）	14（30%）	14（30%）	47
性虐待	6（46%）	2（15%）	4（31%）	1（8%）	13
忽視	3（38%）	0（0%）	3（37%）	2（25%）	8
受到精神上的支持、和藹的	1（3%）	0（0%）	14（40%）	20（57%）	35
控制組（無虐待但精神上支持有限）	7（9%）	7（9%）	24（30%）	41（52%）	79

Chi-square = 27.15; p<0.001

（根據 Egeland, 1988 重新製表）

從受害者變成加害者這個模式的概念在了解人際社會功能不良與偏差特質，以及上述兩點與偏差行為（delinquency and offending behaviour）以及犯罪的關係上非常有幫助，特別是與犯罪行為的發展息息相關。

偏差行為的發展過程

童年時期的成人─兒童互動增進了兒童的生理、知覺、人際與語言發展，繼而促進了對思考、學習、自我統合與實現（個人潛力的充分發展）時相當重要的認知（智能）與道德能力。因此，父母所提供回應良好的照顧方式所帶來的感受是：

- 「我可以得到照顧」（嬰兒）
- 「我能夠影響外在環境」（兒童）
- 「我能夠處理改變所帶來的壓力，並且挑戰環境」（成年人）。

　　Allport（1960）描述了「成熟人格」的特徵，並提出適當的自尊心是成熟的基礎。因此，當代心理學認為，兒童發展必須心理與生理並進，才能達到理想的成熟境界。

　　Bowlby（1969）認為，嬰幼兒會發展出對照顧者人際行為有個大略的預期，並且形成對父母可接近性、感受性、反應度與接受性的內在運作模式（internal working model），繼而根據這個預期模式建構一個反映自我價值的看法。Bowlby認為，這個對自我看法的內在運作模式深深影響人格的成形，尤其自主性、進取心與自我統合的發展在青少年解決心理—社交衝突相當重要（Erikson, 1965）。

　　Bowlby對Freud（1905）所認為的早期經驗與日後問題之間關聯的本質提出異議。個人心理問題並不見得是因為性誘惑、幻想以及不為人知的慾望而產生。他認為，衝突以廣義而言，是在早年人際關係形成與維持過程中實際負面經驗的結果。

　　Bowlby（1984）認為，不安全與焦慮依附的孩子較有可能在成年期產生心理與行為障礙。他主張，依附行為曾經遭受拒絕的孩子可能會發展出「無情」（affectionless）人格特質。這個觀點在了解兒童不當對待與偏差行為的關聯上有相當的重要性（Rutter, 1981）。兒童虐待方面的文獻包含了幾個顯示出「行為障礙與反社會青少年本身曾是兒童虐待與忽視受害者」這個現象的研究（Grey, 1988; Widom, 1989a; Stein and Lewis, 1992; Widom and Ames, 1994）。的確，有助於了解問題的看待方式是探討青少年可能經驗過的教養方式裡，父母接受與拒絕所散發的溫馨程度這個層面。Rohner（1986）提出一個如圖 11.1 所描繪的「教養溫馨度層面」概念性架構。這個層面從父母正面的肢體或言語表現出的接受性，到與帶有敵意與攻擊性，或者與無差別、忽視、無任何特徵

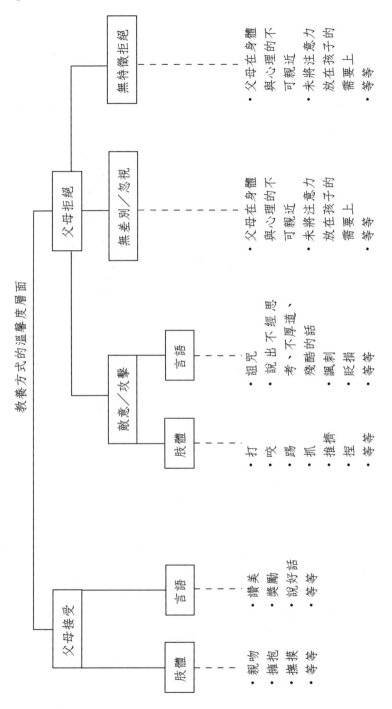

圖11.1　父母接受度主要的概念結構—拒絕理論（取自 Rohner, 1986）

溫馨層面：父母接受度的基礎—拒絕理論（Beverly Hills, CA: Sage, p.20。經 Sage Publications 慷慨同意引用）

地極度缺乏溫暖相關的拒絕。

生命所有階段中，青春期與青少年時期無疑是壓力最大的時期之一。若干發展上的改變——生理、心理與社交——對個人在在都是考驗（見表 11.3；*Havighurst, 1973*）。這段改變過程中，年輕孩子要在與經常不穩定的情緒掙扎的情形下建立自我統合感，而非變得對自己的角色感到疑惑混淆；而由於這樣特殊的本質，改變的過程往往帶有潛在的危機（*Erikson, 1965*）。

表 11.3　青春期的發展任務

1. 與兩性的同儕發展出嶄新且成熟的關係
2. 扮演好社會賦予的男性或女性角色
3. 接受自己的體格並有效地運用身體
4. 變得獨立
5. 為未來婚姻與家庭生活作準備
5. 為日後經濟與事業作準備
7. 形成系統性的價值觀與道德觀，以作為行為指導原則——意識型態的發展
8. 期望達到且真的達到具有社會責任的行為

（根據 *Havighurst, 1973*）

受到干擾的青春期孩子有誇大內在衝突、並經常以暴力作為表達方式的傾向（*Flavigny, 1988*）——這常常伴隨著藥物濫用（*Hollin, 1994b*）。被移送感化機構的青春期兒童與青少年通常在過去曾表現出最嚴重的暴力，包括強暴、縱火與具生命威脅的攻擊，而不考慮致人於死的可能性。

Winnicott（*1963*）認為，青春期的「反社會」傾向是孩子掙扎著要達到獨立與自我統合時需要的叛逆。因為不良教養方式與混亂的家庭背景而產生情緒障礙的青春期兒童會產生失敗感、不適當感並且缺乏自信。

由於對主要照顧者的不安全依附所產生的失落與分離的恐懼（*Holmes,*

1993）會混淆對個人獨立的需求，並阻礙個體產生能夠控制自己與環境的感覺。同時希望能夠依賴以及獨立可能造成青春期兒童感到困惑與孤立。這些懸而未決的問題可能進而與暴力行為表現以及其他反社會行為相關，這也許出於一種尋求對環境的權力與控制的原始欲望（*Winnicott, 1956; Rutter and Giller, 1983; Flavigny, 1988*）。

的確，最高的定罪刑事案件數目出現在十四歲至二十一歲這個年齡層，而來自任何一種型態遭到剝奪的環境的族群，比未曾遭受剝奪的族群顯示出較高的定罪數目（*見圖 11.2；Kolvin et al., 1988*）。

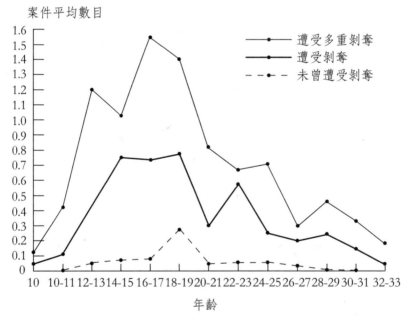

圖 11.2　**遭受不同剝奪程度族群之間判決確定的案件平均數目**（*Kolvin, 1988*）

孩子早年若是缺乏，或者半途喪失良好教養方式（例如：父親與／或母親去世、父親與／或母親遺棄家庭／子女、忽視、排拒、虐待或不一致、不能帶來安全感的教養方式）都可能造成長遠的創傷，使得遭受剝奪的青春期孩子表現得像個兒童，無法經歷罪惡感，並以衝

動的方式控制任何被他們認為是威脅的事物（*Flavigny, 1988*）。若無進一步的自我發展，這些初級的處理程序會持續到成年期。

　　反社會行為發展過程以圖表的方式呈現於圖 11.3。這個模式是根據在暴力家庭中成長可能對孩子造成嚴重傷害這個看法上。這樣的經驗所造成的後果就是，孩子變得在人際相處上不敏感、情緒遲鈍、被動、與世隔絕、以及無法集中注意力（*Martin and Beezley, 1977*）。

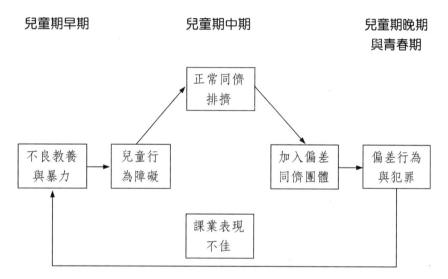

圖 11.3　**反社會行為的發展過程**（*改編自 Patterson, De Baryshe and Ramsey, 1989*）

　　遭受忽視的孩子對周遭社會環境並不敏銳，而受虐兒則往往過動、具攻擊性且容易在挑釁之下作出暴力行為。受虐兒往往以攻擊性表現作為控制環境的方式。暴力一旦發生便不容易停止（*Main and George, 1985*）。受虐兒對其他兒童具有侵略性，缺乏同理心以及對他人的理解。事實上，如果受虐兒毆打另一個孩子，而這個被打的孩子哭泣，他們更是會變本加厲（*op. cit.*）。因此，受虐兒在情緒方面的脆弱往往會造成激烈地以欺凌與殘酷的嘲笑等行為方式表現出來，而後果就是遭到同儕的排斥（*Szur, 1987*）。激烈的行為表現也導致老師與整個教

育體系對他們進一步地加害，這可能造就一個反社會、並且參與偏差同儕團體的孩子（*Hart, Brassard and Germain, 1987; Lewis, Mallouh and Webb, 1989*）。受虐兒往往發展出外在控制觀，將自己的問題歸咎於他人，鮮少對自己破壞性的行為負責；相反地，受忽視的兒童會產生內在控制觀，將外在世界的內化後責怪自己。

受虐待與忽視的兒童都有不良的衝動控制與低自尊，他們很容易悲傷沮喪，造成衝動行為、學校適應不良、藥物濫用、偏差行為與犯罪。因此當這些孩子到達青春期時，比其他人更可能變成暴力或性侵害者這個現象也就不令人驚訝了（*見 Egeland, 1988; Watkins and Bentovim, 1992*）。除了較可能有暴力傾向之外，他們也較有可能成為暴力下的受害者（*Lewis, Mallouh and Webb, 1989*）。但是這種後效關聯在青少年偏差行為的發現與預防上的作用尚未有定論。

在成年期早期與中期，這些遭受困擾青壯年人口中有 20% 到 30% 會持續暴力的互動方式，由於虐待自己的孩子而一代傳一代（*Herrenkohl, Herrenkohl and Toedter, 1983; Hunter and Kilstrom, 1979; Silver, Dublin and Lourie, 1969*）。因此，打破這個代代之間的「暴力循環」是非常重要的。

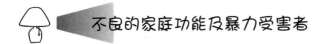

不良的家庭功能及暴力受害者

家庭背景對日後行為有長期影響這個觀念已被廣為接受。特別是家庭犯罪傾向可能鼓勵犯罪生涯（*West and Farrington, 1973; Blumstein, Farrington and Moitra, 1985; Farrington, 1995*）。社會人際因素也同樣重要，例如：父母親失業或家庭破碎（*Hollin, 1992; McCord, 1990*）。的確，青少年被判刑案件數量與過去遭受的多重剝奪（deprivation）可能有關。正如 Kolvin 等人（*1988*）所發表的研究結果顯示，這兩者之間有顯著關聯（圖11.2）。以日後的偏差行為與青春期的困擾而言，家庭不和諧是最具影響力的

童年期剝奪之一。這已經可以從針對受虐婦女的子女所做的研究得到確認，證實了目擊配偶虐待對子女而言是相當嚴重的情緒虐待（*Davis and Carlson, 1987; Carroll, 1994*）。

根據估計，有三百三十萬名美國兒童與可能使用暴力的父母同住（*Carlson, 1984*），而孩子大約目擊了 68% 至 90% 的虐妻案件（*Pahl, 1985; Leighton, 1989*）。針對英國收容機構內婦女的研究指出，五分之四的受虐婦女記得自己童年時目擊母親被父親攻擊的畫面（*Gayford, 1975*）。

研究顯示，目擊妻子虐待可能導致童年期行為障礙與人格違常（*Jouriles, Murphy and O'Leary, 1989; Grych and Fincham, 1990*）。無論兒童是否為暴力下直接的受害者，目擊其他形式的家庭暴力似乎在兒童的發展與對人際關係的態度方面也會產生相當深遠的影響。

在《受虐婦女的子女》（*Children of Battered Women*）一書中，Jaffe、Wolfe 和 Wilson（*1990*）進一步解釋，男孩與女孩都會在目擊父母互毆或是被毆之後學習到：暴力是解決與親密伴侶間衝突時一種可以接受的方式。男孩與女孩也同時習得犧牲他人——男性可以使用攻擊與施加恐懼——來取得對家人的權力與控制的程度。這樣的學習會導致自己行為上的改變。的確，Livingstone（*1986*）指出，曾經目擊成人攻擊自己單身母親的孩子會對母親表現出較頻繁且嚴重的暴力。他的研究結果顯示，29% 的單親媽媽曾遭受這樣的虐待。以兒童的社會問題處理技巧（*Rosenberg, 1987*）與以教育形式的輔導（*Wilson, Jaffe and Wolfe, 1989*）為基礎的處遇課程都已經成立。

直接目睹暴力可能影響個人社會行為。這樣的經驗教人學會攻擊式的行為，增加對攻擊情境的激起（arousal），扭曲對解決衝突的看法，並且降低個人對暴力的敏感度。有人認為間接目擊暴力，例如：電視上的暴力情節，可能也有類似的影響（*Huston et al., 1992; Newson, 1994a, 1994b*）。但是這個觀點頗受爭議，其他心理學者認為，電視與電影中的暴力情節對兒童與青少年的影響微乎其微（*Cumberbach, 1994*）。這也

許應該說是，目睹電視、電影中的暴力情節所帶來的影響頗為複雜。近年來，Browne（*1995e*）提出，3%到10%成長於暴力家庭裡的兒童可能才是較為容易受到媒體暴力影響的一群。的確，他們可能因為偏好而選擇暴力節目或讀物，習慣觀賞與閱讀暴力內容，藉此探索自己經歷過的困擾。可以理解的是，目擊父母間暴力的受虐兒明顯地比僅僅目睹暴力而未曾受虐的兒童承受較多的壓力與行為問題的困擾（*Davis and Carlson, 1987; Hughes, 1988*）。

　　少年感化機構中的兒童與青少年，曾經歷家庭暴力的比例與程度相當高（*Browne, Falshaw and Hamilton, 1995; Boswell, 1995*），這支持了一個研究發現：暴露在父母衝突與暴力的家庭環境與在家庭之外的暴力表現有關（*Kruttschnitt, Ward and Sheble, 1987; Widom, 1989a, 1989b; Henry et al., 1993*）。因此，不良的家庭互動對曾經身歷其中的每個人都可能有長遠的影響。

　　近來一份由 Princes Trust 在英國所做的調查（*Boswell, 1995*）顯示，兩百名根據第五十三條而被判決入感化機構的青少年中，有40%曾於幼年遭到肢體虐待，29%曾遭受性虐待，而 57%與父母斷絕聯繫。Browne、Falshaw和Hamilton（*1995*）的研究數據更高，57%曾遭受肢體虐待，38%曾遭受性虐待，而 75%未與父母有正常的接觸。較高的數據可能與這份研究樣本包括了有保護令（care order第二十五條）的兒童與青少年。這份研究的總體結果——74%的青少年犯曾經歷某種肢體與／或性方面的不當對待——與前述調查（*Boswell, 1995*）所提出的72%非常相近。此外，Stein和Lewis（*1992*）針對六十六名在康乃狄克服刑的青少年所做的研究顯示，在「深入的個人面談」之後，五分之四的青少年承認曾在童年時期遭受肢體虐待。

　　但是 Browne、Falshaw和Hamilton（*1995*）的研究並不支持 Watkins和 Bentovim（*1992*）所提出的「遭受性虐待較可能在未來對他人性侵害」這個看法，也沒有顯示出 Widom（*1989a, 1989b*）所提出的「遭受肢體虐待較容易導致暴力犯罪」的現象。儘管 Browne 等人這份研究

將男性與女性一同分析，可能造成異質性較高與混淆，但仍舊顯示出，曾經經歷剝奪但未遭虐待的青少年與受虐青少年的犯罪機率幾乎是一樣的。如前所述，男性受害者比較可能以激烈行為表達自己的痛苦，而女性受害者則將痛苦內化（*Summit, 1983*）。由於樣本過小（n = 44），Browne、Falshaw 和 Hamilton（*1995*）在分析時並未以區隔性別的方式來確認樣本中的男性與暴力行為之間顯示出較高的關聯。

兒童性虐待文獻顯示，其普遍性在女性方面有 6%至 62%，而在男性方面則佔 3%至 29%，女孩被虐待的機率是男孩的一點五至三倍（*Finkelhor, 1994; Pilkington and Kremer, 1995a*）。Browne、Falshaw 和 Hamilton 針對青少年犯所做的研究顯示，75%的女孩曾有遭受性虐待的個人史，而男性則是 29%。有趣的是，這些數據與臨床樣本中的性虐待比例（*Pilkington and Kremer, 1995b*）較為相近，而與針對一般樣本所做的估計值有所差距（*Pilkington and Kremer, 1995a*）。相反地，這裡並未發現青少年犯在童年期肢體虐待方面有性別差異。這與另一份肢體虐待方面的研究結果相符，該研究顯示，男孩與女孩因肢體虐待而得到保護令的可能性相等（*1995d*）。

最讓人憂心的是，兒童期受害與自殘之間的關聯（*Walsh and Rosen, 1988*）。雖然身體意向（body image）[7] 方面問題與肢體虐待有關，仍有人主張，兒童期性虐待會導致青春期的「身體疏離感」（body alienation）。目擊父母自我傷害行為（例如：自殘、酒精或藥物濫用）與家庭中的破壞行為（例如：配偶虐待）也與自我虐待與忽視有關聯（*op. cit.*）。從青春期與青少年犯之間曾在兒童期遭受虐待的普遍性來看，感化機構中 90%兒童與青少年犯曾經有自我傷害行為個人史這個

---

7 指個人對自己身體主觀性、綜合性的評價與概念，包括對自己身體的了解（如強弱等）與看法（如美醜等），也包括所感受到別人對自己身體狀況與形貌的看法。身體意向的積極與否是個人心理健康的指標。無論身體強弱美醜都能樂觀接受，並盡力發揮才是心理健康之道（張氏心理學辭典：東華書局）。

現象並不令人感到意外（*Browne, Falsahw and Hamilton, 1995*）。更令人憂心的是，那些目前正有傷害自己行為的青少年們。的確，Bagley 等人（*1995*）提出，令人困擾的行為，例如：自我傷害與「解離性人格」[8]相關，這種人格特質可以在29%曾經於兒童期遭受嚴重不當對待的個人當中發現。因此，給予收容或感化機構中兒童與青少年適當輔導是非常必要的。

輔導成年受害者

輔導的過程可以被定義為「一個人幫助另一個人釐清自己的生活狀況並決定進一步行動方向的方法」。輔導者提供機會讓當事人與他們之間形成一份關係，以便讓當事人能夠接觸到自己擁有的資源，並且自己發現自身問題的解決之道。

由Freud（*1949*）所傳承下來的心理動力方法強調，過去與現在影響個人行為的潛意識驅力之間有所關聯，並鼓勵當事人表達壓抑在內心的感覺與情緒。這對情緒問題、焦慮與不愉快的童年所產生的問題有明顯的效用與益處（*Sanderson, 1995*）。以認知行為方法處理人際關係問題可以幫助改善溝通與問題解決技巧，並減輕眼前的憂鬱，但並不能移除過去造成衝突與負面感受的根本原因。但是一份針對不同方式所做的比較研究（*Ursano and Hales, 1986*）顯示，當事人與治療師所認定的最初的輔導關係，是心理動力、認知行為與人際人本方法成功的關鍵因素。

Egeland等人（*1987, 1988*）發現，能夠打破暴力循環的女性多半曾經因為自己受虐經驗而接受過他人幫助。無論是親戚、治療師或社

---

8 指個人人格失去統整的現象，思想、情感、行動三者間失去協調而各自獨立（張氏心理學辭典：東華書局）。

工，只要是一生中曾經有人聆聽她們的遭遇，相信她們所言，並表現出同理心與理解，如此一來，她們便能夠在幾乎不產生解離的情況下，藉由對童年期受虐經驗在事實上與情緒上的清晰回憶，來打破暴力循環。所有打破暴力循環的女性都曾於青春期或青少年時期因接受心理治療而受益，目前都有一份穩定、長久、與伴侶能夠相互扶持的關係。相對於施虐母親，這些不虐待他人的女性已經降低目前的生活壓力，降低焦慮與憂鬱，較不感到憂慮或依賴，並有較高的智商、穩定的家庭環境與人際支援網絡。Herrenkohl（*1991*）也得出與上述相似的結論。

　　研究證據顯示，輔導諮商所帶來的正面改善最常見於情緒極度痛苦的個案（甚至可能有暴力傾向），但幾乎不曾出現於心理異常的個案（*Traux and Carkhuff, 1967*）。只要治療關係裡有著真誠與溫馨，加以諮商師給予的適當尊敬、正面關懷與同理心，以及個案感到自己被了解，便可以透過大多數治療方法達到效果（*op. cit.*）。但是研究也顯示，上述特質並不足以改變有偏差行為的青少年（*Ollendick and Henson, 1979; Kazdin et al., 1987*）。因此輔導青少年犯必須仰賴以個人為主的方法以外的技巧（*例如 Rogers, 1957*）。輔導者必須發展出能夠回應每位青少年獨特需求的特定技巧。

輔導青少年加害者

　　Ferrara（*1992*）認為，下列方法是相當有效的方式，可提供輔導者在輔導問題青少年與青少年犯時利用：

　　1. 承諾：諮商者必須對輔導青少年犯有一份承擔。

　　2. 責任：缺乏責任感的諮商者無法贏得青少年犯的信任，因為他們本來就已經無法信任他人。

3. *密集*：有時候要「穿越」青少年犯的自我防衛需要相當的投入與持續的努力。

4. *合理的懷疑*：由於青少年犯的生活有許多方面是建築在欺騙上，所以輔導者必須對他們所說的話與所做的事採保留態度。

5. *領袖特質*：對諮商者最重要的就是要了解到，與其他年齡層個案相比，大多數的青少年犯需要較為直接、具挑戰性的諮商方式。

Ferrara（*1992*）認為，上述方法在針對問題青少年的團體治療上頗有效果。此外，Day、Maddicks 和 McMahon（*1993*）發現，一名諮商者輔導兩名青少年犯的簡短「一對二」心理治療，在因憂鬱、酗酒與憤怒管理問題而被委託輔導的個案中有顯著的治療成效。由於缺乏長期追蹤研究，這些改變的持續性仍是個問號。

感化機構中不良的諮商工作結構，造成了其中四分之一青少年犯，在衡鑑結果指出他們所遭遇的問題並需要輔導之後，卻未曾接受針對自己問題的輔導（例如：受虐經驗、自我觀念、情緒作用、家庭問題以及在機構中所遭遇的問題）（*Browne, 1995f*）。

針對未成年性虐待女性受害者所進行的心理動力團體治療已被發現有相當成效（*De Luca et al., 1995*）。結果指出，在團體治療過後自尊提升，而焦慮與行為問題則減少。這樣的改善在九至十二個月後的追蹤裡仍然能夠維持。然而令人感到些許失望的是，針對兒童虐待的團體治療在感化機構中並未被採用。

但是青少年犯們所需的輔導是因為自己對他人的錯誤信任，以及缺乏對與治療師這份關係的承諾而無法進行。也許信任可以在一段時間內建立，但長期輔導的障礙之一就是感化機構裡青少年經常性的流動。流動性高的通常是被判定感化保護令的（第二十五條），而非那些遭判刑的（第五十三條）。即使是對有六個月徒刑的青少年，治療與輔導工作仍可能結束得很突然草率，使得當事人在心理上缺乏支持的情形下返回社會。

下面個案是一名在感化機構中的男性青少年犯，能夠對方才提出的問題有具體的描述。

約翰的案例

　　約翰（化名）在十五歲那年因搶劫而根據第五十三條第二款被判兩年刑期。在進入照護機構後，約翰不斷地脫逃。他聲稱，曾遭受父親所施加的肢體與性虐待。

　　剛進感化機構時，約翰對自己與他人的危險性都相當高。他有酗酒、吸食毒品與有機溶劑的個人史，過去曾服用過量的藥品、割傷自己、自焚與意圖上吊。約翰也曾經暴力威脅他人，攻擊父母、機構工作人員與路人。其他犯行還包括竊盜。

　　專業人員為約翰找出了特定治療目標，並建議約翰接受一對一諮商，諮商內容涵蓋社交技巧、憤怒管理與自尊建立等等問題。剛開始的時候，約翰接受每週三節的諮商輔導。諮商時間總是在同一個房間與同一名工作人員進行。諮商時間長短依約翰當時的情緒決定。諮商進行時鮮少被打擾，並且總是在接受輔導者不會被看見或聽見的隱密面談室進行。

　　在事先安排的諮商時間外，約翰也可以額外要求接受輔導的時間。這些外加的諮商時間平均是每週一次，但不會在同樣的環境下進行。在這些時間裡，約翰只與四名特定工作人員見面，每次時間長短不拘，取決於約翰的需求與心情。約翰的社工會固定地拜訪約翰的父母，與他們進行訪談與輔導。雖然對父母所做的輔導工作單獨而言是成功的，但是將父母帶入約翰的諮商卻是失敗的。然而，他仍然與母親以及兄弟姊妹保持規律的電話聯繫，並接受他們的會面；但與父親並無聯繫。

　　與約翰進行一對一輔導的輔導員的報告指出，約翰的進步還算令

人滿意。約翰剛進來的時候，對他人缺乏同理心，並且缺乏與他人的情感聯繫。但是六個月之後，他開始不再像過去那麼封閉。輔導員認為，或許諮商讓約翰能夠把事情看得更清楚，特別是在輔導員會把約翰所表達的感受與資訊重新闡釋並且反映回去給約翰之後。輔導員相信，約翰的行為因為這些諮商而顯示出改變，他不再像過去一樣具有攻擊性，也減少了自我傷害的行為。

整體來說，輔導員覺得與約翰之間可算得上親近，也認為自己給予約翰所需的時間與關注。輔導員的意見中提到，約翰能夠信任他，並感到被了解。他認為，約翰能夠自在、並且開放地與他分享內在的想法與感受。但是約翰有時卻對他表現出敵意；他也曾對自己的輔導個案表現出不耐與失望，有時候在約翰面前毫不掩飾自己的不悅。

十八個月之後，約翰離開感化機構，再度回到社會，在社會局的監督下獨自住在一棟公寓裡。約翰不久之後就因為酒後滋擾生事而被逮捕，他威脅要自殺，並且威脅要殺死自己的父親，以及任何妨礙他的人。約翰又再度還押地方看守所候審。

約翰後來脫逃，變成酗酒、具攻擊性並且對大眾具有暴力威脅性的麻煩人物。被逮捕後，他被送回地方照護機構。在那裡，他在接到父親一通電話之後出手攻擊一名工作人員。

後來法庭裁定讓約翰返回感化機構，繼續接受輔導。

小結

上述事件的順序也許反映了對受虐者進行心理動力輔導的必要性。對於曾有受害經驗的人來說，認知行為輔導的效益是短暫的，因為行為背後、潛意識層面裡的問題懸而未決。但是再犯也會因為心理動力治療中斷而發生（*Welldon, 1994*）。這與被治療師遺棄的感覺有關。約翰可能因為在感化機構遷移到獨戶的公寓之後，感到被遺棄、不再受保護。這中間的轉變適應期並不長。

 治療目標

根據 Winnicott（*1956*）所述：「『環境』在反社會傾向自然療癒過程中扮演著不可或缺的角色。」情緒嚴重受困擾的青春期兒童與青少年需要一個安全的療癒環境，一個能夠提供他們以正面方式去經歷暫與外界隔絕的機會，繼而能夠重新面對、處理過去曾遭遇的問題。

針對受困擾的青春期兒童與青少年治療的目標必須從整個個體去考慮，而不僅是著重於暴力行為，畢竟暴力行為是他們內心困擾所產生的症狀之一。感化機構所提供的治療環境是經過組織架構的，能夠某程度彌補他們過去所處的不當且混亂的家庭環境。

問題兒童需要建立與照顧者之間的關係，因為照顧者能夠對這些孩子的憤怒適時加以限制與處理（*Flavingy, 1988*）。當青少年早期所產生並潛藏於內心的情緒爆發時，照顧者可能受刺激，而表現出與孩子的父母可能有的不恰當反應。

在青少年嘗試著與照顧者發展穩定關係的期間，照顧者必須承受投擲於他們身上的恨意與負面情緒（*Winnicott, 1950*）。因此對問題兒童與青少年的治療必須長時間維持在「此時此地」的層次，然後再漸漸地回溯過去的問題。過早開始深度諮商或者分享洞見，可能會造成破壞，增加自殺的風險或幻想的危機（*Flavigny, 1988*）。

Hill（*1989*）歸結出一個概念，為使諮商／治療關係有所改變，輔導者必須在與特定當事人之間「良好到一定程度的關係」這個背景中使用適當的技巧。這表示當事人與輔導者之間必須有相當的依附。

如 Holmes（*1993,1994*）所述，以長遠的眼光看，將依附理論（*Bowlby, 1969*）應用到問題青少年的輔導與心理治療上可能會有收效。他認為，治療的主要工作在於：(1)提供安全、穩定的基礎環境，讓當事人能在

這個基礎上探索自己的感受與想法；(2)以展現幫助意願與同理心的方式傾聽個案所說的話，以期增強自我價值感；(3)幫助當事人將感受、想法與行為當作童年經驗的產物這個面向去思考；(4)幫助當事人認清現有的自我（self）模式可能是因童年經驗而扭曲的；(5)鼓勵當事人思考自己與目前生活中重要他人的關係模式；(6)以依附理論的角度檢視個案與輔導者之間的關係。這些技巧在輔導童年時受到自己信任的照顧者所虐待的兒童，或者幫助「無情」（affectionless）的個案復健時特別相關。

改變問題兒童更長遠的一種作法是，藉由提供一個安全的地方讓他們盡情探索，並承擔他們的不適當感（Mawson, 1994）。由於早年的不當對待，問題兒童經常不信任他人，並且形成不安全依附。的確，與不安全依附相關的心理與行為問題往往浮現於當事人與治療師之間。輔導者可以在這樣的關係中作處理，讓孩子能夠改善對他人負面與悲觀的觀念和預設（Pearce and Pezzot-Pearce, 1994）。

在面對這些青少年犯之後會發現，他們偏差的生活型態在程度上不盡相同。他們要不是傾向於衝動，就是更傾向於運用權力、剝削他人、或是自私的掠奪（Walters and Whilte, 1990）。他們的生活特徵在於強調「成為贏家」──如此一來，他們便無法考慮他人的需要。他們通常感到憤怒、罪惡感有限，有著不符現實狀況的驕傲，並且逃避責任。Welldon（1994）認為，受虐兒需要感覺自己擁有控制權，因為他們對任何可能提醒他們過去不愉快經驗的事物相當脆弱敏感。他們潛意識裡有一股報復與傷害的需要。更有甚者，他們可能以對「性」過度的追求，作為處理不安全感與不適當感的方法。

當然，無論是社區內或是機構裡所進行的受困青少年輔導課程，機構內的架構與組織對輔導成效是最關鍵的因素（Holmes, 1994a）。根據 Hollin 的看法，「治療統整」唯有在下列條件具備時才可以達到：(1)人員的訓練；(2)組織結構是能幫助復健工作的；(3)能夠監控治療課

程的設計、實施與進度的管理與督導系統。

　　為達上述成果而訂定的組織政策必須有適當的資源，以及一個穩定且有秩序的環境來做後盾，而非建構在一個不斷經歷重組，或者問題層出不窮的環境裡（*stokes, 1994*）。

　　將兒童與青少年塑造成暴力加害者減低了對他們的關心與保護的意願。一九九三年，當時的首相約翰‧梅傑提到「社會必須對犯下暴力罪行的青少年多些譴責、少些了解」。事實上，回歸到判決徒刑所帶來的「短暫而尖銳的刺激」終將是徒勞無功。這種方法缺乏效果的事實在一九七○年代的研究裡可以清楚地看見。我們需要將更多的資源投入針對青少年犯的正面處理方法。目前這種對暴力青少年的輔導課程並不多見，而且不夠完整。而過去四、五年來才開始有計畫性地投入對青少年性犯罪的關注，並且才剛開始整合處遇計畫，以及針對這些計畫的評估。

預防

　　青少年的治療、管理與控制是在不幸已經發生之後，希望減低任何不幸再度發生的三級預防。這是其他兩種預防形式：初級與二級——在任何不幸發生之前——以外的方法。

　　圖 11.4 描繪出感化機構中青少年犯的背景裡所包含的不利因素，以及這些因素的交互關係。圖 11.4 每一個因素都需要初級或二級預防方法來處理。找出有風險的族群，例如：暴力或有酒精、藥物濫用情形的家庭，進而提供社交技巧、酒精與憤怒管理訓練可能被視為二級預防，但即使這樣還是不夠的。

　　僅僅幫助父母抑制對孩子的暴力，可能還是沒有改變當初虐待所造成的情緒傷害。處遇應該包含家庭中所有成員，在治療與改善親子

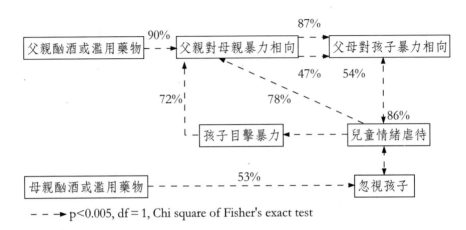

圖 11.4　青少年犯背景中不利因子的交互關係（n＝44）（*取自 Browne, 1995f*）

互動並進的前提下進行。針對家庭關係這個層面的輔導在暴力預防上必要的。此外，對受害者進行的心理治療可能幫助預防青少年其偏差行為，以及從受害者變成加害者這個暴力循環的產生。

　　對受害者而言，兒童虐待與忽視的後果是既深且廣，牽涉多重層面的，這將全面影響到成年期精神健康（見圖 11.5）。為了保護兒童而將他們移送收容機構也會產生下列問題：

- 感到被污名化、驚慌失措與被遺棄
- 缺乏持續的家庭、學校與社群生活
- 與原生家庭的聯繫
- 收容安排的瓦解
- 再度受虐的風險

　　因此在既有偏差行為、又有心理異常的嚴重問題青少年中發現高比例的受虐兒並不令人驚訝。

　　暴力威脅、欺凌與恐嚇在感化機構中持續發生，特別是在機構沒有正視這些問題，而且工作人員以恐嚇為管理與控制青少年的手段的

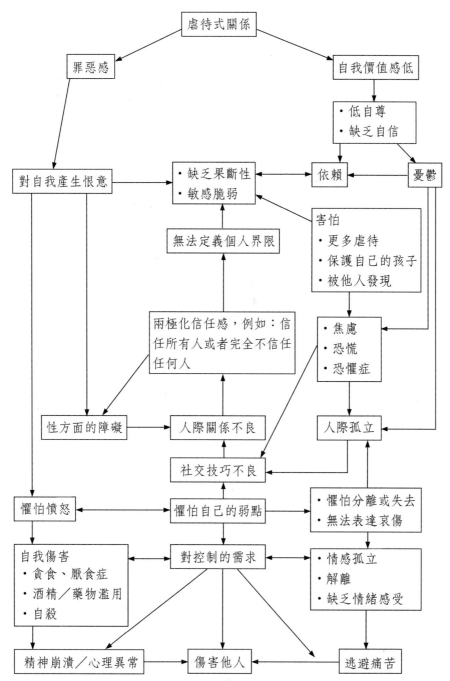

圖 11.5　兒童期虐待對成年期精神健康造成的影響

情況下。機構與其專業人員忽略了其他能夠實際處理，並且預防校園內與機構中欺凌的方法（見 *Lane and Tattum, 1989; Browne and Falshaw, 1996*）。

　　「加害者也是受害者」這個逐漸浮現的觀念在Falshaw、Browne和Hollin（*1996*）的研究中有更詳盡的文獻回顧。本文強調了輔導暴力家庭的重要性。

第十二章

處理暴力家庭

　　從縱向研究可以清楚地看到，早期處理對暴力行為模式的發展是很重要的，若能早期預防，成效將更為理想（見 Herbert, 1994）。社會與衛生工作人員往往宣稱，對家庭實施「預防」工作。但所謂預防的定義為何？文獻裡常見，某些取自於預防醫學標準分類，而後加以變化應用在形容預防式的社會工作與臨床工作。因此，初級、二級與三級預防所描述的是，根據某些個人或社會問題發展的特定階段所可能產生的不同專業回應。初級預防可以預防問題的產生；二級預防則是指在問題產生的早期階段便加以處理；而三級預防則是在問題已經發生後設法減輕問題所造成的傷害。二級預防可能包含兩組情況：(1)早期發現有希望改善的、相對輕微的問題；以及(2)問題雖然較為嚴重，但仍有可能減輕並遏止問題發展，仍可能防止暴力事件發生。三級預防則是在於專業人員發現已有暴力發生的家庭，而在該家庭中的兒童尚未被社會局安置之前進行治療工作。這個層級的預防工作主要目標是預防重複受害、長期家庭問題下可能產生的最嚴重後果，並且預防個案日後必須接受更侵入性的處理方式。

　　社會與衛生工作個案有各種複雜的個別狀況，因此個案並不會恰好符合任何一種型態。事實上，社會與衛生專業人士在處理一個個案

時，往往會運用各個不同層級的預防方法。預防可能存在於處理過程中的任何階段。的確，預防工作可以在孩子被安置之後繼續進行，這需要──其實也被認為是──*四級預防*。這樣更進一步的工作被部分地涵蓋在英國一九八九年的兒童法中。心理重建是主要目標，減輕兒童接受安置之後可能造成的傷害──自尊低落，對自我統合、獨立性、自主性的威脅──是專業人員的首要目標之一。維繫與父母之間的關係、與父母合作（例如：訓練他們為孩子重返家庭作準備）亦是值得強調的特定目標。

社工的特定目標並不能單獨在他們所處的以及他們所服務的*價值系統*以外運作（*Hardiker, Exton and Barker, 1989*）。在獲得許可的情況下，讓我們來看看一個他們所提供的例子。一對父母主動因為兒子以暴力恐嚇全家，在外面不斷欺凌他人，同時表現出其他反社會（可能是偏差的）行為而尋求幫助。社會局可能會提供不同的「預防」策略，從提供立即的建議但不追蹤，到指派社工進行諮商、行為治療或「預防式中間治療」（preventative intermediate treatment）（見圖 12.1）。我們可以從*權利模式*來看，當家庭呈現某種可能因為及早處理而改善的功能不良時，社工資源就應該被提供。以*社會權利或發展模式*來看，某些人可能會認為，地方青少年娛樂設施的缺乏，加上高度的地方警察巡邏，可能是導致青少年走入偏差行為生涯的原因。有些實地工作者可能會敦促父母參與某些致力於與教育以及警政單位協商的地方壓力團體，以期改變他們對該地區所採的政策。所有的回應都可以被歸類在「預防」這個標題之下。

預防層級	社會福利模式			根本
	剩餘模式	制度化模式	發展模式	
1. 初級 (1)預防問題發生 (2)減少對正式社會福利的需要			1. 初級／發展模式 地區性服務、支援的基礎在於自助／互助系統、家庭中心等。建議與資訊提供等服務，以及育兒／管理、教育宣導（例如：電視暴力）。	
2. 二級 (1)早期發現並且解決問題 (2)針對早期回復非個案狀態能的處理工作		2. 二級／制度化模式 建議與資訊提供服務、早期篩檢偵測（衡鑑導向的責任／人口系統），短期處理（行為社會工作、危機處理）、社會照顧計畫。		
3. 三級 (1)預防長期存在問題所造成的最壞結果產生 (2)預防當事人進入更具傷害侵入性且更具傷害性的處理方式	3. 三級／剩餘模式 針對兒童是可能被安置在高危險群的家庭所提供的「治療」為兒童安置工作、日間照顧把關，旨在確定與治定目標相關，是法定社會工作。			
4. 四級 (1)預防長期安置或寄養可能造成的傷害 (2)永久性計畫				

圖12.1　兒童照顧裡預防工作的模式（資料來源：Hardiker et al., 1989）

但機構與專業人員兩個層面，在青少年已經有犯罪行為，卻再度因為攻擊行為而被起訴，短期內就要面臨一段長期法庭審判的情況下，所能做到的將會銳減。專業人員可能因為個人價值觀而繼續在「問題」的發展過程中介入，但是由於犯行的嚴重性，以及法律對政府機構所賦予保護社會大眾的義務，機構不可能廢止本身進行社會控制的功能。

心理社會處遇

兒童期與青春期行為障礙發展與滋長的社會結構背景——不良居住環境、城市貧民窟、生理或心理剝奪——在提供個人化或以家庭為單位的服務時不能夠被忽視。如我們所見，社會與衛生政策議題代表了實際問題的分析與潛在處理方法上相當重要的一個層面，而這也正是社會與衛生工作人員所關切的。

雖然這些工作人員與他們所屬單位的職責並非直接消除或減輕社會問題的結構性成因，他們在「前線」所了解到貧窮可能帶來的影響，以及實際地看到不利因子的循環，使他們在影響社會政策上有獨特的地位。Hardiker、Exton和Barker（1989）指出，有幾種能夠對需要幫助的人提供個人化幫助，但不使他們因為變成「病患」或「個案」而產生污名化的困擾。

初級預防

自助團體與社區計畫可以提供父母以及家庭些許支援，使脆弱的人產生內在的力量，並啟動社區內鄰居之間非正式的支援網絡。使經歷輕微問題的人不致於變成「個案」或「病患」的策略是初級預防的

主要層面。例如：藉由與衛生中心、學校與醫院，或者藉由與社會局在各地區辦公室合作關係所提供的建議、指導與諮詢服務。

二級預防

二級預防是在個人或整個家庭已經被醫療院所接受為病患之後，也就是說，被社會工作機構認定為個案之後所進行的工作。例如：一個原本運作正常良好的家庭可能因為創傷事件——像是婚姻破碎與分居——而突然地進入一個緊急的危機狀態。社工衡鑑結果可能指出，短期接受輔導的需要（一般所謂的「危機處理」），這是基於使該家庭回復到之前非個案狀態的想法。

在處理牽涉反社會與攻擊行為的高風險群個案時有許多不同的個案工作選擇（見 Herbert, 1991, 1995）。而選擇是取決於對個人與人際問題形成的成因分析，問題的種類可見於圖 12.2。

這個圖表顯示出，臨床或個案工作裡建立形成公式（formulation）的複雜性。這顯示了，造成問題行為因素的多重層次與多重面向。針對父母與其他照顧者進行輔導的效益很明顯地可以在初級與二級預防（Herbert, 1987a; 1993; Webster-Stratton and Herbert, 1993）、治療成效與成本效益（見 Callias, 1994）中看見。既然相關工作者這麼認為，似乎值得我們去了解他們的運作方式。

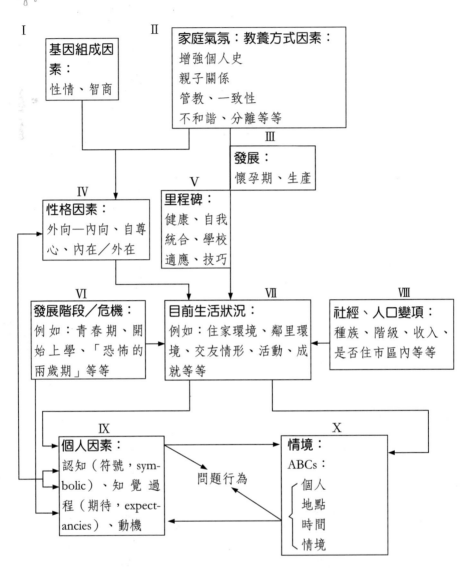

I

基因組成因
素：
性情、智商

II

家庭氣氛：教養方式因素：
增強個人史
親子關係
管教、一致性
不和諧、分離等等

III

發展：
懷孕期、生產

IV

性格因素：
外向—內向、自尊
心、內在／外在

V

里程碑：
健康、自我
統合、學校
適應、技巧

VI

發展階段／危機：
例如：青春期、開
始上學、「恐怖的
兩歲期」等等

VII

目前生活狀況：
例如：住家環境、鄰里環
境、交友情形、活動、成
就等等

VIII

社經、人口變項：
種族、階級、收入、
是否住市區內等等

IX

個人因素：
認知（符號，sym-
bolic）、知覺過
程（期待，expect-
ancies）、動機

問題行為

X

情境：
ABCs：
個人
地點
時間
情境

圖 12.2　十項因素因果關係臨床形成公式
（改編自 Clarke, 1977；經英國心理學會許可重製）

分析攻擊與其他負面事件

要回答「為什麼」自我失敗行為或其他犯罪行為——像是攻擊——是如何開始與維持的（因果問題），行為導向的工作者會對孩子（或者照顧者）本身的兩個環境——外在與內在（機體，organismic）中的相關行為與後效進行完整的功能分析（functional analysis）。強迫／攻擊行為的理論觀點——社會學習理論——在第二章有詳盡解釋。

關於「什麼」的問題

在回答「為什麼」這個問題之前，我們必須先弄清楚要解釋的是什麼。在發現問題之後，必須對問題的要因進行仔細的調查。進行時有心理篩檢／衡鑑工具可以作為輔助（見第五章與第六章）。

自我監控程序

對年齡較大的兒童與青春期兒童來說，攻擊式回應以及伴隨這些回應的認知是有潛在作用的資料來源。藉由自我監控，兒童必須分辨並記錄實際行為的發生，與這個行為發生當時所伴隨的想法。在這個情形下，自我監控是憤怒回應的直接測量方式，與自陳攻擊的測量方式有所區隔，因為後者是對一段時間之前發生的行為所做的報告。有趣的是，這種以自我陳述來監控伴隨著憤怒或攻擊的認知的測量方式正快速地發展。

父母與教師提供的評估

多種父母與老師的評定量表與檢核表（見 Webster-Stratton and Herbert, 1994）已被應用在兒童行為（特別是行為問題）的衡鑑上。其中最常被使用的如下：

兒童行為檢核表（Child Behaviour Checklist, CBCL）

父母所使用的 CBCL 表格（Achenbach and Edelbrock, 1983）包括二十個關於社交能力的問題，以及一百一十八個關於行為的問題。項目包括：殘酷、欺凌或對他人行為態度惡劣、時常爭吵、縱火。父母必須大略陳述過去六個月來這些行為是否曾經發生。研究發現，這個量表可以區分出臨床與非臨床個案兒童。這些問題包含了多重行為問題評量表，分別從不同年齡層、男孩與女孩分開的統計得來。量表在兩種性別以及所有年齡層中都構成兩個廣泛的族群：外在（externalising）行為（攻擊、反社會與控制不足〔undercontrolled〕），與內在（internalising）行為：恐懼、壓抑、過度控制（overcontrolled）。社交能力分數、內化與外化，以及總體行為分數是與治療最為相關的。CBCL 已經測試出正常值，其父母雙方評判間一致性是 0.98；重測信度係數為 0.84，故內部一致性得以確立。

Eyberg 兒童行為量表（Eyberg Child Behaviour Inventory, ECBI）

ECBI（Robinson, Eyberg and Ross, 1980）是兒童行為障礙測量工具中較為被使用研究的一種。行為量表中包括三十六個項目，針對兩歲至十六歲之間兒童行為障礙。回應形式最後產生兩個分數：一個總體問題分數，告訴我們父母所擔心的行為問題的總數；以及一個強度分數，這顯示出行為障礙發生的頻率或強度。項目包括：與朋友間言語爭執、

被要求做家事時往往拒絕、破壞物品、吼叫或尖叫。大部分的項目反映出反抗行為，而非嚴重的反社會行為。

行為問題檢核表修訂版（The revised Behaviour Problem Checklist）

這項檢核表（Quay and Peterson, 1983）包含八十九個問題行為，這些行為也分別被評量為「不構成問題」、「輕微問題」到「嚴重問題」三個等級。因素分析發現下列六個層面：行為障礙、社交攻擊性、注意力問題—不成熟、焦慮—退縮、精神病行為與過動。如同 CBCL 一般，行為問題檢核表在衡鑑重要他人對兒童攻擊行為陳述，及該行為與其他偏差行為之間關聯方面來看，是個信度與效度良好的工具。

Rutter 行為評定量表（Rutter Behaviour Rating Scale）

Rutter 評量表（Rutter, 1967）中父母與教師使用的版本在英國已被標準化，並擁有良好的重測信度、評分者間信度，其效度也已在許多研究中被確立。這些量表中的分數在超過一定的標準後便代表行為或情緒障礙。最近的文獻回顧已經由 Elander 和 Rutter（1996）提出。

行為觀察

衡鑑兒童或成人恐懼與焦慮行為最直接的方法就是在這些行為可能發生的情境裡做直接觀察（見第六章）。在行為觀察系統中，意味著攻擊的特定行為已被定義、觀察與記錄。這些系統是高度個人化，並且需配合特定恐慌的測量。例如：Patterson（1982）詳細介紹了一套反應攻擊、強迫的行為，並給予操作型定義。

衡鑑時取得教師的看法是相當重要的，因為教師擁有一項獨特的優勢，那就是能夠比較眾多兒童的背景，並且提供兒童的同儕關係、社交技巧與學業成就高低等等珍貴資訊。他們將個案與同儕比較之後能夠提供父母無法觸及的觀點。他們可以在結構性或半結構性活動

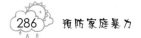

中，以及學習、社交與娛樂情境中，長時間觀察孩子。此外，教師的衡鑑可以讓我們了解，孩子的行為障礙是否已從家庭擴及到學校以及其他環境中。

Behar 學齡前問卷（Behar Preschool Questionnaire, BPQ）

BPQ（*Behar, 1977*）包含三十個項目，每個項目分數在 0 到 2 之間，由三歲至六歲孩子的老師填寫。重測信度在 0.60 到 0.99 之間。因素分析發現三個子量表（敵意—攻擊、焦慮—恐懼、過動—注意力分散）。除此之外，其中包含一個總體行為問題量表，反映出三個子量表的摘要。在這些量表中，總體行為問題量表是最重要的，因為它包含了廣泛的行為障礙問題。

本書其中一位作者已經出版了衡鑑兒童及其照顧者問題（例如：暴力）行為與態度所使用的檢核表與其詳細說明的綜合資料（*Herbert, 1992*）。

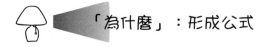

「為什麼」：形成公式

在整理行為形成公式時，非常有用的一項工作就是，提出足以解釋個人與社會問題的解釋，以便區隔近因、遠因，以及直接與間接影響。說明如下：

直接成因

近因（目前因素）的影響是直接的，且與它們所影響的行為在時間上相近。它們在「功能」上與該行為相關，因此可以——如因果關係的假設——在行為個案工作中以單一個案實驗設計被直接測試。因

素間相對的定時關係可以在ABC模式下被分別定義（見第167頁）。

建立形成公式的目的是精確地分辨出前因、後果，與控制著適應不良行為或不受歡迎互動方式的象徵性條件。所謂的目標問題被選為分析與處理的對象，因為在假設中，這些行為是兒童（也可能是其父母）行為中，或者是親子關係之間不受歡迎的部分。功能性的關係可以用假設的形式分析組成。因此衡鑑與形成公式可能指出——直接引出或者顯示出——*有增強攻擊性潛能的特定前提*。

實際上，為了確認暴力產生的特定情境與條件，習於頻繁且高度使用暴力的兒童（或照顧者）都必須被觀察。這樣的條件可能牽涉：⑴實際上激發攻擊爆發或為攻擊埋下伏筆（辨別刺激，discriminative stimuli）[1]的個人與／或環境刺激事件所構成的前因；⑵其後果；以及⑶因為這些條件而產生，並因其增強性而維持的個人與／或環境刺激事件所構成的前因。其他條件則牽涉到個人對行為缺乏適當刺激控制：

①*行為方面不適當的刺激控制*：一個在正常情形下被視為中性刺激的整體形象（例如：具有建設性／有助益的建議）卻具有引發失能回應，像是言語虐待的潛能。部分原因可能是，過去長久以來承受誹謗中傷與不斷的批評，造成將憤怒與任何言語意見兩者制約。

②*缺陷型（defective）行為刺激控制*：這是指一個在正常情形下會與某一套行為產生關聯的刺激（例如：友善與友善的回應）無法引起個人產生這套行為的情況。例如：一個孩子總是以攻擊行為回應他認為對他挑釁但事實上是對他友善的同儕。

兒童的缺陷型行為刺激控制可能是從自由放任的養育方式而來：極端的放縱，或對行為應有的後果缺乏清楚且一致的設定與管教。

---

1 在操作制約學習情境中，辨別刺激指有線索可以預期個體對其作出反應的刺激物（張氏心理學辭典：東華書局）。

任何一種形式的前因控制都可能透過個人的符號處理程序，而非經由外在環境運作。在「嫌惡自我增強系統」（aversive self-reinforcing systems）這個情況下，個人以高標準來評估自己，因而導致持續地自我貶抑與自我批評，缺乏自我肯定。如此懲罰性的認知可能是由於，早年不斷被批判，進而學習到僵化嚴苛的自我評估標準。例如：一個沮喪、不快樂的孩子用攻擊他人或口出惡言來掩飾自己的缺乏自信與低自尊。他們的處事原則是「攻擊就是最好的自衛方式」。

一份形成公式也可能顯示出：

③*激勵（incentive）系統缺陷*：其特徵為在正常情形下能夠產生誘因來影響個人的增強物失效。缺陷型激勵系統常見於冷漠與孤立的父母，他們對情感、成就與學習缺乏差別的反應。而不適當的激勵系統則常見於某些暴力的問題青少年。其發展可能是從早年所經歷的廣泛敵意與排拒（情緒與肢體虐待）而來（*Iwaniec, Herbert and McNeish, 1985a*）。

④*行為缺陷*：可以在兒童或父母缺乏自身年齡應有的技巧上觀察到。缺陷也可能反映孩子（或照顧者）問題解決能力不足。這些缺陷有時是因為生理與／或心理失能、缺乏父母適當的示範、因懲罰態度而壓抑的利社會行為、或缺乏對社交與問題解決技巧的鼓勵等等因素而產生。攻擊對某些孩子而言，可能是代替所缺乏的社交技巧的方式──一種確保自己得到注意力與其他「酬賞」的方式（*Herbert, 1987a*）。

⑤*認知扭曲*：傾向認知理論的專業人士將當事人對問題的現象論（phenomenology）[2] 視為第一手資料。這可以包含對內在認知

---

2 指個人對環境事物的主觀經驗，強調當事人自己對一切事物變化的主觀經驗，不重視由別人觀察研究所得的外顯行為結果解釋（張氏心理學辭典：東華書局）。

的陳述，像是父母對自己無助感或傷害孩子的欲望的描述。認知方法的典型例子是 Ellis（1982）的理情治療法（Rational Emotive Therapy, RET）。其觀點為：某些非理性想法的核心是根植於嚴重情緒困擾，而且這些失常的認知可以被改變。於是基本的 ABC 流程圖在 RET 中變成 ABC—DE：前提（antecedent）、觀念（belief）、後果（consequence）；辯論（disputation）與成效（effect）——後兩者意指處理治療。

 過去的影響（遠因）

遠因是那些過去曾經發生但目前不存在的重要誘發因素，例如：早期學習、創傷經歷等等。這樣的影響很顯然無法被直接改變或操作。對這些因素進行的分析並不見得是成功處理問題的必要條件。雖然歷史不可能逆轉，但是人們透過已經習得的態度與歸因邏輯將過去帶到現在。所以個人可以透過認知重建與具有治療效果的談話，將自己從過去的負面影響中釋放。

「如何處理」

「我該怎麼幫助我的個案？」這個問題帶著我們去思考處理方式的選擇。行為方法特別適用於我們方才討論的攻擊行為問題。最有效的行為方法，特別適用在對他人施以肢體虐待的成人的方法在第六章已經討論過。大部分早期針對特定兒童問題行為（例如：不順從與攻擊）的行為治療著重於 ABC 公式的後果（consequence）這一項（見第167頁），特別是透過訓練父母運用移除正增強物（time-out）以及給予差別關注（differential attention），來改變父母對兒童反叛或攻擊的

慣常回應方式。目前已有關於這類解決方式成功的報告，我們將在以下段落探討。

前提（antecedent）控制

ABC 公式的前提這一項有幾種能夠減少攻擊行為的方法：

減少嫌惡刺激（aversive stimuli）

無論是兒童或成人的暴力反應可能因為各種不同的嫌惡刺激而引爆，因此我們可以合理地預期：減少這類嫌惡刺激可能減少攻擊發生。其中一個方法就是，在衝突引發暴力之前便解決它。另一個方法是，透過減緩嫌惡刺激引發兒童憤怒的能力來減輕嫌惡刺激的影響力。這可以藉由培養幽默感、認知重建（重新架構「挑釁」刺激物）、或運用減敏感法。

改變刺激：減少攻擊的特定刺激

特定的刺激條件提供兒童「攻擊行為可能帶來酬賞後果」的訊號。對情境仔細的評估與訓練討論的計畫可望減少造成這類攻擊的辨別刺激（discriminative stimuli）。

減敏感法（desensitisation）

有三種減敏感程序可以被應用來減輕憤怒：系統減敏法、透過認知放鬆達到減敏感、與不使用放鬆訓練的減敏感法。

典型系統減敏感法包括想像的恐懼或產生憤怒的刺激，同時以肌肉放鬆訓練作為對抗、意志的回應。雖然這種方法運用在兒童與青春期兒童身上成效不錯，但是年幼的兒童在達到肌肉放鬆與清楚地想像造成恐懼的刺激時會遭遇困難（見 Herbert, 1987b, 1994）。因此，減敏感

法結合情緒性的想像內容越來越被廣泛接受——至少在年幼兒童攻擊的處理上。雖然減敏感法主要應用在造成恐懼的情境上，但這些手法可以經過修改來應用在引發憤怒的情境上。

解決差異性（衝突解決）

衝突解決方法大致有兩種方法：(1)特定衝突的仲裁或調停；(2)溝通程序的改變（見 Herbert, 1987a）。行為契約是最常見的協商與仲裁方法，工作人員扮演調停者或仲裁者的角色，並協助討論，目的在於尋求雙方的妥協與共識。特定行為與增強物之間可能產生交互作用，增加了正面效果產生的可能性（見第三章與第七章）。

減少在攻擊模式中的暴露時間

暴露在其他使用攻擊行為的人當中可能增加觀察者模仿這類行為的可能。減少兒童暴露在這類模式（例如：具攻擊性的同儕）的方法便可能減少他們產生類似行為的機率。

提供非攻擊行為的模範

讓孩子與其他傾向於使用非攻擊行為，並且對孩子具有影響力的兒童或青春期兒童相處，可以讓他們看見代替攻擊的方法，特別是在非攻擊行為具有工具性，為這些「模範」贏得令人滿意的結果的情況下。

對於前提事件的認知改變

攻擊行為的挑起可能受認知上的前提事件所影響，像是嫌惡想法（例如：記憶中過去的怨恨嫌隙），或者無法在腦海中找出解決方法，遇事情緒便反射式地「爆發」。兒童或青春期兒童在受到挑釁時會尋找各種不同的可能行為，而沮喪可以透過對暴力行為之前、當中

與事後思考過程加以注意而變得較有彈性。懷有敵意的兒童有時候缺乏發現與標示攻擊爆發前兆（生理的、情緒的與認知上的）的能力。因此他們可以被引導去學習更適當的問題解決方式。

自我指導（自我對話）

自我指導訓練——發展兒童透過使用自我建議、意見給予、讚美、以及其他引領方式來引導自己的表現——已被證實在改善兒童過動、具攻擊性（衝動）上成效卓著（*Meichenbaum and Goodman, 1971; Schneider, 1973*）。較傾向認知理論的方法，例如：自我控制訓練（果斷性與放鬆訓練、角色扮演、行為演練）在年紀稍長的兒童與青春期兒童身上的效用已被證實（*Herbert, 1991, 1994*）。

結果控制

懲罰

嫌惡後果（懲罰）是另一個在攻擊行為表現之後能夠產生及時效力的方法，但也是引起爭議的方法。大致說來，懲罰傾向於減少攻擊性，但懲罰造成的效應相當複雜，且往往莫衷一是。Patterson（*1982*）在這個問題上提出了較明確的看法。他的結論是：分析「懲罰效應」的研究與針對有反社會行為兒童的家庭有直接的關聯。

不具攻擊性兒童的父母傾向於不理會大多數孩子不嚴重的強迫行為，所以孩子的強迫行為往往是短暫的。當他們要加以處理時，這些父母有能力使用懲罰來停止或減輕這些行為。相反地，反社會兒童的父母不但較少忽視，反而較常叨念或責罵，結果不只是無法停止強迫行為，同時他們的責罵也直接造成了更多的強迫行為。

在治療非常棘手、極端偏差與受虐嚴重的兒童多年之後，Patterson

與其團隊堅信：訓練父母使用非暴力形式的懲罰，例如：移除正增強物（time out）是成功的處理方法中必要的部分。我們的家庭行為研究與治療中心也發現足以確認 Patterson 觀點的研究證據（*Sutton, 1988*）。

Patterson 也坦白地承認，自己當初是不得不接受這個觀點，因為這個觀點與他早期對懲罰的看法相互矛盾（*例如：Patterson, 1965*）。過去一般認為，使用與偏差行為相抗衡的利社會行為正增強是治療的理論基礎。但是臨床經驗很快就顯示並非如此。研究顯示，僅僅（對不當行為）使用消弱（extinction）並不成功，即使是同時使用對相對行為的正增強也不見效力（*與「管教」的迷思與誤解相關的討論可見於 Herbert, 1989a*）。

改善自覺／增強物

由於低自尊與低成就常見於具有攻擊性與行為障礙的兒童與青少年當中，因此值得注意的是，給予攻擊行為有效正增強的來源——攻擊者本身。某程度來說，兒童透過製造後果來規範自己的行為。他們傾向於重複能夠帶來滿足感與價值感的行為；相反地，他們傾向於避免可能產生精神痛苦與煩惱的行為。

差別增強

有充足的證據顯示：以減少被認為是攻擊行為增強物的方法可以減輕攻擊行為的頻率與／或強度。在某些研究裡，攻擊行為往往被忽略；在其他與攻擊相反的利社會行為被酬賞時，攻擊便會被忽略。我們已經看見，單獨使用差別注意（differential attention）並不一定有效，在這種情形下，不只利社會行為應該接受正增強，攻擊應該特別地給予心理而非肢體的懲罰（*Patterson, 1982*）。

有計畫的忽略、移除正增強物與回應成本（response cost）已經被有系統地應用在某些輔導課程中，這些課程的設計在於提供兒童產生

警訊的刺激物,這些刺激物告訴孩子:攻擊行為不只無法帶來酬賞,同時會導致惡果。這類具分別性刺激物的提供使攻擊得到控制,而較能令人接受的行為則受到鼓勵(*Herbert, 1987a*)。

移除正增強物是在行為改變與改善極度反叛十分有效的輔助方法(*例如:Day and Roberts, 1983; Roberts, Hatzenbuehler and Bean, 1981*),特別是在父母所認為的不順從行為導致兒童虐待的案例上。這給予父母與兒童機會「冷靜」,而且似乎在剛進入課程時對養育採取懲罰態度、難以讚美孩子正面特質(非常重要的一環)的父母身上能夠顯示出表面效度。治療過程中,本質上其實具有懲罰作用的移除正增強確實提供了尚未脫離權威式管教、無建設性口頭抱怨(叨念)、或自我失敗、虐待、強制使用權力管教方式的父母較為合乎實際且有效的方法。以正面的注意力(遊戲、讚美、更多的接觸)來平衡移除正增強是相當良好的養育方式,而非只是道德問題。最好的成果會在讚美與移除正增強兩者同時使用的情形下產生。

被廣泛接受的方法

上述課程侷限於處理已呈現的問題上的特定技巧,而非廣泛地討論、辯論、角色扮演或生活技巧指導(例如:溝通),也未曾提供現今行為家庭行為治療的課程範本(*見 Herbert, 1995*)或者行為父母訓練課程(BPT)(*見 Webster-Stratton and Herbert, 1994*)。

在團體與個別家庭治療的過程為:一名治療師與父母在多種角色上共同合作,因此父母可以漸漸學到知識、增加控制力及有效處理有攻擊性與行為障礙的孩子所帶來的壓力。治療模式根據與父母合作這個方向演進,幫助他們學習更有效的處理技巧與養育技巧,以期達到孩子的反社會問題大大減少,而利社會行為逐漸增加。在整個治療過

程中，幾個重要主題浮現，構成這個處理模式的部分。

 提供給父母的答案：學習如何有效的處理
（*Webster-Stratton and Herbert, 1993*）

促進父母的問題解決技巧

問題解決以及治療師與父母的合作在治療過程中是密不可分的。我們往往發現，父母最初向我們求助時認為，兒童的攻擊是單一因素造成，因此也認為，問題有單一的解決方式。而我們的目標是在課程結束之前，父母能夠領悟到，問題並沒有單一、簡單的處方，教養兒女並沒有萬靈丹。父母必須產生對自己分析前因後果以及親子互動的思考，找出不當行為的外在成因（並非要孩子為自己的「壞」負全部責任），並且找出多種可能解決方案等種種能力的信心。那時他們才有選擇自己想去嘗試的方法，以及評估方法是否有效時所需的解決技巧。

面對問題

輔導者會幫助父母接受孩子性情本質方面的實際面貌。這意味著，幫助父母處理因渴望自己有個「理想」（或至少「正常」）的孩子有關的憤怒（與傷痛）。這也表示學著去接受孩子的困難與問題。

因為這些孩子的問題中，有許多在某程度來說是慢性的，其特質為無法預測其復發時間，對作息規律的改變敏感且脆弱，孩子面對新環境便產生新問題，所以必須幫助父母面對一個事實：他們必須長年投注大量時間與精力於預測、監控與問題解決上，而這並不容易。

治療師可以使父母有所準備，部分是透過幫助他們專注於長期而非短期的目標上。舉一個常見的錯誤為例：父母選擇短期見效的方式

（意即為了停止孩子繼續發脾氣而軟化）。因此必須時時提醒父母他們的長程目標。長期來說，體罰可能教會孩子在沮喪時打人或吼叫，因而助長孩子的攻擊性。我們所強調的是：所有課程裡的技巧（例如：遊戲、讚美與耐心的問題解決）必須重複不下數百次才有成效。

　　父母提供孩子持續問題的增強、注意力、管教與監督的環境有時可以被形容成一種「修復環境」。就如同患糖尿病的孩童一般，父母一旦停止治療活動，「症狀」便會再度出現。

產生對孩子的同理心

　　幫助父母了解並接受自己孩子的特質，同時產生同理心，以及細心敏感地面對孩子努力完成的特定發展任務。父母面對「問題」兒童或要求多的孩子時要保持耐心、不停地監督管教是特別困難的。如果治療師已經幫助他們了解到，孩子某些反抗行為其實是對獨立的需求，或者為測試環境安全度的方式，他們就比較容易持續努力，並且給予孩子更多支持；如果治療師已經幫助父母了解到，孩子需要從自己的錯誤中學習，那麼父母也可能學著減少部分不必要的命令與批評。

父母並非完美

　　有效的處理不僅意味著，接受並了解孩子的長處與困難，同時也了解自己身為父母時的不完美。治療師幫助父母學習如何停止因自己的「錯誤」與「不適當」而自輕或自責。

 ## 目擊或經歷暴力的影響

　　如第十一章所言，目擊暴力對兒童有幾項影響（*Lynch and Roberts, 1992; Carroll, 1994*）。這樣的經驗教給孩子攻擊式的行為、增加對攻擊

情境的激發（arousal）、減少對攻擊的限制、扭曲衝突解決的看法，並對暴力行為有減敏感的效應。因此，美國29%的單親媽媽曾遭受青春期兒童毆打這個發現並不令人驚訝（*Livingstone, 1986*），也許這是一種控制母親、或懲罰她們離婚的一種方式。Harbin 和 Madden（*1989*）分辨出四種父母否認孩子對他們暴力相向這個事實的方式：

　　*1.*避免面對關於暴力行為的討論或質問。

　　*2.*談論暴力行為時，全家都試圖將其嚴重性的描述最小化。

　　*3.*對不當的攻擊採取逃避懲處或者不一致的回應方式。

　　*4.*不論是對自己或孩子的問題都拒絕對外求援。

　　或許對孩子虐待父母這個事實不願接受的部分原因是，較弱勢的一方承擔了理應較強勢那一方的責任（*Charles, 1986*）。然而，並非所有的孩子都選擇留在暴力家庭中。

逃家的孩子

　　在一九八八年間，兒童學會（Children's Society）統計英國境內已經通報的案件，估計大約有九萬八千件十八歲以下兒童失蹤的案件（*Newman, 1989*）。最近 Abrahams 和 Mungall（*1992*）宣稱，每年有四萬三千名十八歲以下兒童離家出走，而每年英格蘭與蘇格蘭離家出走的案件總數共計十萬兩千件。其他由李茲（Leeds）兒童學會所進行的研究顯示，每七名十六歲以下兒童中有一名曾至少離家出走一夜，這些兒童中大約有 2%已經逃家，或者已經從看護、收養機構逃離十次以上（*Rees, 1993*）。有人認為，許多離家出走的案例牽涉家庭暴力與兒童虐待（*Stein, Rees and Frost, 1994*）。

　　在美國，十二至十八歲之間的青少年中大約每八名有一名曾經至少離家出走一次（*Young et al., 1983*）。如果「逃家的孩子」被定義為「未經許可便離家，並在外過夜一天或以上的孩子」，那麼每五個孩子中

就有一個逃家，其中女孩又比男孩離開得久（*Cairns and Cairns, 1994*）。可以確定的是，許多孩子不論在家或在外都有危險，收容所裡78%的孩子陳述，肢體與／或性虐待是他們逃離家庭最主要的原因（*Farber et al., 1984; Stiffman, 1989*）。其他針對青少年逃家行為的研究顯示，73%的女孩以及83%的男孩陳述自己曾經遭受性虐待（*McCormack, Janus and Burgess, 1986*），而44%離家的孩子陳述自己曾經遭受肢體虐待（*Stiffman, 1989*）。

　　事實上，四分之三逃家的青少年嘗試著逃離家庭衝突與暴力，並得到平靜，以及／或者學校方面的重大問題，例如：同儕壓力或欺凌（*Nye, 1980; Straus, 1994*）。若干研究者宣稱，40%至50%逃家的孩子逃離了嚴重的性暴力與肢體暴力、或者情緒忽視（*Adams and Gulotta, 1983*）。這群脆弱的兒童與青少年曾經被稱為「瀕臨危險」的逃家兒童（*Roberts, 1982*）、「受驚」的逃家兒童（*Greene and Esselstyn, 1972*）、「受害」的逃家兒童（*Miller et al., 1983*），或是「被迫離家」、「流離失所」、「漂流在外」或「被遺棄」等等形容詞（*Nye, 1980; Janus et al., 1987; White, 1989*）。然而，一小部分（但卻能造成相當影響力）離家出走的孩子是使自己暴露在不必要風險之下的「尋求人際歡愉享樂者」、「探索者」或「操縱者」（*Roberts, 1982; Lappin and Covelman, 1985*），他們所面對的風險便是成為犯罪的受害者與／或加害者。

　　曾於童年有負面經歷的青少年對日後的多重受害特別脆弱，也比較可能為了控制周遭環境，維持遊蕩在社會之外、漂流街頭的生活方式而犯罪。例如：研究顯示，每五名曾經遭受性侵害的男孩中有一名在青春期以前可能對他人性侵害（*Watkins and Bentovim, 1992; Browne, 1994*）；而在青少年時期，每六名曾經遭受肢體虐待的兒童便有一名可能暴力地攻擊他人（*Widom, 1989a, 1989b, 1989c; Browne, 1993*）。

　　Straus（*1994*）宣稱，在離家一個月之後，50%的孩子會以性交易、偷竊、販毒或其他犯罪行為來維持生計。他也很悲觀地指出，已經流落街頭六個月以上的兒童與青少年幾乎不可能透過激發再接受教育的

興趣、尋找適合工作、處理家庭問題以及戒除毒品使用等方式得到救援。

　　計算特定時間內流浪街頭青少年數目及其相關的犯罪案件數目是不可能的任務，許多孩子暫時返家，然後因為感到面對街頭問題比面對家庭問題容易而再次離家出走。若不加以處理，這些年輕人可能會加入那些為了維持在社會邊緣的生活所需，而訴諸犯罪的流浪青少年。根據估計，美國大約有一百萬名兒童處於這種狀態（*Dryfoos, 1990*），而英國也大約有九萬名（Children's Society Central London Teenage Project Safe House）。

　　人們已經了解到，一個安全的暫時棲身之所是許多逃離虐待、對孩子漠不關心的父母以及破碎家庭，或者是逃離寄養家庭與安置機構所造成的壓力的年輕人所需要的。這些孩子覺得被社會排拒、遺棄，使他們更可能因為犯罪而稍稍感到自己握有權力與控制力。目前兒童協會以及巴貝多（Barbados）與中心點（Centrepoint）兩個組織已經從他們的工作中發現，對於因為懷有「不要靠近我」這類態度為生存法則而產生強烈疏離感的兒童與青少年進行輔導相當困難。被「逮到」的兒童或青少年可能在未曾嘗試處理原本導致他們在街上涉險或涉入犯罪行為的問題的情況下被送回家。的確，最近一份在倫敦針對兩百零二名曾遭受性虐待的兒童所進行的研究（*Prior, Lynch and Glaser, 1994*）顯示，雖然所有的兒童都陳述曾遭受接觸性虐待，而且專業人士也一致認為有虐待的事實，但是仍有37%的兒童未曾接受治療。因此，本書的結論傾向於同時從生理與心理健康的觀點來思考家庭暴力受害者所必須付出的代價。

結　論

　　總體而言，個人與社會因為家庭暴力而付出的代價十分龐大。美國一份國家犯罪研究報告（*Gelles, 1987b*）估計，在總數十九萬兩千件家庭暴力個案中，共有：

- 21,000 件導致長期住院治療
- 99,800 件導致入院治療
- 28,700 件導致急診
- 39,000 件導致前往內科看診

　　對個人而言，經濟上的代價是損失十七萬五千五百個有薪資的工作天；對社會整體經濟來說，為提供家庭暴力受害者必要的服務，直接的醫療成本便高達四千四百萬美金。因此我們有正當且充分的理由投入更多的資源在家庭暴力的預防上。這不只是從博愛的角度，也是從經濟的考量著眼。再者，目前有充分的證據顯示，各種不同的負面生活經驗或「重要事件」可能對心理健康造成負面影響，甚至引發精神疾病（*Andrews and Browne, 1988*），並且已有許多文獻探討兒童虐待對個人成年後精神健康的影響（*Davenport, Browne and Palmer, 1994; Briere, 1992*）。上述結論的總整理可見於圖 11.5（見第十一章）。精神疾病所造成的支出相當可觀。Croft-Jeffreys 和 Wilkinson（*1985*）估計，基層

醫療中「輕微的精神疾病」與非住院看護機制在當年度消耗英國政府四億零四百萬英鎊——大多數的病患（90%）是患有憂鬱與焦慮。這些問題所佔消耗費用頗高，而心理疾病相當普遍，但預防措施卻沒有得到應有的重視。如果將政策與社會服務列入考慮，家庭暴力的成本可能高達數十億美元或英鎊（*Muller, 1994*）。同時，英國在一九七九至一九九一年間的社會政策造成了健康與財富二者都有更大的懸殊（*Smith and Egger, 1993*）。貧富差距遽增，使得總人口中有 24%的所得不及國民平均所得的一半（*Department of Social Security, 1993*）。

收入範圍處於最低的 10%的家庭在一九七九至一九九一年間損失 14%的所得；而相對地，高收入戶最高可得 20%的收益（*Smith and Egger, 1993*）。這主要是稅賦減免以及從直接改為間接課稅的結果，造成了最貧窮的 10%每星期損失一英鎊，而最富有的 10%每星期多得八十七英鎊（*Oppenheim, 1993*）。再加上與家庭暴力息息相關的失業率升高（*見 Krugman, 1986*），家庭暴力與兒童虐待發生率的增加便不令人感到意外。當然，如第二章所述，與家庭狀況相關的「結構性壓力」——像是貧窮、失業與人際孤立——只是部分原因。還有其他許多壓力來源可能造成家庭暴力，而家庭暴力可能是加害者、也可能是受害者的特徵之一（見第四章）。在看待壓力的方式上，心理學家強調個人層面，而社會學家強調社會層面。而兩個觀點融合與著眼於家庭關係的處理方式才能夠提供最有效的解決之道（見圖 C.1）。

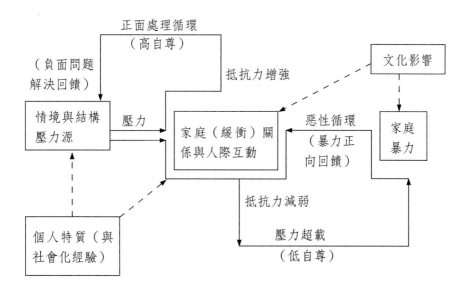

圖 C.1　家庭暴力的因果關係（*取自 Browne, 1989c*）

　面臨問題的家庭

　　我們應該鼓勵正承受壓力的家庭去認清並且學會珍視家庭本身足以補償或減輕壓力的因子，例如：正面且能夠互相扶持的關係。與家人針對所擔憂的事與問題解決之道進行溝通，往往能夠增進處理技巧與自尊心。家庭能夠學著主動地解決問題，而非逃避問題或與家人疏離（見圖 C.2）。如此一來，以家庭為單位的處理方式便能夠使該家庭的成員有足夠的抵抗力，來面對突如其來的嚴重危機，並且增進他們的壓力管理與承受能力。英國的家庭暴力法（*1996*）更賦予人們在家庭互動無法改善的情形下，將家庭暴力加害者（而非受害者）排除於家庭之外的權力。

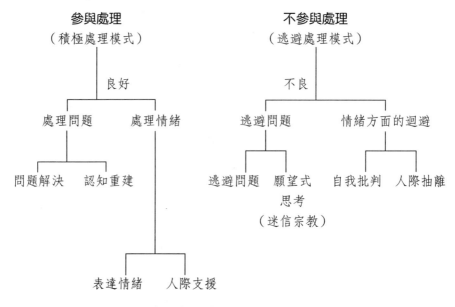

圖 C.2　**處理方式**（*改編自 Tobin et al., 1989*）

　　成功的處置取決於看待家庭暴力問題的角度與方式。政府機構往往只著眼於暴力家庭所面對的情境與結構壓力，而忽略了家庭本身的人際問題。英國的社會與衛生當局似乎以減少傷害為處理原則，嘗試著在短期內控制家庭暴力情況，而非提供家庭人際關係方面的幫助，以達到長期的預防功效。

　　政策與其實施必須考慮到初級預防——也就是改變大多數家庭的基本處理技巧，例如：提供給父母及青少年的教育，並且降低貧困與孤立的問題（*Parton, 1985; Howitt, 1992*）。

　　英國政府已經體認到對家庭問題預防措施的需求（*White Paper: The Law of Child Care and Family Services, 1987, Cm 62*）。於一九八九年通過，一九九一年十月十四日正式實施的兒童法（Children Act）便是根據這份文件所提出的建議而提供多項辦法，以確保地方政府機構能夠處理這些需求。

　　兒童法（*1989*）（細則二，段落 4 (1)）賦予所有地方政府機構在提供預防兒童遭受「重大傷害」（見圖 C.3）的服務時採取合理步驟的責任。這項法案也指出，地方政府有責任提供所有「需要幫助的兒童及其家庭」各種不同的服務，法案同時明確地闡述了「需要幫助」的定義。當然，地方政府在嘗試著滿足這些需求時可能遭遇經費不足的困難。

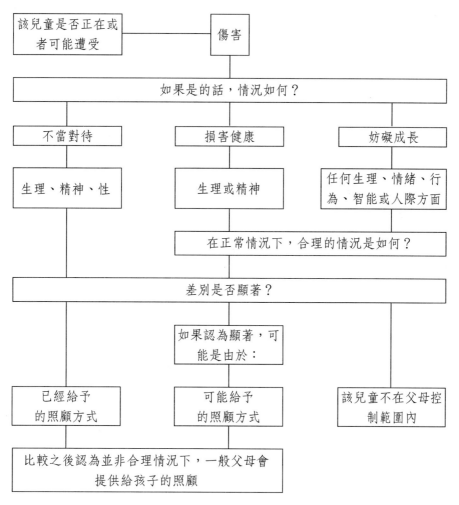

圖 C.3　**重大傷害**（*取自 White, 1991*）

　　政策與其實施也必須考慮到二級預防，亦即在暴力發生前確認高風險家庭，而後提供幫助與資源（例如：托兒、適當的住所、支援團體等等）。大多數情況下，家庭只有在虐待或忽視已經發生後才會受到幫助與資源，有時候是有牽涉到兒童的個案才會得到重視。這樣的三級預防或治療，在兒童已經目擊暴力，或者成為暴力之下的受害者之後，可說是為時已晚。

　　如果等到兒童已經受虐，那麼只是促使了家庭暴力一代接著一代的循環。事實上，這個階段的幫助成效極為有限，正如證據顯示，接受三級預防工作的家庭再次出現虐待情形的比例很高（*Hamilton and Browne, 1997*）。長久持續的家庭暴力可能的預後，多半是兒童與家庭分離，被送入寄養單位，甚至可能是被收養。而這是否能夠因初級或二級預防而避免呢？

　　在《長期寄養》（*Long-term Foster Care*）一書中，Rowe 等人（*1984*）指出，兒童被安排長期寄養後的情形。他們的結論是：將兒童寄養於親戚家中是最好的選擇，但令人憂心的是，他們的追蹤報告指出，當局只為 10% 在寄養家庭中的孩子重新考慮輔導他們的家庭，以期使孩子能重返家庭（*p50. op. cit*）。一旦被安排寄養，90% 的孩子在青春期之前都會一直與自己的家庭分離，但鮮少有孩子因為自己的經驗而接受治療。兒童法（*1989*）嘗試著改變這種備受爭議的專業處理方式。它賦予地方政府機關基於對家庭進行復健的前提而維繫孩子（安置於家庭以外）與生身父母之間的關係。這項改變所帶來的顯著成果必須被見證，因此需要評估研究。

　　在讀了本書之後，我們毋庸置疑地會了解一個概念：大體來說，家庭暴力的預防必須從兒童虐待與忽視的預防開始。

從父母開始做預防

　　過去二十年來，什麼樣的服務能夠將兒童不當對待減輕到最低程

度一直是備受爭論的話題。這項爭議因為人們對兒童虐待與忽視之處理方式，以及理想的結果缺乏了解而受限。關於不當對待起因之文獻回顧（見 Browne, 1988）強調了一項漸漸受到認識的觀念：兒童虐待與忽視是不良的親子關係所帶來的產物。這項以互動為基礎的看法減少了對父母本身個人問題的強調。因此，以增進親子關係為目標的處理方式被認為是比著重於父母心理病態的方式更有效的預防措施（Wolfe, 1991）。

Wolf（1993）發現，針對父母能力與家庭支援，以其增進正面教養知識、態度、技巧與行為的早期預防工作方面已有相當不錯的進展。他宣稱，個人化的支援，例如：對家庭做一至三年的持續家訪是達到減少兒童受傷、急診次數與被提報保護機構等等理想目標方面成效最卓著的方式。

世界上若干國家有政府資助的家庭訪問計畫，通常是由社區護士這樣的衛生專業人員執行。大多數的計畫是為了預防有年幼兒童的家庭遭受健康方面的問題，並減少嬰幼兒失能與死亡率而成立。在英國（例如：Browne, 1989b, 1995b）所強調的是，「衛生訪問」這樣的社區看護服務可以藉由促進正面的教養方式，而在初級、二級預防的層次上預防兒童虐待與忽視。的確，Gibbons 等人（1995）所做的追蹤研究顯示，親子互動是兒童適應不良最重要的因素。因此，衛生部保護兒童研究計畫（Department of Health, 1995b）認為，有效的兒童保護系統必須要有目標明確的家庭支援服務來輔助與平衡。但是只有少數的國家在兒童保護方面系統性地採取家庭訪問，而曾經評估家庭訪問在減少兒童不當對待發生率與普及率方面成效的國家更是少之又少。美國的David Olds 與其團隊在這方面是一個例外。他們的研究顯示「看護家庭訪問計畫」：(1)在促進教養的正面品質上有持續的效果（Olds, Henderson and Kitzman, 1994）；(2)改善了社會條件不利的母親與其孩子的發展（Olds et al., 1988）；以及(3)減少政府對這些家庭長期或短期的支出（Olds et al.,

1993）。

　　儘管研究結果如此，英國衛生家訪員的人數在一九八八年到一九
九四年間逐年穩定地減少。因此相對而言，零至四歲兒童個案的工作
量增加了 22%。根據估計，年齡層零到四歲兒童的平均個案工作量是
每位衛生家訪員必須負責四百名兒童。在一九九〇至一九九四年間，
每位衛生家訪員所接觸的家庭增加了 13.5%；而同一時間內，工作人
員人數卻降低了 4%（*Health Visitors' Association, 1994*）。這是一個必須正視
的問題，因為大部分需要兒童保護服務的是五歲以下的兒童。目前這
個年齡層裡，每一千個兒童就有五個在兒童保護紀錄上（*Browne,
1995d*）。的確，這個年齡層的兒童的死亡率與非意外傷害的數目都是
最高的（*Creighton, 1995*）。因此，資源方面的限制已經使衛生家訪員必
須根據家庭的需求來安排探訪的先後順序。所以家訪員必須使用多種
不同的方法來分辨與確認「具有風險」的家庭，進而決定順序。

風險模式

　　如第六章所述，採取風險模式的兒童保護措施可以被視為幫助當
局彈性合理分配有限資源，並且使其效益最大化的一種工具。這項工
具基本上是對兒童與其家庭進行衡鑑，而後評估該個案在兒童虐待與
忽視方面之風險高低。風險策略的目標是，在兒童生理與心理受創之
前，便給予在教養兒女方式上最需要幫助的父母特別的關照。

　　兒童健康、成長與發展情形的視察與監督在西方被認為是理想的
制度與措施（*Hall, 1995*）。但是，各種不同篩檢與衡鑑計畫裡所使用
的特定組成內容與方法並未有深入的研究探討。

　　兒童法（*1989*）中明確條列的建議、「病患約章」（Patient's Char-
ter）與聯合國兒童權利公約（United Nation's Convention on the Rights of

the Child）等都反映了「讓父母參與」這個走向（*Cleaver and Freeman, 1995*）。英國衛生部（*1995b*）最近便發表了十五項在兒童保護議題上與父母共同合作的重要原則。然而，由於這個話題的敏感度與爭議性，要將這兒童保護這個概念放進「健康紀錄」（Parent Held Records）上並不容易（*見 Armstrong-Esther et al., 1987*）。

　　兒童保護需求的聯合衡鑑必須採取對父母個人式的衡鑑（家庭訪問），由具有經驗的、與該家庭有例行接觸的衛生專業工作者進行，以確保家庭訪問並不會對個案造成污名化。

 **篩檢成效**

　　以總體人口來說，兒童虐待與忽視的普及率是相對偏低，即使加上篩檢成效最樂觀的估計仍舊顯示出，篩檢計畫會產生大量的錯誤肯定（false positives）。的確，Browne 和 Saqi（*1988a*）的研究顯示了這個結果。他們回溯評估一份衛生家訪員的致險因子「檢核表」，這份表格只填一次。該檢核表的偵測率（detection rate）為 82%，錯誤肯定佔總數的 12%。這項結果顯示，若有一萬名新生兒接受篩檢，我們仍然必須辨認出那三十三個確實面臨風險、以及一千一百九十五個屬於錯誤肯定的個案。因此，這項研究經常被提出，目的在強調早期預測可能徒勞無功（*例如：Howitt, 1992*）。但是這項研究同樣指出了「二次」篩檢程序的必要。這個階段的衡鑑工作可以與父母一同進行，以親子互動研究的重大發現作為基礎（*Browne, 1986*）。因此，二次篩檢也許能夠藉由使用像是嬰兒對父母的依附、父母的敏感度與期望等等行為指標，從錯誤肯定中分辨出真正的兒童保護個案（見第六章）。

　　但是這裡必須提出的是，在英格蘭以衛生家訪員作為兒童不當對待預測與預防工作的制度仍舊具有爭議性，因為他們似乎扮演了社會

局的角色。因此要從衛生單位取得經費來評估以基層看護體系進行兒童保護工作的成效一直相當困難。

Browne 和 Saqi（*1988a*）建議，父母與嬰兒對研究員的行為回應方式應當與對社區工作人員的回應方式類似。因此，暴力家庭行為特徵的認定應該有其參考價值，並且能夠提供足以幫助工作人員辨認出在教養方式上需要額外支援與協助的家庭。

潛在虐童者的篩檢

若欲以社會與背景致險因子來辨別以及預測家庭暴力，這些因子必須在家庭人際網絡以及補償因子的範圍裡被考慮。因此兒童虐待的篩檢應該至少包含三個階段，以避免錯誤肯定。

1. 所有有新生兒的家庭都應該在嬰兒出生當時接受篩檢，以便找出新生兒、其父母與家庭可能面臨的壓力、社會與人口方面的致險因子。這可以找出一群需要進一步篩檢的家庭。但是其餘的家庭也不能夠被認為是完全對家庭壓力與兒童虐待免疫的一群。任何家庭所面臨足以導致壓力升高的情況都應該被衡鑑，而在適當的情況下，某些家庭仍會被列為二次篩檢的目標。

2. 所有被列為二次篩檢目標的父母應該在嬰兒出生三至六個月間接受篩檢，篩檢項目包括父母對孩子的態度與認知，以及父母認為教養與家庭生活中對他們造成壓力的層面。

3. 大約在孩子出生九至十二個月間，嬰兒對主要照顧者或父母的依附（attachment），以及父母對孩子行為的敏感度（sensitivity）應該接受衡鑑。

那些具有致險因子、因為自己對孩子行為有負面認知的父母需要在教養方式上的幫助。再者，那些在依附品質評估以及自身對孩子行

為敏感度衡鑑中被認為是與孩子依附不良的父母應該被視為有兒童虐待與忽視的潛在風險，所以應該在任何攻擊事件發生之前立即提供針對這類家庭的治療。

　　如第一章所述，若要有效、正確地將兒童虐待高風險群家庭與錯誤肯定分別出來，每個地區必須有足夠資源來：⑴發展偵測致險因子的方法；⑵訓練衛生工作人員精確敏銳地使用這些方法；⑶提供預防負面結果產生，或減輕負面結果傷害的處理方針。

　　上述方法近年來已經在Southend社區國家健康服務局開始實施，內容包括需求的衡鑑，以及由衛生家訪員與公衛護士所提供的目標式兒童保護服務，這項計畫稱為「兒童衡鑑評分與評量」（Child Assessment Rating and Evaluation, CARE）（*Browne, Hatmilton and Ware, 1996*）。這項計畫的試驗性研究（*Ware and Browne, 1996*）顯示，以親子互動行為觀察，配合包含與家庭本身心理社會發展相關的需求指數（Index of Need）所得到的衡鑑結果的確可以辨別出那些需要目標式服務來將兒童虐待與忽視風險降到最低的家庭。

期待一個擁有更多關懷的未來

　　預防工作的目標應該設定在兒童與照顧者之間足以造成兒童生理與心理發展方面傷害（意指可以被預防的傷害）的互動、或者是欠缺互動。家庭系統模式在處理性虐待方面是備受爭議的，但是許多曾遭受性虐待的兒童（大約有三分之一）曾經在性虐待發生之前已經遭受肢體虐待，甚至更有可能遭受情緒虐待（*Finkelhor and Baron, 1986*）。因此，在兒童成長早期便對情緒／肢體虐待與忽視做完整的篩檢與預防也可能幫助預防家庭內或來自外人的性虐待與／或多重受害（*Hamilton and Browne, 1997*）。

　　本書希望傳遞的一項意涵便是：單純以攻擊行為的發生與否來評估處理方式並不夠。幫助一個家庭內所有成員遏止互相或者對家中依賴者使用暴力，可能仍然沒有改變足以造成情緒傷害、進而造成虐待發生的環境。因此，如果要達到預防兩代之間家庭暴力的目標，人際關係方面的輔導是絕對必要的。

　　所有致力於處理家庭暴力的工作人員所應有的目標便是預防家庭內的肢體暴力與性暴力。這意味著，工作人員必須有足夠時間與適當的資源，在暴力、虐待與忽視發生之前，便能幫助有嚴重問題的家庭。甚至那些曾經在兒童期受虐的成人也可能在有效的處理與治療下有良好的預後。

　　也許在能夠充分預防家庭暴力、兒童虐待與忽視之前，我們首先必須挑戰相關單位主管、政治人物、政策制定者與社會本身對目前有限資源所可能達到成效所懷有的過高期待。我們必須讓他們了解，低估預防下一代與未來社會家庭暴力、兒童虐待與忽視的投資可能造成的後果。

作者索引

主題索引

國家圖書館出版品預行編目資料

預防家庭暴力／Kevin Browne，Martin
Herbert 著；周詩寧 譯. --初版.--臺北
市：五南，2004〔民93〕
面； 公分.
參考書目：面
含索引
譯自：Preventing Family Violence
ISBN 978-957-11-3761-2（平裝）
1.家庭暴力
544.18   93017128

1JA1
預防家庭暴力
Preventing Family Violence

作 者 ─ Kevin Browne，Martin Herbert
譯 者 ─ 周詩寧
發 行 人 ─ 楊榮川
總 編 輯 ─ 王翠華
主 編 ─ 陳姿穎
責任編輯 ─ 邱紫綾
出 版 者 ─ 五南圖書出版股份有限公司
地 址：106台北市大安區和平東路二段339號4樓
電 話：(02)2705-5066 傳 真：(02)2706-6100
網 址：http://www.wunan.com.tw
電子郵件：wunan@wunan.com.tw
劃撥帳號：01068953
戶 名：五南圖書出版股份有限公司
法律顧問 林勝安律師事務所 林勝安律師
出版日期 2004年11月初版一刷
       2016年 6 月初版六刷
定 價 新臺幣400元